KB040590

전라디언의 굴레

지역과 계급이라는 이중차별,
누구나 알지만 아무도 모르는 호남의 이야기

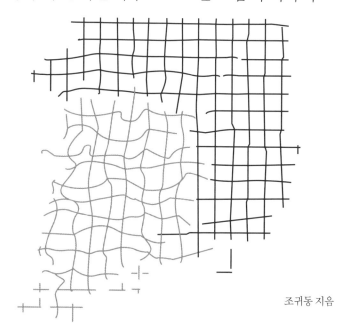

조귀동 지음

전라디언의 굴레

생각의힘

차례

광주로 가는 길

코를 찌르는 닭똥 냄새. 불과 2~3년 전만 해도 전라도에 진입했다는 걸 알게 해주는 신호는 코에서부터 왔다. 천안논산고속도로를 빠져나와 논산을 거쳐 익산에 들어서면서다. 인근 양계장과 소·돼지 축사에서 풍기는 분뇨 냄새는 가만 놔두면 차 안을 온통 뒤덮어버릴 것 같았다. 그중에서도 닭똥 냄새는 압도적이었다. 냄새가 도로를 뒤덮는 길은 전주에 다다를 때까지 이어졌다. 고속도로 표지판에 '삼례'라는 두 글자가 나타나면, 얼른 차량 바깥 공기의 유입을 막는 게 일이었다.

차량으로 서울과 이 지역을 오갈 때 어쩔 수 없이 마주해야 했던 닭똥 냄새는 한국 사회에서 전라도의 처지를 그대로 보여주는 후각적 기호다. 전라북도는 전국 시도 가운데 닭(육계와 산란계 합산) 사육 두수가 가장 많다. 2021년 상반기 현재 3,470만 마리로, 2위인 충남(3,030만 마리)보다 440만 마리 앞선다. 비율로 따지면 전북이 기르는 닭은 19.5%에 달한다.*

전북 내에서 닭 사육이 늘어난 데에는 현대 한국인의 주요 먹거리가 된 치킨의 힘이 크다. 식용유에 튀겨낸 프라이드치킨이 1980년대 초 대학가를 중심으로 확산되다가, 1980년대 후반 들어 처갓집 양념통닭, 멕시칸치킨, 페리카나 등 1세대 치킨 프랜차이즈가 양념치킨을 선보이면서 치킨은 주말 저녁 가족들이 부담 없이 고르는 외식 메뉴로 떠올랐다. 1990년대 급증한 중산층은 교촌치킨, BBQ, 네네치킨, 호식이두마리치킨 등의 등장을 이끌었고, 2000년대에는 BHC, 굽네치킨 등이 경쟁에 뛰어들었다. 이에 따라 치킨과 맥주를 함께 즐기는 '치맥' 문화가 대중화되었고, 간장치킨, 파닭, 오븐치킨 등 조리 방식의 다양화 및 고급화도 이루어졌다.

닭 사육 두수가 급격히 증가한 것은 필연적이었다. 서울올림픽이 열리던 1988년 전국에서 사육되는 육계(1,890만 마리)는 달걀을 낳는 산란계(3,930만 마리)의 절반 수준에 머물렀다. 하지만 1999년 4,180만, 2009년 7,600만, 2017년 8,740만, 2021년 상반기 1억 300만 마리로 눈에 띄게 증가한 것을 알 수 있다. 반면 2021년 상반기 산란계 사육 두수는 불과 6,400만 마리였다.

전국 양계업에서 전북이 차지하는 위상을 살펴보자. 먼저 1988년에는 5.1%에 지나지 않았는데, 당시 양계업이 부유한

---

* 　　전남은 12.7%를 보였다(통계청, 축산물품질평가원, 〈가축동향조사〉).

도시 인근에 몰려 있었던 까닭이다.** 하지만 1999년 11.8%, 2009년 15.6%, 2017년 18.3%로 비중이 늘며 급격히 '양계의 메카'가 되었다. 특히 고기 소비용인 육계는 27.5%가 전북에서 길러진다. 전남도 육계의 13.6%를 기르고 있다. 이를 합산하면 40.1%다. '약무호남 시무국가若無湖南 是無國家(호남이 없으면 국가도 없다)'를 이제 '호남이 없으면 치킨도 없다'는 말로 바꾸어도 어색하지 않을 정도다.

양계장은 '공장형 축산'이라는 단어가 말해주듯 규모화를 지향하고, 각종 오염물질을 배출하는 대표적인 기피시설이다. 전국의 양계장은 육계는 1,757곳, 산란계는 847곳에 불과하다. 그런데 350만 마리 이상 기르는 시군구 10곳 가운데 6곳이 남원, 정읍, 나주, 익산, 김제, 고창 등 전라도 지역이다. 다른 1곳도 접경지역인 논산이니 사실상 7곳이라 말해도 무방하다.

반면 치킨 소비는 수도권과 대도시를 중심으로 이루어진다. 2019년 치킨 전문점 2만 5,700곳 가운데 23.8%는 경기도, 14.6%는 서울, 7.4%는 부산에 있었다. 치킨 전문 프랜차이즈는 대구·경북을 모태로 한 곳이 다수다. 교촌치킨, 멕시카나치킨, 호식이두마리치킨, 땅땅치킨 등이 대구를 기반으로 성장한 치킨 프랜차이즈[1]다. 교촌치킨은 1991년 경북 구미에서 시작했는데, 입소문이 번지면서 1995년 프랜차이즈로 변신하고 서울로 진출했다.[2] 서울이 치킨을 소비하고, 대구가 치킨 회사를 만든다면,

---

**   경기도 39.0%, 경북 16.6%, 충남 11.2% 순으로 많았다.

전북은 치킨 원가의 10% 남짓인 닭을 길러 납품한다. 모두가 꺼리는 저부가가치에 더럽고 힘든 일을 떠맡아야 했던 호남의 역할이, 오늘날 치킨이 만들어지고 소비되는 과정에서도 그대로 재연되는 셈이다.

환경 규제 등의 영향으로 이제 고속도로에 가득 깔린 냄새는 사라졌지만, 전주 이남으로 가면서 2~3차선으로 줄어드는 도로는 여전히 호남에 왔음을 실감하게 한다. 명색이 고속도로인데 도로 중간에 팬 곳을 아스팔트로 메운 자리가 곳곳이다. 또 요즘 고속도로답지 않게 휘어 있고 고도차가 심하다. 그나마 예전보다 좋아진 도로 형태다.

지금은 크게 언급되지 않지만 도로와 철도는 전라도의 낙후성과 소외를 그대로 보여주는 징표였다. 호남선 철도가 일제 식민지 시절 단선單線 그대로 수십 년간 유지된 것이 대표적이다. 대전~익산 복선화는 1978년, 익산~광주는 1988년, 광주~목포는 2003년에야 공사가 마무리된다. 1980년대 후반 경부선은 하루 112대 운행된 데 비해, 호남선은 4분의 1인 수준인 28대에 그쳤다.[3] 열악한 도로 사정까지 겹치면서 호남선 철도 객차는 언제나 만원이었다. 일자리를 찾아 상경하는 사람과 가난한 보따리장수들을 가득 싣고 달리곤 했다.

지역의 풍경: 빽빽한 아파트와 텅 빈 구도심

고속도로 광주 나들목을 지나면 바로 아파트 단지가 나타난다. 그리고 광주 시가지를 가로지르는 호남고속도로 양옆으로 아파트가 연이어 늘어서 있다. 호반, 라인, 대주, 부영 등 친숙한 호남 기업들의 이름을 볼 수 있는 것도 이때부터다. 호남고속도로는 장성에서 동서 방향으로 꺾여 광주 구도심을 지나, 곡성과 순천으로 이어진다. 그런데 광주 시가지가 팽창하면서 광주광역시 내 도로는 아파트 단지를 통과하는 모양이 됐다. 끊임없이 신시가지를 조성하는 도시개발 양상 덕분이다. 덕분에 광주는 아파트의 도시가 됐다.

2019년 현재 광주의 주택 52만 6,000호 가운데 아파트는 42만 호에 달한다. 아파트 비중은 79.7%로 대전(73.5%), 대구(72.4%), 부산(66.5%), 서울(58.3%)을 앞선다. 아파트 단지를 이어붙인 기이한 형태를 한 세종시(85.2%)가 유일하게 광주보다 아파트 비중이 높은 도시다. 그러다 보니 광주의 지역 경제와 정치는 '아파트'를 빼놓고 말할 수 없다.*

북광주 나들목에서 빠져나와 북구와 동구 구도심을 지나면, 2021년 6월 발생한 학동 철거건물 붕괴사고 현장이 나온다. 참사가 발생한 현장은 학동 4구역 재개발사업이 한창이다. 원래 2층 양옥집들이 주로 들어찬 곳이었는데, 철거를 거부하는 외곽의 몇몇 건물을 제외하면 모두 헐려 있다. 2,300세대가 들어서는 대규모 부지는 황량하기 짝이 없다. 멀리 '아이파크'라는 커다란 글자가 벽면에 적힌 29층짜리 아파트가 무등산을 가로막고 서 있는 모습만이 눈에 띌 뿐이다. 주변의 건물들이 낮다 보니

---

* 이와 관련해서는 4장에서 자세히 다룰 예정이다.

1,400세대의 고층 아파트는 위압감마저 준다.

이 아파트(무등산아이파크)는 광주에서 재개발사업 붐에 불을 지핀 곳이다. 세대수가 가장 많은 110㎡ C타입은 2017년 4월 3억 원 전후로 거래됐는데, 2021년 7월에는 8억 1,000만 원에 팔렸다. 학동 4구역은 재개발사업이 끝나면 무등산아이파크 2차라는 명칭으로 불릴 예정이다. 북쪽으로는 서방시장 인근 풍향동에서, 남쪽으로는 화순군과 만나는 소태동까지 동구와 북구의 웬만한 노후 주택단지에선 재개발사업이 추진 중이다.

활기 넘치는 재개발사업 현장과 달리 구도심은 수십 년째 정체 상태다. 한때 충장로 우체국 앞에만 서 있으면 아는 사람들을 모두 볼 수 있었다는 구도심은 이제 10~20대들만 오갔다. 지역 대표 제과점인 궁전제과를 지나치면서 SNS에 올릴 사진을 찍는 이들을 제외하면, 몇 년 전과 크게 달라지지 않은 모습이다.

옛 전남도청 자리에 청사 건물을 놔두고 지하로 파 내려간 형태로 조성된 국립아시아문화전당은 야심 차게 진행된 사업과 달리 인적이 드물다. 버스 정류장에서 시내버스를 기다리는 이들만 보일 뿐이다. 예전 모습 그대로인 도청 앞 구도심에서 40년 전 역사가 그저 보전되는 공간이 된 셈이다.

해가 뉘엿뉘엿 지는 시각, 충장로의 한 식당에서 친구와 만나 저녁 식사를 겸한 술자리를 가졌다. 역사가 꽤 오래된 노포로 낙지볶음, 조개 해장국 등이 이곳의 대표 메뉴다. 지역 소주인 '보해'를 내달라 청하니 들여놓지 않은 지 오래란다. "여기 사람이라면 보해를 먹어야 하겠지라. 그런데 보해를 들여놓으면 한 병도 안 나가서 몇 달간 쌓여 있으니 어쩔 수 없는 거 아니겠소"라는 것이 사장님의 설명이다. 한때 지역 소주의 강자 중 하나였던 보해는 이제 식당 냉장고에서까지 밀려나 존재감을 찾을 수 없게 된 것이다. 보해양조의 소주 시장 점유율은 2012년 5.4%에서 2020년 2% 전후[4]로 반 토막이 났다. 전라도 기반 지역 기업의 현주소를 보여주는 사례가 있다면 바로 보해일 것이다.

광주의 침체는 꽤 오래된 이야기다. 지역에 이렇다 할 산업 기반이 없다 보니 기술 변화와 산업 구조 발전에 대응할 수 있는 역량이 부족하다. 지난 10년간 여기서 성공한 기업은 호반, 중흥, 한양 등 건설사뿐이다. 그러나 주택건설 위주의 업체들이 성장한다고 해서 지역의 산업 역량이나 일자리 질 개선에 도움이 되는 게 아니다. 문재인 정부가 출범하면서 시작된 현대자동차의 위탁생산법인인 광주글로벌모터스GGM(광주형 일자리 사업)나, 인접한 나주혁신도시에 한국전력의 자금으로 세워질 예정인 한국에너지공과대 사업에 대해서는 비관론이 팽배하다.

호남 내 다른 지역도 사정은 별반 다르지 않다. 군산은 2017년 현대중공업 군산조선소, 2018년 한국GM 군산공장이 각각 문을 닫으면서 지역 경제가 큰 타격을 입었다. 이후 한국GM 군산공장 자리에 전기차 위탁생산법인을 유치한다는 군산형 일자리 사업을 추진하고 있지만, 원청업체로 거론됐던 중국 바이톤Byton이 파산 절차를 밟으면서 국내 중소기업이 생산하는 소형 상용차 위탁생산 정도로 사업 규모가 축소됐다. 새만금 간척지 사업은 급기야 용처를 찾지 못하고 남는 땅과 호수로 변한 바다에 태양광 발전소를 짓겠다는 계획으로 낙착이 났다.

　광주나 전라도가 관심을 받는 거의 유일한 영역은 정치, 정확히는 선거다. 민주당계 정당이 바라보기에 호남 일대는 본인들의 콘크리트 표밭이자, 당내 경선에서 큰 영향력을 가진 지역이다. 2021년 7월 현재 더불어민주당 권리당원 70만 5,000명 가운데 광주·전남·전북에만 20만 3,000명이 있다. 서울(14만 1,000명)이나 경기·인천(18만 3,000명)보다 더 많은 숫자다.[5] 게다가 수도권의 권리당원 중 다수는 호남 출신 이주민이다. 본인들이 주장하는, 김대중 전 대통령 이후 이어지는 '민주정부 3기'의 '정통성'을 가진 곳이기도 하다.*

　반대로 국민의힘 등 보수정당에게는 전국 단위에서의 선거 승리를 위해 이 지역에 강한 '민정당'** 반대 정서를 극복하고 지지율을 10% 이상으로 끌어올려야 한다는 목표가 있다. 국민의힘 대선 주자인 윤석열 씨가 무소속 시절 첫 행보를 시작하며 낸 메시지에서 5·18민주화운동에 대해 "자유 민주주의 헌법 정신이 우리 국민 가슴에 활활 타오르고 있음을 증명하는 것"이라고 규정한 것도 이 같은 정치적 고려 때문이다.

　하지만 표를 끌어모아야 할 때가 아니면 전라도가 호출되는 일은 좀처럼 없다. 그렇다고 해서 전라도가 주도적으로 지

역의 정치와 경제를 이끌어나가지도 못하는 형국이다. 부산·울산·경남은 '동남권 메가시티'라는 걸출한 지방개발 프로젝트를 자체적으로 구상·기획하고 이를 위한 지방자치단체 공동추진 조직을 만들어나가고 있다. 탈공업화가 진전되고 기존 제조업 기반이 약해지는 상황에서 부산-울산-창원을 한데 묶어 인구 1,000만 명의 대규모 단일 생활권을 창출하고, 기술 집약적 제조업이나 고부가가치 서비스업 분야에서 수도권과 경쟁하겠다는 게 이들의 목표다. 부산을 중심으로 한 민주당 세력은 지역주의 타파라는 정치적 기획을 내놓고, 노무현 정부에 이어 문재인 정부를 창출했다. 충청권은 세종시 기능 강화와 천안~서산에 밀집한 기업들을 기반으로 안정적인 발전을 계속하고 있다. 선거 때만 되면 나오는 '세종시 수도기능 강화' 이슈는 이 지역이 지역균형발전의 상징임을 시사한다. 강원도도 영동 지역의 관광산업 발전이 급격히 이루어지면서 지역 내 분위기를 바꾸고 있다.

광주나 전남이 최근 내놓은 지역개발 공약은 대부분 '중앙'의 시혜성 사업을 발전시키는 것 이상으로 나아가지 않는다. 독일 아우토AUTO 5000 모델을 본떠 만들어진 경차급 SUV '캐스퍼'를 생산하는 위탁조립공장 GGM은 사실상 현대차의 '호의'에 의존하는 사업이라는 한계가 뚜렷하다. 이들은 470억 원의 자본금만 집어넣고 상황 변화에 따라 언제든지 발을 뺄 수 있다. 명색이 자동차 공장인데 엔진도 만들지 않고, 주변에 변속기 등 주요 부품 공급도 없다. 전기차나 수소차 시대에 대응하는 사업 전략도 불명확하다. 캐스퍼란 차량에 대한 소비자들의 호응에도 불구하고 사업 모델이 가진 약점은 여전하다. 한전공대라 불렸던 한국에너지공과대학교는 정권이 교체될 경우 연 1,000억 원에 달하는 운영비를 조달할 수 있을지부터가 불확실하다.

정치 영역에서 전라도는 '표밭' 이상도 이하도 아니다. 20만 명이 넘는 권리당원 숫자에 걸맞게 민주당의 비전을 제시하거나, 유력한 정치인을 배출하지 못하고 있다. 2021년 5월 민주당 임시 전국대의원대회 최고위원 경선에서 호남 지역의 유일한 후보였던 서삼석 의원(영암·무안·신안)이 낙선한 것이 대표적인 사례다.

왜 '낡은' 호남문제를 들추는가

이 책은 호남의 정치와 경제 구조를 다룬다. 특히 해방 당시부터 거슬러 올라가는 저발전의 구조와 그로 인한 지역 내 사회 구성체와 정치적 의사결정 과정의 문제를 함께 다룬다. 일종의 '지방 지향의 정치경제학'을 목표로 하는 셈이다.

호남문제는 지역차별을 빼놓고 설명할 수 없다. 정부가 주도하는 경제발전 과정에서의 소외와 그로 인한 대규모 이주자 집단 형성에서 발생하는 일종의 준*인종차별로서의 지역차별 구조를 서술한다. 1980년 5·18의 역사적 경험과 트라우마 그리고 그로 인해 형성된 민주당이라는 정치 세력과의 밀접한 결합도 이 지역의 문제를 규명하기 위해 꼭 살펴야 하는 부분이다.

2021년에 새삼스레 호남을 말하는 이유가 무엇인지, 다들 의문을 품을지도 모른다. 나의 대답은 두 가지다. 먼저 한국 사회가 쌓아올린 모순이 여전히 이 지역, 호남에 집약돼 있기 때문이다. 서울이 '머리'가 되고 지방이 '손발'이 되는 경제적 역할 분리, 개별 지역의 불균등 발전, 이촌향도라고 불리는 대규모 인구이동과 이주민의 도시 하층민으로의 편입, 지역 기반 정당 간의 경쟁 구도, 개별 지역 내부에서 패권적 지위를 갖는 정당의 출현 등을 양적·질적으로 가장 강도 높게 겪었던 곳이 바로 호남이다. 산업화·민주화 과정에서 발생한 이 오래된 부산물은, 탈산업화로 인한 지방 경제의 쇠퇴나 변화된 환경에 좀처럼 대안을 내지 못하는 지역정치 및 거버넌스와 맞물려 오늘날에도 호남뿐 아니라 다른 지역의 발목을 잡고 있다. 호남의 현실을 정면으로 직시하고 대안을 모색하는 과정은 지역 문제를 극복하는 과정이기도 하다. 특히 지역 문제를 지역의 시각에서 정의하고, 재구성하기 위해서는 무엇이 지역을 옭아매고 있는지 명징한 언어로 살필 필요가 있다.

두 번째로는 호남이라는 지역이 가진 특수성을 이해하려는 시도가 여전히 중요하기 때문이다. 호남은 불균등 발전의 희생양이었다. 산업화라는 로켓에 탑승하는 걸 거부당하고, 차별과 모멸을 받고, 거대한 국가 폭력에서 집단 학살의 대상이 되는 과정은 기실 한 사회의 '어둠'을 한 지역에 몰아넣는 것이나 다름없었다. 지배 엘리트들이 한국 사회를 통치하는 과정에서 발생하는 문제를 호남에 전가하면서 다른 지역이나 계층의 반발을 회피했기 때문이다. 그리고 그 과정에서 호남 내부의 시민사회는 상당히 다른 방식으로 작동하기 시작했다. '중앙'이 호남문제를 다루는 데 지속적으로 어려움을 겪고 실패한 이유는 호남의 역사적 경험이 만들어낸 지역 내부의 정치·사회적 특징을 고려하지 않았기 때문이다. 이를 해결하기 위해서는 좀 더 '내부의 시각'에서 호남문제를 살피는 작업이 필요하다.

호남이 경험하는 '호남문제'는 여전히 진행형이다. 앞서 길게 묘사한 풍경은 10년 전에도, 20년 전에도 별반 다를 게 없었다. 정치적 고려로 인프라스트럭처 투자를 조금 늘려준다고 해서 해결할 수 있는 문제가 아니라는 것이다.

5·18 문제만 해도 과거의 유령이 아직 남아 있다. 먼저 북한군 개입설 등을 공공연히 외치는 이들이다. 군부 쿠데타 세력의 우두머리로 광주를 발판 삼아 대통령이 된 전두환 씨는 2017년에 낸 회고록에서 북한군 개입설을 반복해서 주장했다. "대검을 사용해 시민을 살해한 것은 계엄군이 아닌 북한 특수군"이라는 것이다. 또 "북한 특수군이 교도소 습격에 개입했고 5월 22일 수백을 헤아리는 정체불명의 청년들이 나타났다"라는 주장[6]을 하며 5·18이 북한군의 대규모 공작에 의한 것이라고 했다. 전 씨는 이같은 주장의 근거로 군사평론가인 지만원 씨를 내세웠다. 지 씨는 오랫동안 북한군 특수부대의 공작설을 주장하면서 5·18 현장 사진에 찍힌 이들을 'OO호 광수'*라 주장하기도 했다. 1980년 5월 당시 시민군으로 싸웠던 강용주 전 광주트라우마센터장은 "지 씨가 OO호 광수라고 주장하는 사진을 보니 내 친구나 지인

---

*   '광주시민군으로 위장한 북한 특수군'의 준말이다.

들이더라"라고 말하며 "그때 일을 가슴에 묻고 사는 이들 입장에서 황당한 일"이라고 전했다.

극우 성향의 온라인 커뮤니티 '일베(일간 베스트 저장소)'에서 기원한 인터넷 대안 우파들에게도 5·18은 단골 공격 소재다. 이들은 5·18과 연관돼 국가 폭력에 희생된 사람들과 그 유가족들이 국가 보상으로 '꿀을 빤다'고 주장한다.[7] 대안 우파들이 즐겨 사용하는 무임승차 서사다. 그 반대쪽에는 국가 돈을 해처먹는 5·18 관련자들에 비해 거의 보상을 받지 못하는 한국전쟁 유공자 가족이 있다. 이들은 5·18 희생자 유가족이 공무원 시험을 휩쓸고, 월 수백만 원의 보상금을 받는다고 주장하기도 한다.

여기에 지역차별과 민주당에 대한 반감, 반공주의가 결합된다. 인터넷 동영상 서비스 '유튜브'에서 조회 수 87만 회를 기록한 "북한교과서에 등장하는 5·18 광주사건 및 의문점"이라는 동영상[8]에는 5,000개가량의 댓글이 달렸는데, 그중 "혜택 봐라, 대기업보다 더 좋은 혜택 처받으면서 공정하면 명단을 밝혀야지 내로남불 식에 치가 떨린다", "518은 폭동이죠. 김대중이가 간첩 앞세워 나라 망하게 하기 위해 일으킨 폭동입니다. 뒤에 세뇌당하고 속은 광주 시민이 참여했죠" 등이 가장 많은 추천을 받았다. 2017년 대선에서 자유한국당 후보로 나선 홍준표 의원은 당시 여기에 영합해 "5·18 가산점을 재검토하겠다. 차라리 군대 갔다 온 사람들에게 가산점을 주는 게 맞지 않겠냐"[9]는 말을 하기도 했다.

그렇다고 해서 현재 5·18이 기억되는 주류의 방식이 바람직

한 것도 아니다. 5·18을 민주화 투쟁의 중심으로 삼거나, 또는 국가 폭력의 희생자로만 간주하는 시각은 정작 광주를 소외시킨다. 지만원 씨가 '1호 광수'로 지목한 이가 실제 누구인가 추적해가는 다큐멘터리 영화 〈김군〉은 그가 광주천변의 넝마주이였으며, 시민군의 주류가 넝마주이, 건달, 일용직, 호스티스 등 이른바 하층 계급에 속한 이들이었음을 보여준다. 5·18 지도부는 운동권에서 2선에 있던 이들이었다.[10] 전남대·조선대 등 대학생들은 엉거주춤 뒤에 있었다.

김정한 서강대 HK연구교수는 "민주화의 승리사관에서 보면, 5·18 이후의 역사는 민주화의 승리 과정이 된다. 이렇게 될 경우, 민주화 담론에 들어가지 못하는 사람들이 생긴다"[11]고 지적한다. 김 교수는 앞서 언급한 〈김군〉에서 한 사람이 '이 사람은 관련자가 아니기에 모른다'고 답한 것을 대표적인 예로 든다.

오히려 5·18 당시 연관이 없던 서울의 재야세력과 운동권은 5·18 민주유공자가 되어 있고, 그들은 5·18을 자신들의 역사적 정통성과 도덕적 정당성의 기반으로 삼는다. 이들이 민주유공자가 된 것은 신군부가 5·18과 김대중 전 대통령을 '김대중 내란음모 사건'으로 한데 엮으면서다. 하지만 두 사건은 관련이 없고, 신군부가 민주화 세력을 쓸어내기 위해 날조한 것이다. 김대중 전 대통령이 참여한 재야단체 민주통일연합의 전남지부 핵심 인사였던 이성학과 윤상원이 항쟁 지도부를 구성[12]하지만, 이 사실이 드러난 것은 최근 일이다. 학동 일대에서 건달 노릇을 하다가 후일 폭력조직 신양OB파 부두목까지 오른 문홍식 씨가 인우보증*을 통해 5·18 부상자가 되고, 5·18구속부상자회 회장 자격으로 철거 용역 등 이권 사업에 개입하는 등의 문제까지 발생한 지경이다. 정작 광주와 전라도 사람들이 실제로 경험한 5·18을 기억하고, 그들의 집단적인 상처를 치유하는 것과는 거리가 멀어지고 있는 셈이다.

호남에 대한 지역차별도 사라졌다고 보기 힘든데, 포털 사이트의 인터넷 댓글은 여전히 전라도에 대한 비하 발언으로 넘실댄다. '까보전(까보니까 전라도)', '알보칠(알고 보니 7시 방향)', '전라도는 과학' 등은 상대적으로 수위가 낮고 점잖은 축에 속한다. 주동식 국민의힘 광주 서구갑 지역위원장은 지역평등시민연대라는 시민단체를 만들고 오랫동안 활동해왔다. 주 위원장은 "일베나 이런 쪽에서 기를 쓰고 강조하는 것이 전라도는 다르다는 것"이며 "노골적으로 인종이 다르고 종자가 다르다는 것"[13]이라고 지적한다. 인종주의적 차별이 여전하다는 것이다.

수도권 이주민의 경우 지역차별은 계층 문제로 전환돼 계속된다. 일자리를 찾아 농촌을 떠나 서울과 수도권으로 향한 호남 출신 이주민은 그곳에서 하층 노동자 역할을 떠맡았다. 성남시의 경우 '광주대단지사건'이 발생했던 이른바 구舊성남 지역에서 호남 출신이 대규모로 거주해왔다. 이들의 자녀들을 생각할 때 계층 지위가 그대로 이어졌을 것으로 보는 게 합리적이다. 적어도 40대 초반인 필자 세대까지는 부모가 호남 출신이기 때문에 경

---

* 　　　관련자들의 증언으로 자격을 취득하는 것을 말한다.

력에 위협을 받고, 나아가 호남 출신임을 숨기기 위해 본적을 옮기는 사람들을 여럿 볼 수 있었다.

호남문제에는 오랫동안 이어진 저발전과 그로 인한 불평등, 지역차별로 형성된 강렬한 정체성, 중앙정치와 긴밀하게 연결된 지역 거버넌스 등이 복합적으로 꼬여 있다. 가령 저발전의 문제를 논하기 위해서는 단순히 산업화 시절 있었던 투자 부족을 넘어서서, 그로 인해 지금까지 자생적인 발전 역량이 부족하다는 점을 보아야 한다. 기업가를 시작으로 전문 지식과 네트워크를 갖춘 인력, 발전과 성장을 이끌어낼 앙트레프레너십(기업가 정신)과 경험의 부족까지 살펴야 한다는 이야기다.

지역 내 기업가와 중산층의 층위가 얇다는 것은 필연적으로 정치 및 행정 우위의 사회를 만들어낸다. 이는 민주당계 정당이 모든 사회 집단을 대표하는 지역패권정당으로 작동하는 것과 맞물려, 견제와 균형이 작동하지 않는 후진적 거버넌스를 낳는다. 지역사회의 부패와 무능은 구조적인 것에 가깝다. 이러한 상황에서 정부의 자원 투입은 효율이 떨어질 수밖에 없고, 개발 프로젝트의 성공 확률도 낮아진다. 결국 호남 내에서 계속되는 저발전은 그 함정에서 도저히 벗어날 수 없는 구조에 원인이 있다.

자립을 위한 직시

호남에 대한 담론은 대부분 중앙 엘리트들의 이해관계에 따라 짜여진다. 앞서 언급했다시피 5·18이 민주화 승리사관에 복무하는 방식으로만 기억되는 게 대표적이다. 정치의 계절이 돌아오면 유력 정치인들은 광주 망월동의 희생자 묘역을 참배하고, 이를 자신의 정치적 자본으로 삼으려고 노력한다. 〈경향신문〉은 이러한 모습을 두고 "여야가 5·18정신의 '소유권' 경쟁에 매몰되고 있다"고 말하며 "아전인수" 격인 행태를 보인다고 개탄[14]하기도 했다.

하지만 민주화 운동의 주요한 상징인 5·18을 현재에 맞춰서 재해석하거나, 광주를 비롯한 지역 주민이 그 유산을 어떻게 발전적으로 계승할 것인지에 대해서는 아무도 관심이 없다. 그러다 보니 5·18 관련 사업은 각종 시설물을 만들고, 40여 년 전 현장을 원형 그대로 보전하고, 곳곳을 '성역화'하는 전형적인 지역 사업 형태에서 벗어나지 못한다.

호남 정치도 마찬가지다. 선거철이 되면 호남을 둘러싼 이야기가 정당과 캠프를 가리지 않고 쏟아져 나온다. 하지만 지역 조직 관리에 힘쓰거나, 그럴듯한 지역개발사업을 내세우는 것 정도다. 후보자의 배우자가 오래전부터 서울과 지역을 오가면서 후보자를 대신해 지역 주민이나 유력자들과 스킨십을 한다는 미담도 빠지지 않는다.

여기서 기묘한 부분은 '중앙'의 엘리트 정치인들과 '호남'이 어떤 관계를 맺어야 하는지, 호남 사람들의 미묘한 심리나 호남 내부의 정치 지형은 어떠한지에 대한 제대로 된 논의가 없다는 것이다. 민주당 계열 정당은 2017년 이전만 해도 광주의 지역 민심과 586이라 부르는 주류 정치인들 사이의 괴리가 커져 상당한 어려움을 겪었다. 호남 지역에 기반한 실용주의 성향의 '난닝구'

와 수도권과 부산 등지에 기반한 개혁 성향의 '백바지' 간 갈등이 대표적이다. 현재 민주당 주류인 옛 친노 성향 정치인들에 대해 '영남 패권주의 세력' 아니냐는 반감도 호남 내에서 상당한 호응을 얻었다. 그러나 2017년 문재인 대통령의 당선과 안철수 세력의 몰락 이후 이 문제는 어물쩍 넘어가버렸다. 보수 진영도 마찬가지다. 이들은 5·18 묘역에 참배하는 것이 전부일 뿐, 지역정치에 대한 최소한의 전략도 결여한 모습을 보인다.

평범한 호남 사람들이 무엇을 원하는지, 무엇을 필요로 하는지에 대한 논의가 시급하다. 호남 사람들의 불만이 무엇인지 잘 보여주는 사례 중 하나가 최근 광주에서 불붙고 있는 코스트코·스타필드 유치 운동이다. 이 운동은 우파 성향 시민단체인 '대기업 복합쇼핑몰 유치 광주시민회의'가 2021년 6월부터 전개하고 있는데, 젊은 층의 호응을 얻고 있다. 지역 일간지 〈무등일보〉가 7월 실시한 여론조사에 따르면 응답자의 58%가 '적극 유치해야 한다'고 답했다.[16] 특히 30대가 77.4%, 20대가 72.3%로 찬성 여론이 높았다.

광주는 주요 광역시 중 유일하게 창고형 할인 매장과 대형 복합쇼핑몰이 없는 지역이다. 타 광역시에 비해 부족한 구매력을 가진 데다 지역 상인들의 표를 의식한 지자체가 인허가를 내주지 않아서다. 저발전과 지역정치에 이중으로 고통받는 양상인 셈이다. 광주시민회의 대표는 광주 운암동에서 카페를 운영하는 배훈천 씨다. 호남 내에서 지역 주민들의 니즈와 정치권, 시민단체 활동의 괴리를 예리하게 포착한 데에는 지역 정서에 대한 충분한 이해가 깔려 있는 것이다.

현재 호남에 대한 담론의 가장 큰 문제는 지역민의 입장과 시각을 반영하지 못하고 있다는 점이다. 학동 철거건물 붕괴사고를 예로 들어보자. 이에 대해 서울의 진보 세력은 불법적인 하도급이 문제라며 중대재해처벌법 시행이 필요하다고 주장했다. 언론도 마찬가지다. 사고 직후 정의당이 중대재해특별본부라는 조직을 만들고 광주에서 첫 회의를 하면서 민주당의 동참을 요구한 게 대표적이다.

하지만 광주 시민들은 학동 철거사고를 두고 전형적인 토건비리에 의한 것이라고 지적한다. 철거 용역을 맡은 다원이앤씨, 지형 등이 백솔, 한솔, 대인개발 등과 재하청 계약 등을 맺으면서 용역 단가를 후려치는 한편, 이면 계약을 맺었던 과정에 토건 비리가 있다는 것이다. 또 이들 중 여러 업체는 실제 소유주가 동일인인 경우가 있고, 감리 업체도 불법적으로 선정되었으며, 석면 철거를 할 수 없는 업체가 해당 작업을 맡는 등의 문제도 허다했다. 관할 지자체인 광주 동구청 공무원들과의 유착 관계도 수사 대상이다. 철거 용역을 맡은 다원이앤씨는 폭력조직이 모태라는 의혹이 제기되고 있으며, 학동 철거 용역에 따른 대가로 뇌물을 건넨 것이 2011년 드러나기도 했다.[17]

'왜 야심 차게 추진하는 지역개발사업이 대부분 실패하는가'에 대한 답을 얻기 위해서도 결국 지역에서 스스로 담론을 만들어야 한다. 광주의 경우 일찍부터 '문화수도'를 표방했지만, 문화를 중심으로 한 고부가가치 서비스업을 창출하지 못하고 있다.

노무현 정부 출범과 더불어 시작된 국립아시아문화전당 프로젝트는 갈 길을 잃은 것이나 마찬가지다. 관광 및 레저 산업도 거의 존재하지 않는다. 가뜩이나 취약한 제조업 기반은 한국의 탈공업화와 맞물려 허물어져 가고 있다. 이러한 상황을 타파할 방법은 예산을 조금 쪼개 시혜를 베풀면 되는 '중앙'이 아니라, 당사자인 지역 주민들만이 찾아낼 수 있을 것이다.

지방 문제에 관심이 많은 독자라면 경제 기반의 붕괴, 취약한 거버넌스, 너무나 작은 지역민의 목소리 그리고 그로 인해 쌓이는 평범한 사람들의 불만 등이 호남 이외의 다른 '지방'에서도 나타난다고 지적할 것이다. 사실 그렇다. 이 책에서 다루는 문제 다수는 이른바 '지방이 겪는 문제'이기도 하다. 전라도라는 특수한 역사-지리적인 공간에서 발생한 문제와 소위 지방으로서 떠안은 보편적인 문제가 엮여 있기 때문이다. 호남문제를 2021년에 재론하고 나선 이유 중 하나는, 결국 '한국에서 지방이 어떻게 바뀌어야 하는가'라는 논점을 다루기 위함이다.

흔히 서울이나 인근 도시 거주자들은 수도권 밖 지역을 '시골'이라고 생각하면서, 자신들의 삶의 문제와 관련이 없는 곳이라 여기곤 한다. 하지만 서울의 문제는 그 '시골'의 문제와 긴밀하게 연관돼 있다. 가장 직접적인 이야기부터 하자면, 서울과 경기도의 주택가격이 폭발적으로 앙등하는 데에는 지방 경제가 쇠퇴하면서 광주나 대구·부산의 젊은이들이 수도권으로 밀려들어오는 까닭도 있다.

공공 재정 분야에서 살펴보자면, 수도권에서 거둔 세금을 지방에 쓰는 등 지역 내 불균형이 심화되면서 갈등이 빚어질 가능성이 커지고 있다. 공공기관 이전을 비롯한 국토 불균형 완화 대책도 결국 서울 사람들에게 영향을 미친다. 현재의 양당제 정치구조가 좀처럼 바뀌지 않는 것은 영남과 호남이라는 지역 기반 때문이다. 또 성남시 등 경기도 일대의 호남 출신 노동자나 영세 자영업자와 그 자녀들의 존재를 감안하지 않고서 수도권 선거를 이해할 수 없다. 지방자치단체의 구조적인 부패와 무능은 서울과 경기도 지자체도 경험하는 문제이기도 하다.

이 책은 광주를 중심으로 호남문제를 다양한 각도와 층위에서 다룬다. 지역차별, 저발전, 불평등, 산업 및 경제 구조, 부패와 무능, 취약한 지역정치 구조와 거버넌스 등을 이야기한다. 하지만 책의 메시지는 사실 간명하다. 호남문제를 해결하기 위해서는 호남 사람들이 스스로를 직시하고, 이를 바탕으로 자립해야 한다는 것이다.

글의 구성

구성은 다음과 같다.

1장에서는 호남문제의 기저에 일종의 준인종적 정체성과 차별의 문제가 있음을 살펴본다. '호남차별'은 과거의 문제가 아니라 현재의 문제다. '전라도인'이라는 이등시민은 엘리트 집단 내부의 경쟁과 함께, 대규모 이주민이 서울을 필두로 한 전국 주요 도시에서 하층 노동자로 편입되면서 형성됐다. 1950년대까지만 해도 전근대의 유산이 남은 농촌 사회였고, 향촌 기반 정체성을 가진 이들의 대규모 이주로 서울과 수도권이 형성됐음을 유념해야 한다.

2장은 경제 구조의 특질을 분석한다. 특히 산업화가 시작된 1950년대부터 이미 호남 출신 자본가에 대한 억압이 심했음을 밝힌다. 호남의 저발전은 단순히 박정희 정부 시절 도로·철도·항만이 건설되지 않아서가 아니라, 농업자본의 상업자본화 또는 상업자본의 산업자본으로의 발전 기회가 주어지지 않았기 때문이다. 산업화 열차의 꼬리칸에 있는 지역은 자생적 발전을 위한 역량이 부족할 수밖에 없고, 중산층이 얇고 불평등이 심한 사회 구조를 만들어냈다. 건설업의 과잉 성장이나 다른 지역보다 더 열악한 노동시장에 직면한 청년의 문제는 꽤 오래된 기원을 갖고 있다.

3장에서는 민주당의 지역패권정당 지위가 어떻게 유지 및 강화되는지 그 메커니즘을 파헤친다. 2021년에도 지역 기반 정당이 강고하게 유지되는 것은 정당과 지역민의 강한 일체감 때문이 아니다. 정당이 지역사회 전반에 촘촘히 뿌리를 내리고 지역민들의 이해관계를 조율하기 때문이다. 보수정당 내에 호남문제에 대한 제대로 된 담론이 없고, 그들이 지역 조직에 투자하지 않는 것도 민주당 우위를 강화한다. 역사적으로는 김대중이라는 걸출한 정치인의 출현과 재야세력이 지역 민주당과 깊은 관련을 맺었기 때문이다. 하지만 호남인의 정당이었던 민주당이 '수도권 상위 중산층의 정당'으로 변모하면서 지역정치와 중앙정치 사이의 관계가 큰 폭으로 변화하였고 일종의 긴장 관계에 접어들었다.

4장에서는 앞서 설명한 경제와 정치 구조가 족쇄처럼 기능하는 양상을 살핀다. 2021년 6월 학동 재개발 현장에서 철거 중이던 건물이 무너져 17명이 죽거나 중상을 입은 참사는 지역에 깊이 또아리를 튼 부패 구조를 드러내는 사건이었다. 기득권의 경제적 지대를 위해 의사결정이 왜곡되는 구조적 부패 문제는 여러 토건 사업에서 드러난다. 아시아문화전당 사업의 실질적인 실패, 광주형 일자리 사업의 불확실한 미래 등을 통해 지역의 거버넌스가 각종 개발 사업의 발목을 잡는 모습을 그린다. 내생적 발전 역량 확보를 위해서는 지역 내 의사결정 구조의 변화가 필요하다.

5장은 지금까지 안정적으로 유지됐던 지역 내부의 정치-경제 구조가 흔들리기 시작했음을 말하고, 그 원인을 분석한다. 이른바 '지방지배체제'의 문제다. 재경 엘리트-지역 기반 정당-중앙 정부의 재원을 기반으로 한 지역개발사업이라는 세 축 모두 균열 양상을 보이고 있음을 호남을 중심으로 서술한다.

6장에서는 더는 유지될 수 없는 지방지배체제 속에서, 지역과 계급의 이중차별을 받는 호남인들에게 어떤 대안이 가능한지 살핀다. 정치 영역에서는 외국과 같이 지역당을 허용해 풀뿌리 정당이 지방의회 의원이나 지방자치단체장을 배출하도록 해야 한다는 것을 제안한다. 또 지방의회 비례대표를 대폭 늘려 소수 정당의 진출을 보장해야 함을 말한다. 노시계획위원회 등 다양한 의사결정 기구에 지역의 기업인, 전문가, 시민들이 참여할 수 있도록 문호를 개방하는 거버넌스 개혁도 필요하다. 자생적 발전 역량을 갖추고, 서울과 수도권이 머리 역할을 맡고 지방이 손발 노릇을 했던 분업 구조에서 벗어나기 위한 방안을 모색한다.

함께 쓴 사람들

이 책은 혼자서 쓴 것이 아니다. 내가 나고 자란 광주의 여러 시민들이 도움과 정보를 주고, 지역 문제에 대한 견해를 이야기 해준 결과다. 호남에 대한 책이지만 광주를 중심으로 다룬 것은 내가 가진 네트워크의 한계 때문이다. 잘 알지 못하는 지역에 대해 함부로 언급할 수 없다는 사정도 있다.

먼저 강용주 전 광주트라우마센터장과 정준호 변호사의 도움이 결정적이었다. 지역사회에서 존경받는 인물인 두 사람은 중요한 취재원이었을 뿐만 아니라, 사람을 소개해주는 데 따르는 번거로움과 리스크에도 불구하고 여러 인물들을 만날 수 있게 해주었다. 김상집 광주전남6월항쟁 기념사업회 이사장을 비롯해 박재만 광주시민단체협의회 상임대표, 이민철 광주마당 이사장, 최이성 전 참여자치21 운영위원장, 배훈천 대기업 복합쇼핑몰 유치 광주시민회의 대표 등은 광주의 시민사회를 이해할 수 있게 도와주었다. 이진 광주시 의회 운영수석전문위원, 백순선 광주시 북구 의회 의원, 강수훈 전 더불어민주당 광주시당 정책위원장, 주동식 국민의힘 광주 서구갑 당협위원장, 천하람 국민의힘 순천·광양·곡성·구례갑 당협위원장, 나경채 전 정의당 광주시당 위원장 등은 지역정치에 대한 귀중한 정보와 시각을 나누어주었다. 조정관 전남대 교수, 김재호 전남대 교수, 정호용 국민대 교수(전 전남대 교수), 오승용 전남대 연구교수, 이규용 노동연구원 고용영향평가센터 소장 등 전문가들도 큰 도움을 주었다. 지역의 헌신적인 언론인들도 빼놓을 수 없다. 조시영 CBS 기자, 김진방 〈연합뉴스〉 기자(전 전주 주재) 등이다. 이 밖에도 김두얼 명지대 교수, 김시덕 문헌학자, 류덕현 중앙대 교수, 이항구 자동차연구원 연구위원, 윤태곤 더모아 정치분석실장, 최민규 한국야구학회 이사, 강양구 TBS 기자 등의 도움을 받았다. 이밖에 여러 지역사회 관계자들과 전문가들이 취재에 응해주었다. 이름을 밝힐 수 없는 이들도 있었다. 광주와 전남·전북에서 지역사회 발전을 위해 노력하는 연구자들과 언론인들의 노작들이 없었다면 저술은 불가능했을 것이다. 책을 만드는 데 도와준 이들의 발언을 받아들이고 활자화된 형태로 쓰는 과정에서 전달이 잘못되는 문제는 오로지 나의 책임이다.

1장

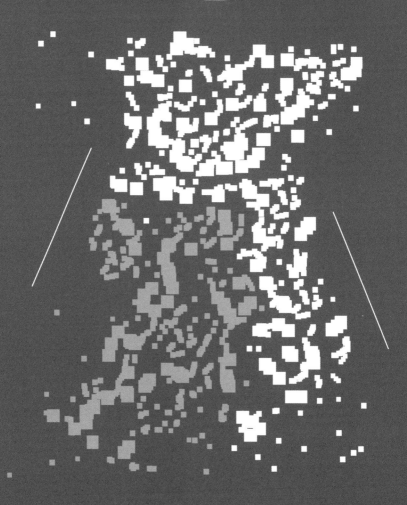

반도의 흑인
또는 아일랜드인

"주민등록번호 중 8번째, 9번째 숫자가 48~66 사이에 해당하시는 분은 채용 어렵습니다(가족 구성원도 해당할 경우 채용 어렵습니다)."

지난 2018년 경기도 부천의 한 편의점에서 내건 아르바이트생 채용공고가 상당한 화제를 모았다. 주민등록번호 8, 9번째 숫자는 출신 지역으로 부여되는데, 전북·전남·광주에 해당하기 때문이다. '본인이나 부모가 전라도 출신이면 채용하지 않겠다'는 의미였다.

적잖은 파문이 일자 해당 편의점주는 KBS와의 인터뷰에서 "야간 근무자가 그냥 잠수타버린 거예요. 연락도 안 하고"라며 "일반화하고 싶지 않은데, (전라도 출신) 근무자들 쓰면 항상 그렇더라고요"라고 해명했다. 전라도 출신은 기본적인 근로 윤리도 갖추고 있지 않다는 것이다. 편의점주는 "물론 그게 지역하고는 상관이 없겠죠. 근데 확률이라는 게 좀 솔직히 이야기해서, 피하고 싶이시 그렇게 한 거예요"[1]라면서 본인의 행동이 지역차별이 아니며 경영자로서 취한 합리적인 행동일 뿐이라는 논리를 폈다.

전라도 지역 출신을 뽑지 않겠다는 노골적인 차별 행위는 여전히 이따금 화제가 되곤 한다. 지난 2014년 자동차 조향·제동 장치를 만드는 부품회사 남양공업이 채용공고에서 '전라도 X, 외국인 X'라고 명시한 것이 대표적이다. 남양공업은 현대·기아차의 1차 협력사인 데다, 자동차 성능과 직결되는 구동계 핵심 부품 공급사다. 당시 직원 수는 800명이었다. 작은 기업이 아니라 대규모 조직과 인사 체계를 갖춘 대기업이 '전라도 사람은 지원 불가'를 공표한 것이다. 남양공업은 사건이 커지자 대표이사 명의로 사과문을 발표하고, 외주 업체 직원이 한 일이라고 해명[2]했다.

섬유유연제 피죤을 만드는 (주)피죤의 이윤재 회장(1934년생)이 전라도 출신을 뽑지 말라고 지시하고 나아가 기존 호남 출신 직원을 강제로 쫓아내려고 한 일이 있었다.[3] 일베에는 "취업 지원자가 전라도 출신이어서 서류 탈락시켰다"는 글이 종종 올라왔다.[4] 모두 지역차별이 우리 사회에 뿌리 깊게 존재함을 알 수 있는 대목이다.

심지어 국회조차 호남차별 문제에서 자유롭지 못하다. 국회 보좌진들이 익명으로 글을 올리는 페이스북 페이지인 '여의도 옆 대나무숲'은 이를 잘 보여준다. 2021년 6월 어느 작성자는 이전에 홍보담당 비서 면접을 봤을 때의 이야기를 올렸다. "의원, 보좌관 면접도 봤는데 직계가족에 전라도 출신이 있으면 의원님이 싫어하실 거라는 말씀을 들었다"라며 "그냥 죄송하다고 말씀드리고 채용은 없던 사실로 됐다"[5]는 글이었다. 해당 의원은

1955년생이었다.

호남문제는 인종 문제다

앞서 언급한 이야기는 크게 세 가지를 시사한다. 먼저 지역감정이나 지역차별이 노동시장에까지 영향을 줄 정도로 심각하게 나타나는 사례는 '호남차별'밖에 없다는 것이다. 본인, 나아가 부모의 출신지가 경상도나 충청도라는 이유로 채용을 거부하는 기업은 존재하지 않는다. 각각의 지역에 대해 어느 정도 부정적인 시각이 존재한다거나 영남과 호남은 특히 사이가 나쁘다는 주장이 있지만, 그러한 편견이나 악감정이 경제 행위에 영향을 미치지 않는다. 오늘날에도 공공연히 편견을 드러낼 수 있을 정도로 만연한 지역감정은 호남에 대한 것뿐이다. 한국에서 실질적인 의미가 있는 지역차별은 호남차별임을 가리키는 것이다.

두 번째는 호남차별이 호남인의 '속성'을 문제 삼는다는 것이다. 출신이 전라도이기 때문에 믿을 수 없고, 충성심이 약하고, 근로 의욕도 낮은 것으로 주장된다. 2010년대 호남차별 정서가 결집하고 발전한 곳인 일베의 단골 콘텐츠 중 하나는 "호남 출신은 열등한 품성을 가지고 있으며, 다른 지역 출신과 비교하면 더욱 그러하다"는 내용이다. 심지어 외모마저 구분된다는 게 이들의 주장이다. 일베나 인터넷 커뮤니티 '디시인사이드'에서 "전라도 표준형 얼굴"이라는 제목으로 돌아다니는 이미지는 호남 출신을 두고 "내충 이렇게 턱과 광대가 돋보이고 눈에 흰자가 많으며 눈꼬리는 위로 처져 있어 간사한 인상을 내뿜는 얼굴 형태"[6]가 특징이라고 설명한다. 1990년대 중후반까지만 해도 텔레비전 드라마나 영화에서 깡패, 사기꾼, 양아치를 맡은 배역이 서남 방언을 즐겨 사용해서 문제가 됐던 것에서 한발 더 나아간 셈이다.

세 번째는 지역차별의 장기 지속성이다. 특정 지역을 문제시하는 발언은 일부 인터넷 커뮤니티에 머무른 정도의 수준이 아니냐는 의견이 있다. 하지만 위에서 언급한 사건들은 최소한 2010년대 중후반까지 호남차별이 생활 세계에서 상당한 영향력을 미치고 있다는 것을 의미한다.

이 세 가지 특징을 아우를 수 있는 호남차별에 대한 규정은 그것이 일종의 인종차별에 가깝다는 것이다. 물론 호남인은 피부색 등 뚜렷이 구분되는 생물학적 특징이 없다. 또 언어·종교·문화 등에서 다른 지역과 큰 차이를 가지고 있지 않다. 하지만 그것과 상관없이 '전라도'에 특정한 속성을 부여하고, 통상적인 '한국인'의 범주에서 벗어난 이질적인 존재인 것처럼 규정하며, 끊임없이 타자화하는 방식은 그들에게 일종의 인종성을 부여하는 것에 가깝다.

기실 '인종'이라는 개념과 '구별짓기'의 준거는 꽤 모호하다. 진구섭 미국 맥퍼슨대 교수는 미국에서 소수 인종과 대비되는 '백인성whiteness'이 동적인 개념이라고 설명한다. "백인의 경계와 정의가 때와 장소에 따라 끊임없이 변화해왔다"라며 "최근 연구는 백인 인종 카테고리가 생각했던 것보다 더 복잡하고, 상황적이라는 것을 보여준다"[7]는 것이다. 19세기 중반 이후 미국으로 건너간 유럽의 백인 이민자들은 기존 미국인으로부터 정상적인 백인으로 취급받지 못했다. 그들은 '피부가 하얀 민족 집단white ethnic group'으로 간주될 뿐이었다.

이를 잘 보여주는 단어가 '하얀 깜둥이white nigger'다. 피부는 하얗지만 '백인'이 아니라 '흑인'으로 취급받는 미국 내 이민자 집단을 가리키는 데 쓰이는 표현이다. 1847년 대기근을 전후로 밀려들어온 아일랜드인들이 대표적이다. 1841~1860년 169만 명이 미국 이민선에 올랐는데, 당시 전체 이민자의 37.5%[8]에 해당한다. 가난한 농민 출신이었던 이들은 하층 노동 계급으로 편입됐다. 기존 하층 노동자들보다 더 싼 임금으로 일했기에 자연히 증오의 대상이 됐다. 가톨릭 신앙을 가졌다는 점도 주된 차이점이었다. "아일랜드인은 지원하지 마시오No Irish Need Apply"라는 문구가 구인공고에 삽입되거나 "흑인, 개, 아일랜드인은 출입 금지No Blacks, No Dogs, No Irish"라는 메시지가 식당 입구에 흔하게 붙여졌다.[9] 할리우드 영화 〈갱스오브뉴욕〉은 아일랜드 이민자 집단의 미국 정착을 배경으로 하는데, 그들을 억압하는 '토착파Natives'들은 미국 독립 당시부터 살고 있었다는 걸 강조하는 앵글로색슨계 하층민이었다. 악명 높은 백인우월주의단체 KKK단은 배제 대상으로 흑인뿐만 아니라 아일랜드 이민자들을 지목[10]하고 공격하기도 했다.

아일랜드인 다음으로는 이탈리아 이민자들이 하얀 깜둥이로 간주됐다. 아일랜드인들이 성 앞에 흔히 붙는 '맥Mc'을 본뜬 '믹Mlck'이라는 멸칭으로 불렸다면, 이들은 '검둥이 백인Dago', '기니아 검둥이Guinea'로 불리곤 했다. 1922년 흑인 여성과 결혼한 이탈

리아인은 당시 '인종 간 결혼 금지법'으로 기소됐는데, 이탈리아
인은 백인이 아니라는 이유로 무죄 판결을 받았다.[11] 이들이 백인
의 무리에 끼게 된 것은 다음번 이민자 집단 덕분이었다. 다른 남
동부 유럽인이나 아시아인이 이민을 오거나 흑인이 동북부 공업
도시로 진출하면 자연스레 '바닥'에서 탈출을 하고 백인의 무리
로 공인되는 것이다. 또 흑인에 대한 민권운동이 번성하면 이들
과 대비되는 피부색을 가진 '백인 인종그룹'은 백인에 가까워지
게 됐다. 1930년대 뉴딜정책과 노동운동 그리고 제2차 세계대전
도 백인의 범주가 넓어지게 된 또 다른 배경이다.[12]

　　1960~1970년대 캐나다 퀘벡주 분리 세력 중 극좌파였던 퀘
벡인민전선FLQ, Front de libération du Québec 지도자인 피에르 발리에르Pierre
Vallières는 아예 《아메리카의 하얀 깜둥이들White Niggers of America》이라는
책을 썼다. 발리에르는 퀘벡의 프랑스계 캐나다인이 스스로 운
명을 결정지을 수 없고, 사회경제적으로 열등한 존재로 살아가
기 때문에 흑인과 같다고 주장했다. "퀘벡에 인종문제가 없다지
만, 퀘벡의 노동자들은 그들의 처지가 흑인과 동일하며 착취를
당하는 이등시민임을 인지하고 있다"[13]는 것이다. 그는 캐나다
의 프랑스계는 인구의 30%를 차지하지만 대부분 사회적·경제
적 지위가 낮고, 퀘벡의 실업률은 10%가 넘는다고 지적했다. 한
발 더 나아가 "미국 동북부 양키들은 피부 하얀 노예들을 이탈리
아계, 아일랜드계, 폴란드계, 독일계, 푸에르토리코계 등의 여러
'식민지'로 분할해 통치한다"고 봤다.[14]

　　호남문제의 본질이 인종 문제라고 주장하는 것은 호남인이 인

종적으로나 문화적으로 다른 지역과 다르다고 이야기하는 것이 아니다. '전라도'라는 지역과 '전라도인'이라는 이들이 근대화와 그에 따른 대규모 인구이동 속에서 다른 인간 집단, 정확히는 좀 더 열등한 이등시민으로 간주되고 스스로도 구별된 정체성을 갖게 됐다는 것이다. 그 강도가 '인종'에 해당하는 수준은 아닐지라도, 꽤 높은 수준의 자각을 한 것으로 보인다.

최영진 중앙대 교수는 "근대화 과정에서 지역 간 격차는 당연한 것이다. 그러나 이러한 차이가 곧장 지역 간 갈등으로 비화하지 않는다. 발전지역과 후진지역 간을 구분할 차이점이 존재하지 않을 경우 아무 일도 일어나지 않는다"[15]는 어니스트 겔너Ernest Gellner의 논리를 빌려 정체성을 자각하는 게 중요하다고 설명한다. 최 교수는 산업화로 전라도 주민들의 대규모 이주가 발생했고, 그들이 서울 지역 등에 최하층으로 유입되면서 '전라도 사람들'에 대한 부정적인 인식과 편견을 확대시키는 결과를 낳았다고 봤다. 즉 "차별은 소외를 낳고, 소외는 편견을 그리고 결국 편견이 차별을 정당화하면서 차별과 배제의 지배 메커니즘이 완성되는 것"이라는 설명[16]이다.

일본 식민지 시기만 해도 지역차별이나 지역감정의 주요 대상은 서북(평안도 및 경우에 따라 황해도까지 포함)이었다. 개항 이후 상공업이 발전하고 기독교가 전파된 서북 지역 사람들이 서울로 진출하면서 유구한 전통을 자랑하는 기호(서울·경기·충청) 지역 엘리트들과 충돌한 셋이다. 특히 기독교 내에서 서북과 기호 간의 남북감정은 심각한 지경이어서 YMCA 내홍을 조사하러 온 미국 조사단이 "이 싸움은 관서와 관북 사람들이 중앙 사람들에게 푸대접을 받아온 데 대한 반발이며 곧 남북감정의 대립이다"[17]고 적었을 정도다. 당시 대표적인 민족주의 엘리트였던 윤치호는 연희전문 교수로 재직하던 정광현(후일 서울 법대 교수)을 사위로 맞이하면서 "서울의 명문가에서 평양 출신을 사위로 맞는 첫 번째 사례이므로, 난 조롱과 비난의 표적이 될 것"[18]이라고 쓰기도 했다. 1959년 시인 조영암이 〈야화〉라는 잡지에 "하와이 근성"이라는 제목으로 "간휼과 배신의 표상… 송충이나 그 이하의 해충… 신용이 없고 의리가 없으며… 말썽을 일으킨 부류는 모두 전라도 사람이 대부분"이라는 글을 익명으로 쓴 것이 지역감정의 '효시'로 이야기되지만, 내용의 조야함 자체가 오히려 호남차별이 본격화되지 않았음을 보여준다. 조영암의 글은 사회문제가 돼 결국 잡지가 폐간되고 그도 문단을 떠나게 됐다.

이러한 시각에서 전라도인은 반도의 '흑인'과 '아일랜드인' 사이 어느 중간에 있는 존재라고 한다면, 어폐가 있는 이야기는 아닐 것이다. 흑인처럼 피부와 언어가 다르고 아프리카에서 끌려온 이들은 아니면서도, 아일랜드인처럼 나중에 온 이민자들 덕에 '백인성'의 범주에 포함되기에는 여전히 상당한 차별과 모멸을 받고 있기 때문이다. 인터넷에서 멸칭으로 쓰이는 '전라디언'이라는 단어는 사실상 사태의 본질을 드러내는 것에 가깝다.

전라디언의 탄생I: 명문고와 엘리트 경쟁

한국 사회가 경제적·사회적으로 급속하게 발전한 이면에는 전라도인이라는 이등시민의 형성이 있었다. 해방 이후 시작된 산업화는 곧 기업과 자본의 성장을 의미했다. 국가는 새롭게 등장하는 기업인, 자산가 그리고 중산층 등에 속할 사람을 정하는 일에 가장 강한 영향력을 행사했다. 그리고 이른바 '엘리트'의 자리가 늘어날수록 그 자리를 향한 경쟁 또한 뜨거워졌다. 거의 모든 형태의 조직이 가파른 속도로 양적으로 커지고, 질적으로 발전하니 자리 경쟁이 치열해질 수밖에 없었다.

한국의 국가 주도적 산업화 과정 덕분에 이 자리 경쟁은 근본적으로 정치권력의 영향을 받는다. 관가, 기업, 언론의 고위직 인사 등은 모두 정치권력을 가진 이의 영향력 아래에 놓인다. 또 정부의 각종 유무형 인프라 투자가 큰 영향을 미치던 시절이라, 자본에 대한 배분권을 쥔 정치권력에 가까울수록 성장의 기회를 받는다. 그레고리 헨더슨Gregory Henderson이 주창한 '소용돌이 사회'는 1950년대 한국을 관찰하고 나온 개념이지만, 1960년대 이후 산업화 과정에서도 적실성이 있게 되는 이유다. 헨더슨은 한국을 "중앙권력을 향하여 모든 활동적 요소를 휘몰아가는 소용돌이"[19]라고 묘사했다. 원자화된 단위들이 중앙권력을 향하여 돌진하고, 그 과정에서 대중과 엘리트가 직접적으로 연계되어 중앙정치로 함께 빨려 올라간다는 것이다.

그렇다면 정치권력을 필두로 한 사회 요소요소의 자리와 자원 배분 경쟁에서 '우리 편'의 기준은 무엇인가? 바로 지연과 학연이다. 김선엽 고려대 한국사회연구소 연구교수가 지난 1991년 발표한 자료에 따르면 대도시 거주민들의 관계는 학교 동창이

30.8%로 가장 많았고, 그다음이 직장 동료(24.6%)와 부모·형제(11.2%)였다. 특히 친구 관계를 맺게 된 경로를 나눠보면 학교 동창이 30.8%, 기타 계기를 통해 알게 된 친구가 6.2%, 고향 친구가 4.6%였다. 학교 동창을 쪼개서 살피면 고교 동창(13.0%)이 가장 많다.[20] 학교 동창, 특히 고교 동창이 네트워크(연줄망)의 핵심인 것이다. 이 학연은 지역 소재 명문중·명문고를 거쳐 촘촘히 얽힌 각 지역 출신의 재경在京 엘리트 네트워크를 구성한다.

1961년 5·16쿠데타로 집권한 박정희 세력의 핵심은 TK(대구·경북)였다. 정확히는 TK 출신의 육사 졸업 장교와 경북고(와 그 전신인 대구고보) 네트워크였다. "대구의 특산품은 사과가 아니라 바로 대통령"이었으며 "대략 30년 동안 이 지역 출신들이 국가 요직을 독차지하다시피"[21]하였다.

TK의 독주는 5·16 세력 내부의 주도권 다툼, 정확히는 박정희 대통령이 숙청 작업을 하면서 TK 출신을 집권 파트너로 삼는 데서 시작된다. 박정희는 먼저 장도영 등 함경도 출신과 만주군 출신 인맥을 대거 숙청하고, 김종필과 육사 8기생들을 권력에서 밀어냈다. 대신 그와 지연이나 학연으로 연결된 영남 출신 군인들을 키웠다. 1961년 당시 대위였던 전두환이 이끈 하나회가 대표적이다. 육사 11기 10명으로 시작한 하나회는 영남 출신으로 육사에서 '똑똑한' 자질을 보이는 이들을 점조직 방식으로 포섭해 세를 불린다.[22] 이들은 박정희의 비호 아래 각종 인사 특혜를 받아 군을 좌지우지했다. 하나회의 핵심은 노태우, 김복동, 정호용, 박희도, 최세창, 이종구 등 경북고 출신들이었다. 12·12쿠데타

당시 경복궁에 모였던 12명의 전두환 그룹 장교 중 3명 또한 경북고 출신[23]이다.

정치 영역에서도 박정희 대통령의 파트너는 TK였다. 박정희는 5·16쿠데타 직후 대구고보 출신인 엄민영 씨를 의장 고문으로 초빙하는데, 조갑제 '조갑제닷컴' 대표는 "엄 씨는 총구에서 나온 권력이 지모를 빌어줌으로써 권부의 중심에 경북고 인맥의 씨를 뿌리는 선도적 역할을 하게 됐다"[24]고 평가한다. 엄 씨의 소개로 공화당에 들어온 백남억, 김성곤, 이효상, 박준규는 모두 권력의 핵심 인사가 되었다. 김성곤이 신현확, 김주성, 정수창, 정희택 등 인사들을 키워내고, 신현확이 김성곤의 사망 이후 실질적인 좌장 역할을 맡으며 경북고 인맥의 세 불리기는 계속 이루어졌다.

TK 엘리트들은 국가를 경영하면서, 자신들의 기반인 영남을 중심으로 산업을 발전시켰다. PK(부산·경남)는 TK의 하위 파트너 역할을 맡았다. 그들과 끈끈한 네트워크를 맺고 있는 영남 출신 기업인들에게 자본을 우선적으로 공급하고, 영남을 중심으로 각종 사회간접자본을 건설했다. 후술하겠지만 이러한 경향은 1950년대에서 두드러졌으며, 한국전쟁에서 전화戰禍를 피해 상공업 발전의 기회를 얻었다. 가뜩이나 강하게 존재했던 경향성이 정부 주도 산업화 과정에서 짙어지고, 물적 토대의 차이를 만들어냈다. 그 결과 "한국의 지배 세력은 경상도 지역을 중심으로 결정화crystallization되었다"고 최영진 교수는 설명한다. 사회적 권력 자원의 획득과 재생산에 있어 지배력을 행사하는 인적 네트워크가 존재하게 되었다는 것이다.

이러한 TK의 득세에 PK는 같은 영남 지역으로서 어느 정도 배려받는 지위를 보장받는다. 한국의 고성장이 만드는 각종 기회에 철저하게 소외된 것은 호남 명문고 출신들이었다. 호남의 엘리트들은 1950년대에는 한국민주당(한민당)과 민주당을 중심으로 뭉쳐 이승만 정권 당시 야당 역할을 했다. 4·19혁명 이후 들어선 장면 정부 당시에는 잠깐 약진했으나, 5·16쿠데타로 다시 야당이 되었다. 특히 호남은 1971년 대선에서 영남이 성장의 과실을 독식하는 상황에 신민당 지지로 결집하면서 명실상부한 반ℝ 박정희 지역이 되었다. 역대 정부 고위 관료 중 전라도 출신은 이승만 정부(제1공화국) 6.2%에서 허정 과도정부와 장면 정부(제2공화국)에서 각각 20.6%와 16.3%로 늘었다가 박정희 정부(제3·4공화국) 13.2%, 전두환 정부 9.6%로 줄어든다.

지역 명문고 출신들이 '중앙'에 진입해 경쟁하는 구도에서 태생적 '야당'인 전라도 출신들은 거의 완전히 배제됐다. 재무부, 검찰, 법원 등 고급 공무원 사회뿐만 아니라 서울시에서도 마찬가지였다. 5·16쿠데타에 참여한 김현옥 서울시장이 취임한 1966년부터 박영수 전 시장의 임기가 끝난 1982년까지 26년간 서울시청은 영남세가 주도했다. 그 결과 1988년 현재 서기관급 이상 299명 중 영남 출신은 50%에 가까운데, 호남 출신은 10%에도 미치지 못한다. "영남 지역에서 편입되어 온 사람들이 차츰 주요직을 차지하면서 그룹을 형성, 한때는 이 그룹에 합류하지 않으면 승진은 거의 불가능한 지경"[25]이 되었다.

간혹가다 호남 출신들이 요직에 발탁될 경우 거센 반발에 부딪히는 게 보통이었다. 시사월간지 〈말〉 1991년 9월 호는 1988년 전북 출신으로 경기고를 졸업한 고건 씨가 서울시장이 되고 호남 출신 구청장을 임명했는데, 안팎으로 날아드는 투서 때문에 몇 개월 못 가서 교체하지 않으면 안 됐다[26]고 전한다. 1991년 현재 서울시청 본청의 21개 국장급 자리 중 2곳만 호남 출신이고, 구청장은 한 명도 없다는 것이다.

가종 조직에서 호남 출신들은 임용, 승신, 경력 형성 등의 기회를 제대로 갖지 못했다. 강준만 전북대 명예교수가 1995년 낸 《전라도 죽이기》에는 경기도 어느 시청 사례가 나온다. "본청 직원이 230명쯤 됐습니다. 그중 전라도 출신은 계장급이 3명, 과장은 한 명도 없고 평직원도 몇 명에 불과할 뿐 운전기사·청소차 미화요원·무허가 단속반 등 거칠고 홀대받는 직종에서 전라도 출신이 좀 많이 눈에 띄었습니다. 3명의 계장마저도 늘 소외된 한직에서만 배회하므로 왠지 주눅 들린 사람처럼 힘없고 말없이 오갈 뿐 직원들에게 큰소리 한번 치지 못합니다"[27]라는 것이다.

일상 세계의 이 같은 경험은 호남에 대한 부정적인 편견을 강화했다. 또 호남 출신을 배제하는 합리화 기제가 됐다. 최영진 교수는 "전라도 세력이 정치권력으로부터 배제됨으로써 기존에 존재했던 전라도에 대한 부정적 담론은 더욱 확산되었으며, 이러한 담론은 호남배제를 정당화하는 이데올로기로 작용하게 되었다"[28]고 분석한다.

호남 출신에게 이러한 차별과 배제의 경험은 지역 기반의 정체성을 강렬하게 자극할 수밖에 없었다. 1976년생으로 호남과 서울을 오가며 유년과 청소년기를 보낸 오윤 씨는 자신의 성장사와 부모의 개인사를 엮어서《내 아버지로부터의 전라도》라는 책을 펴냈다. 최근 들어 늘어나고 있는 '자기 역사 쓰기'에 속하는 저작이다. 여기서 오 씨는 본인이 국민학교 2학년 때 서울에서 전라도 목포로 내려가게 된 계기가 전라도 출신 아버지의 좌천이라고 설명한다. "권력을 가진 자들은 과장되게 전라도를 혐오했고, ○○ 역시 조직 내에서 한직으로 밀려나는 중"[29]이었다는 것이다. 오 씨의 부친은 자신을 조롱하던 경상도 출신 국장과 주먹다짐을 벌인 끝에 징계성 인사 발령을 받게 된다.

오 씨의 부친은 3년 뒤 "아들에게 전라도 흔적을 물려주지 않겠다"는 생각에 오 씨를 서울로 올려보내지만, 전라도 근무가 길어지면서 다시 광주로 불러들인다. 여기서 오 씨는 광주가 "차별받는 자들이 공유하는 장소"임을 느끼고, '너희가 이 세상에서 살아남을 방법은 (공부를 해) 일등이 되는 것밖에 없다'라며 몰아붙이는 선생님들과 부모들을 보았다. 아들이 고등학교에 진학할 때가 되자 서울로 되돌려보내면서 아버지가 한 일은 아들의 본적을 서울로 바꾸는 것이었다. 오 씨는 서울에 돌아왔을 때 "너 전라도에서 왔다며? 너도 빨갱이지?"라고 듣거나 대학교 기숙사 룸메이트가 가족에게 "룸메이트 서울아다. 전라도 새끼랑 같은 방 쓰면 재수 없을 뻔했는데 다행이다"라고 말하는 등의 경험을 털어놓는다. 그는 자신이 타인의 시선과 평가를 강하게 의식하고, 늘 쫓기듯 살아온 게 본인의 '전라도' 정체성과 언제든 아버지처럼 변방으로 밀려날 것이라는 불안감 때문이라고 말한다.

오 씨의 사례는 과연 특이한 것일까. 적어도 1990년대까지 어느 정도 교육받고 번듯한 일자리를 잡았던, 또는 엘리트 사회에서 경쟁해야 했던 전라도 사람들과 그들을 부모로 둔 이들이 일상적으로 경험해야 했던 일로 보는 게 더 타당할 것이다. 이들은 지상파 방송에서 깡패나 하층민이 쓰는 서남 방언을 언어 습관에서 재빨리 지웠고 자녀의 호적을 바꾸는 등 전라도 사람임을 숨겼지만, 꼬리표를 떼어낼 수는 없었다. 그리고 그들이 겪었던 차별과 배제의 경험은 오히려 '호남 사람'이라는 지울 수 없는 정체성을 더욱 공고히 갖도록 이끌었을 것이다. '우리는 남들과 다르다'는 집단적 정체성이 형성되는 주된 경로 중 하나가 바로 차별과 배제의 경험이다. 피식민지 국가의 민족주의 발생 과정이 보여주듯이 말이다.

전라디언의 탄생II: 도시 하층 노동자의 대군

엘리트 사회, 좀 더 넓게 보아 산업·금융 등 기업, 관계, 법조계 등에서 전라도 출신에 대한 배제가 있었다고 해서 전라도라는 지역 전체에 대한 차별로 발전하지는 않는다. 전라도 출신이 바람직하지 않고 부도덕하기까지 한 속성을 가졌다는 낙인을 찍고, 실질적인 대규모 차별이 시작된 데에는 1960년대 이후 진행된 호남 출신의 대규모 이주가 있었다.

호남 출신 이주자들은 서울이나 경기도뿐만 아니라 울산, 부산 등 어디건 일거리가 생기는 곳으로 몰려들었다. 다른 지역, 특히 영남 사람들은 고향과 인접한 지역으로 이주했지만 광주나 전주 등에는 일자리가 없었기 때문이다. 이들은 학력이 낮고, 기술도 없으며, 별다른 네트워크도 가지지 않았기에 자연스레 도시의 하층 노동자 또는 빈민 집단을 형성한다. 서울과 부산 등지의 토착민들이 보기에는, 앞서 언급한 아일랜드나 이탈리아계 이민자가 미국으로 밀려들었을 때와 같은 양상이 벌어진 셈이다. 이들에게 전라도 출신 하층 노동자는 무언가 열등한 존재로 간주됐다.

1955년 157만 명이었던 서울 인구는 이후 급격히 팽창했다.* 1960년대에는 농촌을 떠나 도시로 향하는 사람 중 45%가 서울을 1차 전입 지역으로 택했다. 왕젠훙王建宏 씨는 〈1960년대 한국사회 이농현상과 도시빈민 연구〉 논문에서 "1960~1965년에 서울 한 지역이 전국적으로 증가된 인구의 대부분을 흡수한 셈"[30]이라고 설명한다. 그중 상당수가 호남 사람이었다. 서울시가 1965~1970년 전입자 출신지를 분류한 결과 전라도가 25.5%, 충청도가 23.5%, 경기도가 21.1%[31]였다. 지리적으로 인접한 경기도를 제외하면 기실 전라도와 충청도 이주민이 주를 이루었던 것이다.

인구이동통계가 작성되는 1970년 이후 상황은 좀 더 분명하다. 1970~1979년 시도별 순이동을 집계하면 전북과 전남에서 총 163만 명(전북과 전남 간 이동 제외)이 다른 지역으로 이동했

---

*   1960년에는 245만 명, 1970년에는 523만 명, 1980년에는 835만 명을 기록했다.

다.** 1970년 호남 인구는 644만 명이었다. 그중 25.3%가 타향살이를 택한 것이다. 같은 기간 충청(충북·충남) 지방의 인구 대비 비율 22.6%보다 높은 수치다.

1970년 당시 호남 사람들이 이동한 곳은 서울(61.2%)이 압도적이고, 경기도(16.6%)가 그 뒤를 이었다. 다음은 부산(11.1%), 경남(3.5%), 경북(3.0%) 순이었다. 일자리를 찾아 동남 해안 공업 지대로 향한 것이다. 이는 충청도 순이동 인구의 95.2%가 서울·경기도를 향했던 것과 대비되는 부분이기도 하다. 부산과 울산, 대구로 이주한 전라도 사람들이 하층 노동자로 편입되었음을 예상하기란 어렵지 않다.

부산의 경우 2011년 현재 지역별 향우회 자체 집계 자료에 따르면 호남 출신은 80만 명으로 경남(110만 명), 대구·경북(100만 명) 출신과 엇비슷한 수준[32]으로 많다. 1981년 중반 부산 영도구의 경우 주민 20만 명 가운데 4분의 1인 5만 명이 호남 출신[33]이었다. 차철욱 부산대 교수에 따르면 이주민 상당수가 전라도 해안가에서 선원을 하던 사람들이었다. 이들은 "인간적 모독과 금전거래의 불이익, 취업상 불이익, 승진상 문제, 소속집단으로부터 따돌림 등"[34] 지역차별을 경험했다. 대체로 지역차별을 경험한 구술자는 회사원들이었다.

1960~1970년대 서울이나 경기도 일대로 이주해온 이들은 주로 막일을 하며 산동네에서 살아왔다. 이들은 혈연이나 지연 중

** 반면 부산·경북·경남에서 다른 지역으로 이동한 인구는 32만 명에 불과했고, 충북과 충남은 98만 명이었다.

심의 네트워크를 기반으로 이주해왔으며, 이후 취업·장사 등에서도 동향 사람들에게 의지[35]했다. 자연스럽게 호남 출신 이주민들은 도시 하층민이 많이 사는 몇몇 지역에 모이는 양상이 나타났다. 대표적인 곳이 용산구 한남동 한남현대시장 일대다. 지금은 고급 주상복합건물인 금호리첸시아가 들어서 있는 곳에 광주고속(현재 금호고속과 금호산업) 주차장이 1957년부터 15년 동안 있었다. 고향에서 상경해 맨 처음 발을 디딘 서울 땅에 호남 사람들이 눌러앉았다. 이들은 호남 친목회를 만들어 자체적인 소공동체를 만들었다가, 이주민 2세들은 한남국민학교를 졸업하면서 한남동 주민으로 편입[36]됐다.

서울 도심의 무허가 판자촌이 헐려 나가면서, 원래 그곳에 살던 이들이 관악구 봉천동과 신림동으로 밀려 나가면서 관악구는 호남 출신 비중이 주민의 절반을 차지할 정도로 '서울 속의 호남'이 됐다. 1971년 고교 졸업 후 전남 고흥에서 상경해 쭉 봉천동에서 살았던 박동석 씨(전 서울 관악구의회 의장)는 무허가 판자촌 출신이 봉천동에 정착한 이후에 "고향 사람들이 사는 곳 가까이에서 함께 살기 위해 이곳에 터전을 잡으려는 전라도 사람들이 더해졌지요. 돈 없고 백 없는 사람들이 가족 생계를 책임지며 살다 보니 지금까지 이곳에 정착해 사는 사람들이 많아요"[37]라고 말한다. 현재 성남 원도심을 만든 광주대단지사건의 당사자도 호남 출신의 비중이 높았다. 광주대단지사건은 박정희 정부가 청계천과 서울역 등에 모여 살던 무허가 빈민촌 사람 10만 명을 당시 광주군 중부면(현 성남시)에 이주시켰는데, 주택은 물론

화장실·상하수도·전기 등이 하나도 없는 데다 처음 약속한 것과 달리 고액의 토지대금을 요구해 발생한 대규모 시위다. 김대화 전 재경광주전남향우회장은 "당시 청계천 등 하천부지에서 살던 사람들의 80~90%가 호남 사람들이었다. 광주대단지에 이주한 사람 중 호남 출신 비율도 80% 정도였다. 이 가운데 절반가량은 다시 서울로 되돌아왔다"고 증언[38]한다. 앞서 언급했지만 이들이 의지하는 것은 가족이나 동향 사람들이었다. 지금은 아파트 단지로 탈바꿈했지만, 관악구의 대표적인 산동네였던 낙골(난곡) 주민들을 1980년 연구한 논문에서 박계영 미국 UCLA대 교수는 "자본, 기술, 학력 등이 갖춰져 있지 않기 때문에 … 그저 친구, 친지들의 소개로 막노동을 배워 그 분야에 종사하게 된다"고 설명한다. 또 "막노동 일거리이든, 행상일이든, 보세가공 일거리이든 낙골인의 하강구조를 통해 낙골 바깥의 업자에게 연결되고 다시 건설회사, 구로공단 등의 대기업체와 연결"[39]되는 특징이 있다. 주민의 69.2%가 건설 공사장의 인부였는데, 이들은 먼저 목수, 미장, 벽돌공, 방수 등의 기술을 가지고 터를 잡은 동향 출신 '오야(십장)'와 연계해 일을 받게 된다.

호남 출신 이주민들 가운데 일부는 자영업 등을 통해 '성공'했다. 1941년 전북 임실에서 태어난 한일순[40] 씨는 머슴살이를 하다 18살이던 1958년 경기도 남양주 마석으로 이주했다. 이후 둑공사, 냉차 장사, 산판일(산에서 나무를 베어 파는 일), 품팔이에 이르기까지 먹고살기 위해 안 해본 일이 없었다. 고향 사람의 주선으로 창호지 공장에서 기술을 배워 자리를 잡았지만, 한옥이 사

라지고 사양산업이 되자 중동 공사현장에 다녀오는 등 연속으로
고난을 겪었다. 중동에 다녀온 뒤 서울 강서구 신월동으로 옮겨
와 여러 장사를 하다, 1985년 신월동 시장에서 시작한 닭 장사가
성공해 겨우 삶의 안정을 찾게 됐다. 18년 7개월간 닭 장사를 하
면서 신월동 시장에서 낙찰계 계주와 시장 친목계 회장을 할 정
도로 자리를 잡았다.

하지만 다수는 실패했다. 박계영 교수에 따르면 낙골 주민 중
일생토록 비숙련 노동을 벗어나지 못하는 주민도 70%에 달했
다. 1966년 〈전북일보〉 편집국장 전풍기는 박정희 대통령에게
보내는 공개서한에서 "지금 서울의 거리에는 배움의 길을 찾아
야 할 어린 나이에 … 구두닦이로 혹은 여관, 음식점, 심부름꾼으
로 인간 이하의 대접을 받아가며 살아가야 하는 버려진 싹"들이
많다고 지적하면서 "이들이 대부분이 전라도 출신이라면 각하
께선 놀라실 것입니다"[41]라고 호소했다. '한강의 기적' 아래 10대
시절부터 미숙련 하층 노동에 종사해야 했던 저 전라도 출신들
은 대개 기회를 잡지 못했을 것이다.

전라도 사람들이 전국으로 흩어져 하층 노동자 또는 도시 빈
민의 역할을 맡게 되면서, 이들은 토착민 또는 그 지역 농촌에서
도시로 오게 된 이들과 경쟁 관계를 형성한다. 서울과 경기도에
서는 충청도 이주민과 경쟁 관계까지 맺게 되었다.《괭이부리말
아이들》로 잘 알려진 동화작가 김중미 씨는 인천시 구도심인 도
화동과 송림5동 산동네에 대해 "충청도와 전라도 사투리가 뒤섞
인 채 창과 창을 넘나드는 이웃들의 수다나 악다구니"[42]가 이어

지던 곳이라고 회상한다.

박상훈 정치발전소 학교장은 "1950년대까지는 대개 월남한 이북 출신들이 편견의 대상이었는데, 1960~1970년대 급격한 산업화와 도시화를 거치면서 호남이 그 자리를 물려받았다"[43]고 지적한다. 김진국 전남대 교수나 민경환 서울대 교수가 1970~1980년대에 실시한 설문조사[44]에 따르면 호남에 대한 차별의식을 가장 강하게 가진 지역은 충청과 서울, 경기 출신이었다. 영남은 오히려 가장 거리감이 적다고 답한 지역이었다. 여러 지역에서 온 이주민 하층 노동자들이 가장 격렬하게 경쟁해야 했던 곳이 서울과 경기 지역이었기에, 이를 반영한 결과라는 분석이다.

한강의 기적이라 불리는 발 빠른 경제성장과 기회의 확대 속에서 호남 사람들은 '로켓'에 올라타지 못한 이등시민이었으며, 오히려 그에 따르는 더럽고 힘들고 보수가 낮은 일만을 도맡아 했다. '전라도'는 단순히 출신 지역이 아니라, 서울·경기도·부산·울산 등지로 밀려 들어갔던 하층 이주민의 속성이었다. 호남이라는 지역적 속성이 차별의 주요한 기준이 되었던 메커니즘이다.

정체성의 형성: 5·18과 야구

특정 지역 출신이라는 이유로 차별, 배제, 낙인찍기의 대상이 되자 호남인들은 어떻게 대응하였는가. 먼저 고향 출신끼리 뭉쳤다. 이른바 '호남향우회'다. 자생적으로 발생한 조직이기 때문에 전북과 전남이 따로 하기도 하고, 시군구 단위의 소지역 향우회가 독립적으로 운영되는 경우도 잦다. 서울의 경우 1955년 창설된 재경전남향우회(이후 재경광주전남향우회)와 별도로 재경전북도민회가 따로 있다.

향우회는 고향 기반으로 사업을 영위하는 사람들에게 긴요한 네트워크를 제공했다. 향우회는 지역사회에서 관계를 기반으로 신뢰가 형성되었기에, 주고받기 식의 거래를 하기 용이하다. 또 다양한 인적 자원을 갖고 있다. 재경고흥군향우회를 연구한 박성윤 씨는 향우회를 통해 관직, 기업, 법조계에 종사하는 사람들로부터 도움을 받은 이들이 "향우회로 덕을 봤다"고 말한다고 설명[45]한다. 부산 영도구의 경우 고흥군의 면 단위인 나로도 사람들이 자체적으로 향우회를 결성했다. 이들은 대개 어업이나 어업과 관계된 상업에 종사했는데, 알음알음 맺은 네트워크가 향우회 결성으로 이어진 경우다. 이문웅 서울대 명예교수는 1970년대 후반 울산으로 온 이주민들이 지역에 정착하는 데 향우회 조직이 주요한 기여를 한다고 설명[46]한다. 영남의 농촌에서 울산으로 이주한 사람들이 군 단위 향우회를 조직할 때, 호남 출신은 전남북을 아우르는 대규모 조직을 만들었다. 당시 울산의 호남 이주민은 8만~10만 명에 달했는데, 전통적인 사회관계망에서 완전히 떨어져 나간 이들이 새로운 지역에 정착하기 위해 채택한 전략이었다. 울산의 호남향우회는 당시 향우회 조직답지 않게 울산 전체를 대상으로 한 장학 사업, 농촌 봉사 등을 활발히 전개했다.

그런데 향우회의 주요한 기능 중 하나는 정서적인 위안이었다. 조상현 전남대 강의교수는 "낯선 도시 생활에 방황하는 이주민의 감성적 치유를 위한 목적으로 결성한 2차적인 집단"[47]이라고 설명한다. 호남 출신에 대한 차별이 극심한 상황에서, 비슷한 설움을 겪는 이들과 함께 어울리는 장이었다는 이야기다. 앞서 박성윤 씨의 논문은 "향우회가 없었다면 고향을 떠난 많은 사람들이 눈물과 한숨 속에 살아야 해. 정신적으로 많이 도움을 주지"[48]라는 1957년생 이주민의 발언을 소개했다.

전라도를 둘러싼 역사가 산업화와 이주민 그리고 엘리트 사회에서의 배제만 있었다면, '무난한' 수준의 지역 저발전 내지는 지역차별이었을 것이다. 하지만 1980년 5·18은 광주를 중심으로 한 전라도 거주민들 그리고 전라도에서 타 지역으로 이주한 사람들에게 격렬하고 각별한 경험과 그로 인한 정체성의 각인을 이끌어냈다.

1980년 광주시 인구는 72만 4,000명이었는데, 5·18 당시 공수부대를 중심으로 한 계엄군의 무자비한 진압으로 사망 및 행방불명자는 440명(부상 후 사망 포함), 부상자는 3,140명에 달했다. 구속·구금 등은 1,590명(광주광역시 2009년 집계)이다. 5월 18일부터 27일까지 단 열흘간 광주 시민의 0.5%가 사망·행방불명·부상 등을 입었고, 0.2%가 구속·구금됐다. 22일에서 26일에는 광주에 계엄군이 없었다는 것을 감안하면 5일간 발생한 사상자다. 아직도 신원이 알려지지 않은 희생자가 많고 암매장 등으로 정확한 사망자 십계가 되지 않는다. 20일 계엄군의 인간 사냥에 분노해 금남로에 모인 시위 인파는 10만 명 정도로 추산된다.

학살에 가까운 국가 폭력의 경험을 전라도의 중심 도시가 통째로 공유한 것이다.

이들 중 다수는 평범한 생활인들로, 그저 거리에 있었다는 이유만으로 대검에 찔리고 곤봉으로 머리가 깨진 것은 그나마 나은 축에 속하는 경험을 해야 했다. 인간 사냥으로 죽은 사람으로는 임산부와 어린이도 있었고, 화염방사기 등도 사용됐다. 계엄군의 재진입으로 '진압'된 이후 5·18은 김대중 내란음모 사건과 연계되었고, 북한의 사주를 받은 공산분자의 소행으로 왜곡됐다. 북한군이나 간첩의 소행이라는 이야기는 당시 보안사령부의 사건 발표 당시부터 계속되었다.

가뜩이나 경제발전에 소외되고, 갖가지 차별을 경험해야 했던 호남 사람들에게 5·18은 자신들이 '비非국민'이라는 것을 확실하게 깨닫게 해준 계기였다. 이들은 "그저 전라도 사람들은 당해도 싸다는 식"으로 "졸지에 자식 잃고 형제 잃고 친구 잃은 심정에 대해서는 일말의 동정도 없다"[49]는 말을 외지에서 듣고 살아야 했다. 이 경험은 1987년 제6공화국 출범 이후 김대중과 민주당을 지지하는 정치적 정체성의 핵심이 된다.

프로야구팀 해태 타이거즈는 이렇듯 억눌린 전라도 정체성을 합법적으로 풀 수 있는 거의 유일한 수단이었다. 사실 해태 타이거즈 이전부터 야구라는 스포츠 자체가 1970년대 호남인에게 출구 역할을 하기 시작했다. 야구작가인 김은식 씨는 1972년 군산상고가 황금사자기에서 우승하면서 호남에 야구 붐이 불기 시작했다[50]고 설명한다. 1960년대까지 호남은 야구의 불모지나 다름

없었다. 대신 수도권과 영남권 고등학교가 각축전을 벌였다.

그런데 군산상고가 우승하자 전주, 익산, 군산은 속된 말로 '뒤집어졌다'. 군산상고 선수들은 무개차를 타고 전북 주요 도시에서 퍼레이드를 벌였고, 수십만 명의 시민들이 나와 축하를 했다. 1970년 창단한 광주일고와 광주상고 야구부에 인력과 지원이 몰리기 시작했다. 이는 곧 충청 지역에 고교야구 붐을 전파하게 된다. 이용일 전 KBO 사무총장은 김은식 씨와의 인터뷰에서 "군산상고가 처음으로 우승한 다음 호남 지역에 야구의 인기가 일어났고, 곧 전국으로 확산이 됐어. 그 뒤로는 동대문야구장이 그냥 야구를 응원하는 곳이 아니라, 지역 대결의 장으로 변했다고. 내가 그걸 보면서, 프로야구가 가능하겠다는 생각을 처음 했지"[51]라고 말했다.

해태 타이거즈가 원정 경기를 하는 잠실 야구장에서 호남 사람들은 평소 쓰던 말투 대신 본래의 전라도 사투리를 마음 편히 썼다. 비공식 응원가는 '사공의 뱃노래 가물거리면 삼학도 파도 깊이 스며드는데…'라는 가사로 시작하는 애잔한 곡조의 노래 〈목포의 눈물〉이었다. 〈목포의 눈물〉이 응원가로 자리를 잡은 것은 1983년 한국시리즈 5차전에서 해태 타이거즈가 MBC 청룡에 승리를 거두고 우승할 때 이 노래가 나오면서다.[52] 텔레비전 속 삼류 인생들이 호남 사투리를 썼을 때, 여기서만큼은 본인의 정체성을 가지고 승리의 경험을 할 수 있었다. 잠실 야구장에서 "김응용! 김응용!"을 연호하던 호남 이주민들이 어느 순간 "김대중! 김대중!"을 연호하곤 한 것[53]은 차별과 배제의 경험이 정치적 정체성과 긴밀히 연계되기 시작했음을 의미한다.

진짜 호남인은 이중차별을 받는다

'전라디언'이 형성되는 두 가지 경로인 엘리트 사회 내의 배제와 도시 하층 노동자로 편입된 이주민 집단에 대한 차별은 2000년대 들어 '차별받는 호남인'이라는 공통분모를 상실한다. 그 내부에서도 급격한 변화가 일어난 까닭이다.

여기서 유의해야 할 점은 전라도인이 '이등시민'이긴 하지만, 이등시민 내부에서도 경제적 이해관계나 출신 계층 등이 상이하다는 것이다. 지역 기반의 정체성을 갖고 있다 해도 다른 정체성이나 이해관계를 압도할 수 없다. 언어와 거주지역이 분리되고, 직업이나 경제적 관계 등에서 독자적인 인클레이브enclave*를 형성하지 않는 한 말이다.

1998년 김대중 정부 출범은 호남 출신 엘리트도 정치권력의 수혜를 받을 수 있다는 것을 깨닫게 해주었다. 또 김대중 정부 이후에도 민주당 내 정치 엘리트들은 자신들의 집권 파트너로 호남 출신 인사들을 발탁했다.

1987년 제6공화국 출범 이후 정당 간 이념 차이가 심하지 않은 상황에서 정치권력을 중심으로 한 엘리트 경쟁은 지역, 정확히 말해 지역 소재 명문고가 출발점이 되는 것이 자연스러운 귀결이었다. 그동안 경북고를 중심으로 영남 엘리트가 만들어놓은

---

*   외따로이 떨어져 있는 지역으로 비지(飛地)라고도 한다.

'게임의 규칙'에서 벗어날 이유가 없었다. 이른바 재경 또는 출향 엘리트들은 소수의 지역 소재 명문고를 졸업했으며, 출신 지역을 제외하면 상당히 비슷한 배경을 가진 이들이었기 때문이다. 몇 번의 정권 교체를 거치는 가운데, 명문고를 기반으로 한 학연과 지연의 혼합체야말로 가장 영향력 있고 믿을 만한 네트워크였다.

〈동아일보〉가 2021년 5월 문재인 정부의 장·차관과 청와대 비서관급 이상 정무직의 출신 지역을 분석한 결과 전체 401명 중 서울이 104명(25.9%)으로 가장 많았고 그다음이 호남으로 96명(23.9%)이었다. 장관급 이상에서는 호남(19명), 부산·울산·경남(15명), 수도권(14명), 충청권(10명) 순[54]이었다. 출신 고등학교를 따져보면 호남은 전주고(7명), 광주 대동고(6명), 광주 동신고(6명), 광주 제일고(5명), 목포고(5명) 순이었다. 서울은 경기고와 서울고가 각각 5명이었다. 이 밖에 대전고(5명), 경북고(5명)도 5명 이상 고위직을 배출했다.

이들 다수는 1950년대 후반~1960년대생으로 대개 고등학교를 졸업하고 바로 서울 명문대로 진학한 이들이다. 지금은 서울 강남 3구 일대를 비롯한 요지의 아파트 단지에서 거주하며, 상위 중간 계급의 일원에 걸맞게 행동한다. 필요에 따라 정치권력과 동맹 관계를 맺을 뿐, 이념이나 정책 지향 측면에서는 큰 차이가 없다. 이후 다루겠지만 이들이 엘리트 사회에서 지분을 늘린다 해도 정작 호남의 일반적인 사람들이 받는 혜택은 그리 크지 않다.

호남 출신 이주민들의 분화도 눈여겨보아야 할 지점이다. '로

켓'에 올라타는 게 힘들었을 뿐, 로켓의 말석에라도 앉은 이들이 점차 등장하면서 호남 출신 이주민은 동질성을 상실했다. 특히 먼저 자리를 잡은 사람들은 사업에 성공하거나 아니면 보유한 부동산 등의 가격이 올랐다. 경기도 평택의 경우 "전라도 사람들은 다(모두) 성공했다"는 말을 들을 수 있는 곳[55]이다. 평택 호남향우회 회원은 요식업이나 전기·건축 등 자영업을 하는 향우가 80%이고, 나머지 20%는 평택 일대 제조업체 직원이다. 평택 호남향우회 자체가 보유한 부동산 가격이 올라 큰 성공을 거두었다. 1979년, 1987년 향우회 회원들의 묘지 용도로 매입했던 임야 5,000평이 인근 지역개발로 가격이 뛰면서다.

서울 서부 지역에서 국회의원 보좌관으로 활동한 C 씨는 "지역구 정치에서도 호남 출신 이주민 집단은 큰 의미가 없어졌다"라며 "인근 부동산 개발 등의 영향으로 호남 출신 중에서도 돈 많은 사람들이 다수 생긴 데다, 개발과 이주로 대부분 살던 곳에서 떠났기 때문"이라고 설명했다. 호남 출신 유권자의 동질적 이해관계가 사라져 이들을 '동원'해낼 수 없게 되었다는 이야기다. C 씨의 지역구에서 예전에 호남 출신들이 많이 거주했다고 알려진 곳은 이제 값싼 주거지를 찾아온 청년이나 1인 가구가 주류를 이루는 곳이 됐다.

사회의 상층부에 속한 호남 출신 이주민들에게서는 차별에 따르는 정체성을 찾기 어렵다. 시인 이적 씨는 1990년대 중반 부산의 호남향우회에 참여해 임원진들에 대해 "그들은 전라도인에 대한 피해의식이 의외로 컸다. 마치 일본에 귀화하여 조선식 이름을 숨기며 살아가는 듯한 재일동포 세계와 흡사한 분위기"[56]였다고 전했다. 그는 임원진 대부분이 여권(당시 민주자유당) 지지자였으며, 사회 기득권이었다고 덧붙였다. 앞서 소개한 한일순 씨의 경우 신월동 시장에서 성공을 거둔 뒤, 신한국당 양천을 지구당에서 활동했다. 전파상을 하면서 초대 구의원을 지낸 최정철 씨와 돈독한 관계를 맺으며 선거 운동을 도왔기 때문이다. 한일순 씨는 경찰서 감사장을 받는 등 지역 유지로 자리를 잡았다.

최유리 씨가 인천 지역을 대상으로 1997~2007년 대통령 선거에서 호남 출신의 투표 성향을 분석한 논문[57]은 호남 출신 이주민의 정치 성향에서 그 사람의 소속 계층이 어떤 영향을 미치는지 잘 보여준다. 인천의 호남 이주민은 1970~1980년대 일자리를 찾아 부평 공단 일대나 부평역 주변에 밀려들었다. 이 때문에 인천 원주민이나 앞서 인천에 정착한 충청 권역 이주민과 주거 분포가 약간 다르다. 최 씨는 동별로 민주당 후보의 득표율과 호남 출신 주민 비율이 밀접한 상관관계가 있다고 분석했다. 그런데 연령, 출신 지역(광주·전남·전북), 학력을 세분화해 분석을 실시했을 때 대졸 이상 호남 출신은 민주당 후보(즉 김대중과 노무현)를 더 지지하지 않았다. 광주 출신의 지지 강도는 전남 출신보다 현저히 낮았다. 가장 민주당 후보 지지를 보였던 이들은 부평 일대에 거주하는 전남 출신 고졸이었다. 최 씨는 "학력이 높은 호남인들은 주거용 택지지구로 개발된 계양구 일대에 거주하며 …(다른 호남인들과) 구분되는 정치적 아이덴티티를 보여준다"고 결론을 내렸다.

반면 이주민 중에서 여전히 중하층에 머무른 사람들 그리고 호남에 남은 이 중 대다수는 지역차별에다가 열등한 사회경제적 지위에 따른 차별까지 이중으로 받게 된다. 지금도 기승을 부리는 호남차별은 구직자나 소득이 적은 약자를 대상으로 한다. 호남에 남아 있는 이들은 경제적 지위 상승의 기회를 좀처럼 찾지 못한다. 이들의 삶은 어엿한 서울 거주 중상위층으로 살아가는 이른바 '호남 인재'들이나, 호남에서 기득권을 점유하면서 중앙의 정치권력과 연계를 맺고 있는 '지역 엘리트'들과 다르다.

이런 의미에서 '진짜 호남인'은 지역과 계급이라는 이중의 차별을 받는 존재다. 2010년 이후 호남 지역이 민주당의 적잖은 골칫거리가 되고, 2016년 안철수가 이끄는 국민의당이 이곳을 석권하는 등 투표장에서의 '반란'이 때때로 터져나오는 이유다. 호남을 지역 기반으로 한 수도권의 엘리트들이 '진짜 호남인'들의 이익을 제대로 대변해주지 못하며, 정확히 말해 대변해줄 수 없기 때문이다. 오늘날 '호남문제'의 핵심은 호남 내부의 분화와 이해관계의 대립일 것이다.

2장

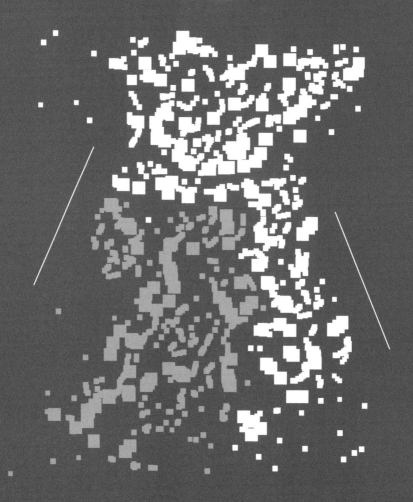

'산업화 열차의
꼬리칸'이라는 문제

호남이 안은 다양한 문제의 기저에는 오랫동안 이어진 저발전이 있다. 이른바 '전라도의 소외와 낙후'다. 그런데 단순히 호남이 다른 지역과 비교해 중앙정부의 인프라스트럭처 투자나 공업지대 개발계획에서 제외되었다거나, 경제성장률과 1인당 소득 같은 주요 경제 지표가 나쁘다는 수준을 말하는 것이 아니다. 한국이 경험한 급격한 산업화 과정에서 주변부적인 역할에 머물며 경제 구조가 비틀렸고, 이로 인해 저발전이 계속되는 악순환 구조가 굳건하게 유지되고 있다는 것에 가깝다. 산업화라는 열차의 꼬리칸에 몸을 실었다 보니 지금도 여전히 그 칸에 남아 있을 수밖에 없는 구조가 호남 안팎에서 제법 단단하게 만들어진 양상이다. 전라디언의 족쇄는 경제라는 하부구조에서부터 시작되는 셈이다.

　호남의 자본가 내지 엘리트층은 이 안에서 제대로 된 산업자본으로 발돋움할 기회를 갖지 못했다. 그뿐 아니라 산업화 과정에 올라타 기업을 성장시킬 기회 자체를 봉쇄당했다. 남은 길은 전국적 산업자본의 하위 파트너 역할을 하거나, 상업자본이나 부동산을 기반으로 한 자산가가 되거나, 아니면 소지역 수준에서 가능한 사업을 하는 것밖에 없었다. 다소 낡은 표현을 빌리면, 그들은 근대적인 자본가가 되지 못하고 일종의 '자산계급'이 되었다.

산업화 과정에서 한국의 기업가들은 지연, 학연, 혈연이 제공하는 네트워크에 의존해 사업을 했다. 기업가들을 키워주던 정치인, 군인, 고급 관료도 지역 기반 네트워크의 일원이었다. '한강의 기적'이 일어날 당시 전통적인 농촌 사회에서 갓 벗어나는 단계였던 터라 당연한 일이기도 했다. 호남을 기반으로 한 재벌이 없다는 것은 호남인들이 그 재벌과 거래해 기업을 키우거나 고위 임원, 전문가 등으로 경력을 쌓을 수 없다는 사실을 의미했다. 결국 산업화로부터 소외되면서 호남 사람들은 기업도, 기업가도, 근대적 기업 활동에 필요한 사회적 자본도 얻을 수 없었다.

지역에 제대로 된 산업 기반이 없다는 것은 곧 지방에서 '괜찮은 일자리'의 주된 창출처인 제조업 대공장의 부재를 의미한다. 혹여 있더라도 규모 있는 산업 생태계를 형성해 강력한 전후방 연쇄 효과를 보이지 않는다. 호남 내에 존재하는 관련 산업들은 부가가치가 낮고, 규모가 영세하다. 노동시장에서 번듯한 일자리가 부족하니 중산층의 규모가 작고 구매력이 뒤떨어진다. 지역 내 수요를 겨냥해 창업하는 각종 서비스업도 양과 질 모두 다른 지역보다 영세하고 뒤처져 있다.

　이러한 경제 구조는 중산층이 적을 뿐 아니라, 불평등은 크고, 사회 이동성이 낮은 사회를 만들어낸다. 창업 기회가 부족하며, 노동시장 내부에서 승진이나 이직을 통해 소득을 높일 수 있는 길도 상대적으로 적다. '개천에서 난 용'마냥 전남대나 조선대 의대에 입학하거나 사법고시에 합격하지 않는 한 이 지역에서 사회적 상향 이동의 티켓을 확보할 수 있는 방법은 드물다. 청년들이 끊임없이 다른 지역으로 빠져나가고, 계속해서 탈脫호남을 꿈꾸는 이유다. 하지만 탈호남을 하더라도 낙후된 고향에서 제공할 수 있는 인적자본 축적 기회는 협소하고, 타지에 별다른 연고도 없기 때문에 임금 등 근로조건이 나쁜 일자리를 얻는 경우가 많다.

남강의 지주는 휴대폰을 만들고,
영산강의 지주는 폰팔이를 하지

　호남의 '꼬리칸' 지위를 잘 보여주는 사례가 있다면 SK텔레콤 최대 휴대폰 대리점인 E&T다. E&T는 지난 2001년 광주광역시와 전라남도에서 휴대폰 대리점 사업을 시작했다. 비교적 후발주자였지만, 공격적인 투자와 매장 확대로 사세를 빠르게 확장했다. 그 결과 SK텔레콤 대리점 중 유일하게 수도권, 광주, 제주의 3개 대리점 영업권(코드)을 갖고 있다. 만들어진 지 몇 년 지난 홈페이지에서는 400개 휴대폰 판매점과 거래를 하고 있고, 보유한 가입자가 2013년 46만 명을 넘어섰다고 밝혔다.

원래 SK텔레콤 대리점 중 부동의 1위는 인천과 일산 등 경기도 신도시를 기반으로 한 백마장(연합정보통신)이었다. 백마장은 고졸 출신으로 "신발, 카메라, 휴대용 가스레인지 등 각종 영업을 다 해봤지만 하나같이 실패"했던 송기철 사장이 1995년 말 인천 부평에서 시작한 곳이었다. 백마장은 뜰 만한 휴대폰을 귀신같이 알아보는 송 사장의 안목과 판매점 관리 능력 그리고 수도권 베드타운에서 급격히 늘어난 이동통신 가입자를 바탕으로 성장했다. 영업맨 출신이나 SK그룹 계열사 임직원들이 주를 이루었던 초창기 이동통신 대리점업의 특성을 보여주는 셈이다.

광주에서 시작한 후발주자 E&T가 SK텔레콤 최대 대리점 자리를 차지한 데에는 모체인 대창석유와 SK그룹 간의 긴밀한 관계가 있다고 봐야 할 것이다. 대창석유는 1952년 설립된 유류 판매 회사다. 창립자인 고광표 전 명예회장은 1966년 대한석유협회 이사장을 맡는 등 석유공사(현 SK이노베이션)와도 오랫동안 관계를 맺어왔다. SK텔레콤의 휴대폰 판매 사업에 진출한 것은 이런 네트워크 때문이라 할 수 있다.

E&T의 사례를 든 것은 대창석유 계열의 발전이 호남 1세대 기업인들의 '한계'를 그대로 보여주기 때문이다. 고광표 창업주(1908년생)는 전남 담양군 창평면에서 태어나 일본 명문 사학인 릿쿄立敎대 경제학부를 다니다 부친상을 맞아 귀국해 조선에 주저앉았다. 그는 고등교육을 받았던 여타 지주 출신 대기업 집단(재벌) 창업자와 거의 비슷한 시기인 1935년 잡화 판매와 양조장을 겸한 창평상회를 창립했다. 1938년 전남메리야스공업협동조합

이사장을 맡는 등 산업자본으로의 발돋움도 일찍부터 모색했다.

하지만 대창석유 계열은 끝내 산업자본으로 전환하지 못했다. 대창석유는 1960~1980년대 광주, 목포, 여수, 순천, 광양, 나주 등 전남 각지에 주유소를 세웠다. 1966년 세운 대창운수는 지금도 광주 최대 시내버스 회사다. 1983년에는 광주화물버스터미널을 세웠다. 여기에 더해 골프장 한 곳과 사실상 고 씨 일가의 가업이자 대창석유 계열의 기원인 월강학원(창평고등학교) 정도를 보유한 것에서 성장이 멈추었나.

비슷한 시기에 창업한, 비슷한 연배의 경남 '개명開明 지주'들이 만든 회사는 지금 삼성, LG 등 한국을 대표하는 대기업 집단으로 성장했다. 사실 시작은 비슷했다. 구인회 LG 창업주(1901년생)는 중앙고등보통학교(현 중앙고)를 중퇴하고, 1931년 포목상인 구인회상점을 진주에서 창업했다. 이병철 삼성 창업주(1910년생)는 일본 와세다早稲田대를 중퇴하고 1936년 마산에서 협동정미소를 시작했다. 이제 이들이 세운 기업은 글로벌 IT기업을 무대로 제품을 만들고 미국·중국 회사와 경쟁한다. 남강의 지주가 휴대폰을 만들면, 영산강의 지주는 휴대폰을 파는 역할을 맡고 있는 셈이다. 이 같은 분기分岐는 호남의 지주들이 무능하거나, 기업가 정신이 부족해서가 아니었다. 앞서 말했듯, 1950년대 이후 산업화 과정에서 체계적으로 배제됐기 때문이다.

흔히 1950년대라 하면, 경제성장이 침체되고 전쟁 피해와 정치적 혼란 속에서 정체된 시기로 인식하는 경우가 많다. 하지만 1950년대는 1963년부터 시작되는 고도성장을 위한 기초체력을 다지는 시기였다. 1954~1960년 경제성장률은 연평균 4.9%로 한국전쟁이라는 거대한 기저효과를 감안하더라도 상당한 수준이었다. 특히 이 시기 광업·제조업 등 2차 산업의 성장률은 연평균 12.5%에 달했다. 제조업 공장 수는 1953년 2,500곳, 1955년 8,600곳, 1960년 1만 5,200곳으로 폭발적으로 늘었다.[2] 삼백 산업(제면·제분·제당)으로 대표되는 원조물자 기반의 소비재산업과 영세한 소공장이 대부분이었지만, 1960~1970년대 대두되는 대기업 집단 중 다수는 이때 성장의 기틀을 잡았다. 김두얼 명지대 교수는 "1950년대에 비교적 높은 수준의 산업화와 경제성장이 이뤄졌고, 이것이 1960년대 시작되는 고도성장의 출발점이었다"[3]고 설명한다.

하지만 이 시기 호남의 지주 또는 상인 출신 자본가들은 정부의 원조자금 배분이나 은행 융자로부터 배제됐다. 공제욱 상지대 교수는 한국전쟁 이전 설립된 기업의 복구건, 새로 만들어져 대기업으로 성장한 기업이건 정부의 원조자금과 금융기관의 대부에 의존했다고 설명한다. 원조자금과 은행 융자는 정치권력에 좌우되었는데, 이 '특혜'에서 제외되었던 기업체들은 "불안정한 상태에 있거나 몰락하는 운명을 걷게 되기 쉬웠다"[4]는 것이다. 〈한국일보〉 사장을 지낸 박병윤은 일제 식민지 시기 김성수·김연수 형제를 필두로 강력한 세력을 갖고 있던 호남 기반의 지주-기업가들이 해방과 한국전쟁 그리고 이승만 정권을 거치면서 몰락했다고 지적[5]한다. 김연수의 경성방직(현 삼양그룹)은 한국전쟁 당시 파괴된 공장을 복구하려 했는데, 이승만 정부가 야당 기업에 융자를 내주지 않으려 해 적잖은 어려움을 겪었다. 의정부공장의 잔존 설비를 팔아서야 겨우 영등포공장을 재건[6]할 수 있었던 경성방직이 이후에도 사업 확장 기회를 얻지 못했음은 물론이다.

1950년대 산업계는 북한 출신 기업인이 잠깐 활약하다, 이내 영남으로 헤게모니가 넘어갔다. 박병윤은 한국전쟁과 더불어 이승만 정부가 "기성 재벌을 멀리하고 신흥 재벌을 가까이"[7]한 것을 '영남 재벌' 득세의 원인으로 거론한다. 5·16쿠데타 이후 이른바 부정축재 처리 과정에서 북한 출신 기업가는 몰락하고, 이병철·구인회 등을 필두로 한 영남 재벌의 독주가 시작됐다.

류상윤 LG경제연구원 연구원이 미국의 대한對韓 원조가 가장 많았던 1957년 대외사업처FOA와 국제협조처ICA의 기업별 원조자금 집행 내역을 분석한 논문에 따르면, 1950년대 원조자금은 서울과 영남 일대에 집중됐다. 총 3,600만 달러 가운데 73.7%가 서울에, 13.3%가 부산에, 7.2%가 대구 소재 기업에 돌아갔다. 호남은 군산 기업이 0.4%를 받는 데 그쳤다.[8] 원조자금을 가장 많이 받은 기업은 비료 회사인 대한양비와 이병철의 삼성물산이었다. 부산 소재 기업은 미진화학과 락희화학(현 LG화학)이었다. 공제욱 교수는 1950년대 주요 자본가의 출신 지역을 분류[9]했는데 부산·경상이 8명으로 가장 많았다. 그다음은 서울·경기와 북한으로 각각 6명이었다. 호남은 한 명밖에 없었는데, 일제 식민지 시기 조신인 산업사본 가운데 무농의 선두였던 경성방직이 버틴 결과였다.

이렇듯 호남 자본가들이 통째로 배제된 데에는 한민당과 그 후신인 민주당에 대한 견제가 있었다. 당시 호남의 지주-자본가들은 학연, 지연, 혈연 그리고 각종 사업을 통해 긴밀하게 연결돼 있었다. 앞서 소개한 고광표를 비롯한 고 씨 일가는 담양 창평 일대의 대지주로 인근 장성에서 세가 큰 울산 김 씨 일가와 오랫동안 혼맥을 쌓아왔다. 경성방직 김성수·김연수 일가는 조부 대에 장성에서 전북 고부군 부안면(현 고창군 부안면)으로 이주했다. 고광표는 한민당 광주지부 위원장을 맡는 등 한국전쟁 이전까지 호남 한민당 세력의 중추였으며, 이후 〈동아일보〉 감사 등을 맡기도 했다. 고 씨 일가가 창평에 세운 신식 학교인 영학숙과 그 후신인 창평학교(현 창평초등학교)는 호남 엘리트들의 산실이었다. 김성수, 김연수, 송진우뿐만 아니라 일제 식민지 시기 또다른 호남계 자본가였던 현준호, 초대 대법원장 김병로, 한나라당 대선 후보로 두 차례 나선 이회창의 외숙으로 담양에서 국회의원을 지낸 김홍용·김문용·김성용 삼형제 등이 이곳을 거쳤다. 현준호의 삼남인 현영원은 김무성 국회의원의 아버지인 김용주 전방 창업주의 사위다.

한국전쟁의 영향도 컸다. 북한 인민군이 점령한 기간은 1950년 7~10월, 4개월가량에 불과했지만 퇴로가 막힌 북한군과 좌익 세력이 지리산을 비롯한 산악지대로 이동해 빨치산 활동을 하면서 몇 년간 전쟁터나 다름없는 상황이었다. 좌·우익 간의 학살도 대규모로 이루어졌다. 현준호와 초대 전남도지사 최영욱 등 우익 인사 500명은 광주 교도소에 수감되었다가 죽임을 당[10]했다. 북한군 진입 직전 광주학생독립운동의 주역인 장재성을 비롯한 수백 명의(정확한 수가 집계되지 않음) 좌익 내지 좌익 혐의 인사들이 광주교도소에서 국군과 경찰에 의해 끌려나와 처형[11]됐다. 이승만 정부가 좌익에서 전향한 인사들을 통제하기 위해 만든 국민보도연맹 가입자를 조직적으로 죽이거나, 북한군 점령지에서 기독교 신자 등 우익 용의자를 학살하는 일이 마을마다 벌어졌다. 전남 영광에서는 전쟁 전 인구 16만 명 중 2만 5,000~3만 5,000명이 이때 희생[12]된 것으로 알려져 있다. 군 단위 지역에서 발생한 가장 많은 민간인 희생자다. 이 과정에서 호남의 인적자본은 결딴나다시피 했다. 서울 등에 필적할 정도로 융성하던 호남의 서양화단이 존재마저 희미해진 것[13]이 대표적인 예다. 북한 점령기 부역을 해야 했던 화가들이 이승만 정부나 우익을 피해 빨치산으로 들어간 결과다.

경남 창원에 위치한 자동차 부품업체 센트랄의 성장사[14]는 호남이 산업화의 시발점이었던 1950년대에 어떤 기회를 상실했는지 보여준다. 센트랄은 강이준 창업주가 1952년 부산 국제시장에서 창업한 자동차 부품 중개상 신라상회를 모태로 한다. 강 창업주는 일제 식민지 시기 취득한 운전면허증과 한국전쟁 당시 소방학교에서 차량 정비를 맡았던 경험을 바탕으로 부품 중개업에 뛰어들었다. 그리고 1955년 미군 기지가 있던 부산 서면으로 자리를 옮겼다. 서면 일대는 미군으로부터 흘러나온 자동차와 관련 부품을 취급하는 중개상과 소규모 절공소로 번성했다.

강 창업주는 1960년 부품 중개업이 자리를 잡자 소모성 부품을 만드는 신라철공소를 세우면서 산업자본으로 변신을 시작했다. 센트랄 사사를 쓴 김태훈 씨는 "1950년대의 서면은 우리나라 제조업의 인큐베이터"[15]였다고 설명한다. 제일제당이 1953년 서면을 흐르는 동천변에서 문을 열었고, 락희화학공업은 1947년 대신동에서 창업했다. 대상그룹(당시 동아화성그룹)은 1959년 서면 북서쪽 부암동, 태광산업은 1950년 서면 서쪽 가야동에서 시작됐다. 강 창업주는 1962년 차축 부품 전문 공장인 신신제작소를 세운 데 이어, 1966년 이전보다 10배 큰 새 공장으로 옮기면서 신신기계공업사란 이름으로 두 회사를 합쳤다. 센트랄의 사례는 1950년대가 한국에서 기업가들이 본격적으로 등장하는 시기였으며, 이들이 상업자본에서 시작해 차츰 산업자본으로 변신하는 과정을 거쳤음을 잘 보여준다. 호남인들은 이러한 산업화 과정에서 배제되었다. 그리고 그 차이는 1960년대 이후 계속해서 벌어진다.

1960~1970년대 영남을 중심으로 산업화가 전개되는 과정을 보여주는 게 대구의 섬유산업이다. 해방 직후 면방직 등 섬유산업은 수요가 많은 서울과 경기도에 공장이 많았고, 대구·경북은 다른 지역과 큰 차이가 없었다. 양말·속옷·스웨터·모자 등 편물 기계로 만든 메리야스 제품은 평양 등 서북 지역이 우세였다. 그러던 대구에서 섬유산업이 성장한 1차적인 계기는 한국전쟁이었다. 전쟁의 피해에서 벗어난 데다 군납 수요가 늘어났다. 또 평안도 등에서 월남한 사람들이 대구에 정착해 메리야스 제조업에 종사하기 시작했다. 1960년 현재 면방직 산업에서 설비의

18.3%, 면사 생산의 16.5%를 차지하는 수준[16]이었다.

대구가 섬유산업 도시가 된 결정적인 계기는 합성섬유의 도입이다. 한국나일론(현 코오롱)이 1963년 대구에 나일론 원사 공장 가동을 시작하면서, 한국나일론을 정점으로 하는 섬유산업 생태계가 대구와 경북 일대에 등장했다. 한국나일론은 대구공장을 잇따라 증설하고, 1971년에는 구미에 두 번째 공장을 지었다. 경남 함안에 연고가 있는 동양나일론(현 효성)이 1968년 울산에 나일론 공장을 지으면서 경쟁체제가 됐다. 1970년대 들어 합성섬유 주축이 폴리에스테르로 넘어갔지만, 코오롱을 정점으로 한 대구 섬유산업 생태계는 그대로 유지됐다. 1972~1979년 대구에서 새로 생겨난 제조업 사업체 751곳 중 484곳이 섬유업체였다. 합성섬유산업의 성장에는 원면 수입을 줄이고 화학섬유 원료 및 원사를 수출 산업화해 외환을 아끼고 섬유산업 자체를 수출 산업으로 육성하고자 했던 박정희 정부의 뒷받침[17]이 있었다. 다른 한편으로 고급 양복지를 국산화해 성공을 거둔 제일모직 등도 대구를 기반으로 했다.

섬유산업의 성장은 대구의 상업자본이 대거 산업자본으로 전환하고, 엔지니어 등의 창업을 이끄는 원동력이 됐다. 1981년 〈매일신문〉이 대구 섬유기업인 1,455명을 대상으로 조사한 자료에 따르면 다수는 섬유 관련업에 종사하다 1960년대 이후 창업한 이들이었다. 섬유업 진출 이전 가졌던 직업은 동산동과 서문시장 상인이 14.0%, 섬유기술자가 26.0%, 염료상이 0.8%였고 기타 직업은 59.2%[18]였다. 또 형제가 동업한 기업이 많았는데, 대부분 형이 서문시장에서 자금을 모아 섬유업에 진출하고 동생을 공부시킨 사례다. 동생은 새로운 경영방식을 도입해 수출이나 경영방식을 쇄신해서, 기업의 질적 성장을 도왔다. 산업화 과정에서 영남에 기업과 기업가가 많이 등장하게 된 이유는, 단순히 그곳에 도로나 항만을 건설하고 금융 지원을 해서가 아니다. 산업 생태계의 탄생과 그로 인한 급격한 성장세에 올라타는 기회를 잡을 수 있었기 때문이다.

산업화 과정에서 동업이나 기업 간 거래, 임원 등의 발탁은 혈연이나 지연에 기반해 이루어졌다. 성공을 장담할 수 없는 '모험'에서 사업상 파트너가 될 사람은 형제나 친인척 또는 여러 네트워크가 중첩된 동향의 지인이 될 수밖에 없었다. 오늘날 많은 벤처기업이 명문대 중심의 엘리트 네트워크를 기반으로 하는 것과 유사하다. 코오롱의 경우 이원만·이원천 형제와 이원만 창업주의 아들 이동찬의 3각 체제로 기업이 운영됐다. 이후 고위 임원으로 발탁된 이들은 대구·경북 출신들이 주를 이루었다. 대표적인 인물이 5개 계열사 경영에 동시에 관여해 '오성장군'이라는 별명까지 붙었던 이상득 전 코오롱상사 사장(전 국회의원)이다. 그가 승승장구할 수 있었던 배경으로는 개인이 가진 탁월한 능력과 함께 선친과 이원만 창업주의 교분[19]이 꼽힌다. "공채 출신이 경영의 핵을 이루고는 있으나 이원만 명예회장 당시부터 혈연·지연 등을 바탕으로 뿌리를 내려온 세력도 매우 강하다"[20]는 평가가 나오곤 했는데, 사실 거의 모든 기업들에서 일어나던 일이었다.

영남에 기반을 둔 기업의 대표적인 사례가 삼성이다. 2000년대 중반까지만 해도 삼성의 고위 임원은 영남 일색이었다. 〈시사저널〉[21]이 2005년 59개 계열사 임원의 출신 지역을 분석한 결과에 따르면 영남권이 47.4%에 달했다. 그다음은 수도권으로 30.9%였다. 호남은 7.0%에 불과했다. 지방대 출신 중에서는 부산대가 78명, 경북대가 74명, 영남대가 60명이었다. 그런데 전남대, 전북대는 각 7명에 불과했고, 조선대는 3명 있었다. 1950년대부터 영남 기반 네트워크가 강했던 조직이 글로벌 기업으로 규모를 확대해도, 여전히 영남세가 강할 수밖에 없었다는 것을 보여주는 셈이다. 사실 기업 바깥의 엘리트 사회와 접점이 없는 호남 출신은 굳이 고위 임원으로 육성할 필요도 없었다. 〈시사저널〉은 "임원진을 이끄는 허리층은 40대 후반과 50대 초반 임원인데, 이들이 입사한 때는 1970년 중·후반"이라며 "당시만 해도 호남 푸대접이 심해, 지역 연고가 입사와 승진에 영향을 미쳤을 것"이라고 분석했다.

김용민 국민대 교수는 1997~2000년 상장사 중 기업주(이른바 오너)와 전문경영인의 출신 지역이 어떤 상관관계를 갖고 있는지 분석[22]했다. 기업주의 출신 지역은 영남이 38.4%로 가장 많고 이어서 서울·경기가 33.6%였다. 그다음은 호남 9.8%, 강원 7.2%, 충청 5.4% 순이었다. 전문경영인은 서울 39.9%, 영남 31.8%, 충청 12.4% 등이었다. 호남은 10.7%, 강원은 1.8%였다. 그런데 영남 기업은 영남 출신을, 호남 기업은 호남 출신을 각각 전문경영인으로 뽑았다. 기업주가 영남 출신이면 전문경영인 48.8%가 영남 사람이었다. 기업주가 호남 출신이면 동향 전문경영인이 자리를 차지한 비율이 53.0%에 달했다. 지금은 역사의 뒤안길로 사라지고 있지만, 금호그룹에서 광주일고가 득세했던 것을 그대로 반영하는 결과다.

한편 그나마 호남계 기업인이 상당한 규모를 갖춘 곳은 1990~2000년대 성장한 금융투자산업 정도다. 뒤늦게 기업을 창업해 성장시키는 데 성공한 호남 출신 기업가들이 금융업에서 '2군'으로 취급받던 증권사를 사들였기 때문이다. 카카오뱅크 2대 주주인 한국투자증권(옛 동원증권)은 1981년 어선 한 척 가격인 80억 원에 동원산업이 한신증권을 인수한 회사[23]다. 동원산업 창업주 김재철 회장은 전남 강진 출신의 원양어업 개척자로 1969년 회사를 차렸다. 한국투자증권, 대우증권과 함께 증권업 사관학교라 불렸던 대신증권도 나주 출신 은행원인 양재봉 명예회장이 1975년 망해가던 증보증권을 인수하면서 성장하게 됐다. 금융투자업 1위 기업집단 미래에셋은 동원증권을 대표하던 스타 지점장인 박현주 회장(광주일고-고려대 졸), 구재상 케이클라비스운용 회장(대동고-연세대), 최현만 수석부회장(광주고-전남대) 등이 1997년 만든 회사다. 증권업에 호남세가 컸던 이유에 대해 2005년 한 증권사 사장은 "소외받은 호남 지역의 대표적인 고등학교 출신으로는 은행 등 제1금융권에서 출세하기 힘들어 상대적으로 인기가 덜했던 제2금융권으로 대거 진출한 결과"[24]라고 설명했다. 금융투자업은 업무 성과가 분명하게 측정되고, 전문가 집단의 일시적 연합체에 가깝게 회사가 운영되는 것도 호남 출신들의 성공 사례가 많은 이유다.

호남은 전국 수준의 대기업뿐만 아니라 지역 내에서 활약하는 자체적인 기업가와 전문경영인층을 만들어내는 데 실패했다. 한국 경제의 시초 축적이라 할 만한 1950년대부터 국가의 자원 배분과 산업 정책에서 소외되었기 때문에, 지주들과 상업자본은 제대로 된 기업을 만들 기회를 갖지 못했다. 결국 그들이 선택할 수 있는 길은 지역 내에서 통할 법한 사업을 하거나, 타 지역 출신 대기업의 하위 파트너 역할을 하는 것밖에 없었다. 이러한 과거의 문제는 곧 현재의 문제이기도 하다. 여전히 제대로 된 산업 기반이 지역에 없기 때문이다. 또 기업가가 제대로 활동한 이력이 없기에 기업 활동과 혁신도 활발히 나타나기 어렵다. 창업과 경영 활동에 필요한 지식과 경험, 기업가들의 생태계, 수도권 등 다른 지역으로의 네트워크가 부족할 뿐만 아니라 지방 정부의 산업 정책 노하우 등 제도적인 역량도 뒤떨어진다.

"광주는 핵심 기술을 가진 업체가 없어요."

호남의 기업 활동은 서울 및 수도권뿐만 아니라 다른 지역과 비교해서도 양과 질 모두 현저히 뒤떨어진다. 이를 잘 보여주는 자료가 통계청의 〈기업활동조사〉 결과다. 〈기업활동조사〉는 상용근로자 50인 이상, 자본금 3억 원 이상인 회사가 대상이다. 소기업 수준에서 벗어나 어느 정도 규모를 갖춘 기업은 모두 포함된다고 할 수 있다. 2019년 조사대상 기업 1만 2,900곳 가운데 광주·전남·전북에 본점을 둔 기업은 단 4.8%(617곳)에 그쳤다.

다른 지역의 경우 각각 부산·울산·경남은 12.4%(1,606곳), 대구·경북은 6.9%(886곳), 충청은 9.1%(1,172곳)를 차지했다.

산업별 분포를 살피면 처참하다고 말할 수 있을 실상이 드러난다. 먼저 지역 산업의 등뼈나 다름없는 제조업 기업이 적고, 지역 내에서 비중도 낮았다. 제조업 회사 수(318곳)는 부산·울산·경남(1,023곳)의 31.2%, 충청(878곳)의 36.3%, 대구·경북(636곳)의 50.2%에 불과했다. 다른 광역권의 절반 이하밖에 없는 셈이다. 지역 내 기업 중 제조업체의 비중도 51.5%로 가장 낮았다. 다른 곳은 63.7~74.9%가 제조업체다.

이른바 지방이라 불리는 비수도권 경제에서 제조업은 성장의 중심축이다. 한국의 주요 대기업 집단의 공간 분포만 봐도 잘 드러난다. 삼성, 현대차, SK, LG 등의 본사는 서울이나 수도권에 있으며 연구개발R&D을 비롯한 기업 활동에 필요한 기능도 서울에 몰려 있다. 금융, 법률, 회계, 엔터테인먼트, 콘텐츠 등 고부가가치 서비스업도 수도권에 집중돼 있다. 지방에는 공장이 있고, 공장과 밀접하게 기능하는 엔지니어링 부서들이 배치되어 있다. 지방의 공업단지에는 각 지역 출신 기업가들이 세운 다양한 규모의 기업들이 들어서 있다. 이 같은 산업 구조에서 제조업은 지역 경제의 부가가치를 창출하고 고정자본 투자를 통해 수요를 만들어낸다. 또 제조업체들은 지역사회에서 번듯한 일자리를 제공하는 역할을 맡는다. 제조업 정규직 근로자들의 수요가 지역의 소비 수요를 떠받치는 것은 물론이다.

이 같은 산업-공간적 분업 구조를 감안한다면, 호남의 제조업체 수가 다른 곳보다 적고 전체 기업에서 차지하는 비중도 도드라지게 낮은 수준이라는 것은 이 지역의 저발전을 그대로 보여준다고 할 수 있다.

증권시장에 상장된 기업을 지역별로 분류한 자료도 호남 경제의 취약성을 여실히 드러낸다. 전주상공회의소가 2019사업연도 기준으로 유가증권시장과 코스닥KOSDAQ 시장 상장사의 시도별 분포를 집계한 결과[25]에 따르면 호남(광주·전남·전북) 소재 상장 기업은 62개로 전체 상장사 2,211개의 2.8%에 불과했다. 서울 등 수도권에 71.4%가 몰려 있긴 하지만 충청 9.8%, 부산·울산·경남 8.7%, 대구·경북 5.0% 등 다른 지역에는 어느 정도 지역 기반 기업이 존재한다. 광주에 전남·전북을 더해도 인천 (3.5%·77개)보다 기업이 없다. IT·바이오 등 기술집약 기업이 많은 코스닥 상장사만 놓고 보면 전체 상장사의 2.5%에 불과하다. 충청(11.5%), 부산·울산·경남(6.9%), 대구·경북(5.0%)과 비교했을 때 절반 내지 5분의 1 수준이다. 호남의 산업 기반은 미래에도 계속 취약한 상태로 남아 있을 것임을 시사한다.

호남 제조업은 질적으로도 다른 지역과 비교해 상당히 열악하다. 이를 잘 보여주는 게 광주의 3대 제조업 대공장인 기아자동차, 삼성전자 백색가전(냉장고·세탁기·에어컨), 금호타이어와 그 협력업체들의 운영 실태. 광주시에 따르면 기아차를 비롯한 자동차 산업 매출은 2019년 14조 5,000억 원으로 제조업 매출 33조 6,000억 원(10인 이상 사업체 기준) 중 43.1%를 차지했다. 종사자 수는 1만 5,000명으로 제조업 종사자의 23.3%다. 삼성전자 광주사업장은 총 4개 공장이 있는데 5,000명 정도가 근무한다. 금호타이어 광주공장에서는 2,300명(협력업체 포함)이 일한다. 이 가운데 기아자동차와 삼성전자 공장은 2000년대 중반 대규모 증설이 있었다. 제조업 기반이 거의 없던 곳에서 그나마 약간은 있는 곳으로 바뀌게 된 것이다.

기아차 광주공장 생산량은 1998년 현대차가 인수할 당시 6만 대에서 2002년 16만 대, 2007년 34만 6,000대, 2010년 41만 1,000대로 급격히 늘었다. 이후 2015년 53만 3,000대로 정점을 찍은 뒤 연 50만 대 전후를 기록하고 있는 상황이다. 기아차는 경기도 광명 소하리 공장 등이 과밀억제권역으로 증설에 어려움을 겪던 상황에서 광주공장 설비를 집중적으로 늘렸다. 인수 직후인 1999년 소형 상용차 특화 공장으로 삼기로 결정했는데 쏘울, 스포티지 등 소형 SUV 판매가 늘면서 광주공장에 물량을 배정했다. 2010년대 중반 이후 현대차 그룹이 해외 생산 비중을 늘리고 가팔랐던 판매규모 성장에 제동이 걸리면서 추가 증설은 어려운 상황이다.

그런데 기아차의 핵심 부품은 대부분 호남 밖에서 생산한다. 엔진은 경기도 화성·광명공장에서, 변속기는 충남 서산에 있는 계열사 현대트랜시스에서 공급받는다. 이렇다 보니 광주와 전남 일대 협력업체들은 부가가치가 낮은 품목 위주다. 이항구 자동차연구원 연구위원과 안성훈 한국은행 조사역이 2014년 작성한 보고서[26]에 따르면 기아차 1차 협력업체(887개사) 중 광주 소재 업체는 2.7%(24개사)에 불과하다. 협력업체들의 생산 품목도 패널·프레임 도어 등 차체부품(34.4%)이나 내장재·시트 등 의장부품(19.9%) 비중이 높다. 노동연구원이 광주시 의뢰로 2015년 광주형 일자리 연구를 위해 만든 보고서[27]에 따르면 1차 협력업체들은 차체부품과 시트 업체가 대부분이다. 보고서는 "광주는 핵심 기술을 가진 업체가 없어요. 왼쪽 문짝은 A업체가 하고 오른쪽 문짝은 B업체가 하는 현실입니다. 그래서 수익성이 낮고 임금도 올려줄 수 없어요"라는 한 협력사 노조 위원장의 발언을 소개하면서 부품 산업 생태계의 취약성을 지적했다.

〈전국사업체조사〉기준 자동차 관련 제조업체 중 광주 소재 업체는 3.3%(390곳)에 지나지 않는다. 종사자도 4.2%에 불과하다. 사업체가 많은 곳은 경기(22.2%), 경남(17.2%), 경북(12.8%), 충남(9.7%) 등이다. 완성차를 만들 뿐, 정작 지역의 산업이나 고용에 중요한 부품사는 양적으로 적을 뿐만 아니라 부가가치, 규모, 고용의 질 등에서 다른 지역보다 확연히 뒤처진다.

삼성전자 가전제품 공장의 경우 원래 수원에 있다가 1998~2004년 광주로 이동하면서 지금의 형태가 갖춰졌다. 이전에는 1990년 가동된, 삼성전자도 아닌 광주전자(삼성광주전자로 이름이 바뀐 뒤 2011년 합병) 자동판매기 공장을 골간으로 냉장고와 청소기 생산 공장이 약간 추가된 정도였다. 삼성전자가 광주를 생활가전 생산 거점으로 삼겠다는 계획을 발표한 것은 1994년이다. 이유는 크게 세 가지였다. 먼저 회사가 발전하면서 직원 수가 늘고 R&D 투자 필요성이 커졌는데, 이들을 위한 시설을 지을 곳으로 수원공장 부지가 필요해진 것이다. 수원 매탄동의 옛 공장 부지에는 디지털시티 2단지가 들어서 있는데, 삼성전자·삼성SDI·제일모직이 함께 쓰는 14개동 규모의 전자소재연구단지가 대표적인 시설[28]이다.

두 번째 이유는 당시 삼성이 공을 들이던 자동차 산업 진출이다. 삼성은 부산에 승용차 공장(현 르노삼성자동차 부산공장)을, 대구에 상용차 공장을 지었다. 이 과정에서 민주당 등 반대 여론을 무마하기 위해 수원공장의 광주행을 카드로 내밀었다.

세 번째는 1990년대 중후반 늘어난 지방 수요를 놓고 LG 등과 경쟁을 벌이는 상황에서 '영남기업' 이미지를 벗을 필요성이 높아졌다는 것이다. 김민애 씨는 〈대기업 생산기능의 입지재편 과정〉 논문[29]에서 광주로 삼성전자의 백색가전 생산 시설이 내려오는 과정에 대해 "정치적인 사항이 많이 고려됐다"는 한 협력업체 사장 인터뷰를 소개한다. 그는 "(자동판매기라는) 별 볼 일 없는 사업을 구색이라도 맞춰서 내려온 것이다. 나중에 수원 지역이 땅값이 비싸고 백색가전 사업은 이윤이 남지 않으니까 (광주로) 다 옮기게 된 것"이라고 말했다.

삼성전자는 베트남 등으로 생산설비를 대부분 이전했다. 광주에 남아 있는 것은 고가 냉장고, 에어컨 등이다. 몇 년에 한 번씩 해외 이전 이야기가 나올 수밖에 없다. 2016년 냉장고 생산 라인 3개 중 1개, 세탁기 생산 라인 2개 중 1개를 베트남으로 이전[30]하기도 했다. 그나마 삼성전자의 협력업체 중 상당수는 광주와 인근 지역에 함께 내려왔다. 김민애 씨는 협력업체들을 분석한 결과 물류비용 절감을 위한 것이 크다고 서술[31]했다. 자동차에 비해

싸고 가격 대비 상대적으로 크기가 큰 가전제품의 특성이 반영된 것이다. 하지만 크기가 작은 전자부품의 경우 광주에 공장을 짓기보다 경기도 등에서 생산해 납품하는 방식을 취한다.

광주의 3대 대공장 중 유일하게 광주 기업이라 할 만한 곳은 금호타이어다. 금호타이어는 1960년 삼양타이어로 시작한 이래 줄곧 광주를 거점으로 삼았다. 하지만 지난 2014년 광주에 있던 연구소를 경기도 용인으로 옮겼다. 2018년에는 중국 더블스타가 회사를 인수했다. 더블스타는 신규 투자보다 금호타이어의 구조조정을 통한 턴어라운드를 꾀하고 있다. 2021년 8월 현 공장을 인근 함평으로 이전하는 계획을 광주시로부터 승인받았다. 기존 부지는 아파트나 상업용지로 개발될 계획[32]이다.

건설업만 우뚝 서 있는 곳

제조업 기반이 허약한 광주 경제를 지탱하는 건 건설업이다. 통계청 〈전국사업체조사〉에 따르면 광주에서 노동자나 사업체를 경영하는 사람(1인 사업체를 포함하는 종사자) 중 9.3%는 건설업에서 일한다. 건설업의 매출은 전체 사업체 매출의 12.1%를 차지한다. 다른 광역시의 경우 건설업 종사자는 전체 사업체 종사자의 6.5% 수준이다. 매출액은 5.6%에 불과하다. 부동산업 종사자 비중도 광주(3.2%)가 다른 광역시 평균(2.3%)을 훨씬 앞지른다. 한국에서 '토건경제'가 진정으로 작동하는 곳이 있다면 바로 광주와 전남 지역이라 할 수 있을 성도다.

광주는 세종시 다음으로 아파트 거주 비율이 높다. 주택 보급률은 2019년 107.0%로 광역시 중 울산(111.5%)에 뒤질 뿐 103~104%인 부산·대구를 앞선다. 광주시에 따르면 2025년 주택보급률은 119.4%까지 올라갈 것으로 예상되는데, 향후 10년간 17만 3,000호 정도의 아파트가 공급[33]되기 때문이다. 2021년 6월 철거건물 붕괴사고가 발생한 광주 학동을 비롯해 구도심 지역에서는 대규모 재개발이 진행 중이다. 광주는 이 밖에도 광주 무등경기장(야구장) 옆 전남·일신방직 부지를 비롯해 공장이나 공항 부지의 아파트 개발도 추진하고 있다. 이러한 실태에 대해 광주MBC는 "광주가 '아파트 중심도시'가 됐다"라며 "산업 기반이 취약하고 좋은 일자리가 부족하다 보니까 건설사들이 아파트를 많이 세워서 건설 경기를 일으켰고, 지역 경제가 거기에 의존"[34]한 결과라고 진단했다.

　폭넓은 건설 수요를 바탕으로 2000년대 부영, 호반, 중흥, SM 등 호남 기반의 건설사들이 대거 '전국구'로 성장했다. 호반은 2007년만 해도 시공능력평가액이 2,700억 원에 불과했다. 순위도 2,698위였다. 그런데 2021년 호반건설은 3조 1,500억 원으로 13위이고, 계열사 호반산업도 1조 2,500억 원으로 35위에 올랐다. 두 회사를 합치면 4조 4,000억 원에 달한다. 국토교통부의 2021년 종합건설사업자 시공능력평가액 순위를 보면 100위 안에 호남 기업은 15곳이 포함되어 있다. 광주는 6곳, 전남은 8곳, 전북은 한 곳이다. 그런데 부산·경남은 11곳, 대구·경북은 6곳이다. 충청권도 6곳에 불과하다. 울산은 아예 한 곳도 없다. 유독 광주·전남 지역에 대형 건설사가 많이 존재하는 것이다.

김상열 호반그룹 회장은 사업 초창기만 해도 상당한 어려움을 겪었다. 전기를 마련한 것은 임대주택사업에 진출하면서다. 전남 순천 출신으로 임대주택사업을 '돈 되는 사업'으로 만든 이중근 부영 전 회장의 사업을 벤치마킹한 것이다. 이중근 전 회장은 토지주택공사LH로부터 공공택지를 싸게 분양받을 수 있고, 저리의 주택도시기금을 대출받을 수 있는 데다, 입주자로부터 임대보증금과 매월 임대료를 받아 현금 흐름도 안정적이라는 데 주목해 임대주택사업을 대규모로 벌였다. 김상열 회장도 이 전 회장을 뒤따라 광주와 전남 일대에서 임대주택사업을 공격적으로 펼쳐 기반을 만들었다. 그리고 2010년 이후 경기도와 지방 신도시 아파트 건설로 빠르게 사세를 키웠다.

라이벌 관계인 중흥을 비롯해 우미건설, 한양건설(과 보성건설)도 광주·전남 일대의 주택건설 사업에서 기반을 다진 뒤, 2010년대 지방 신도시 건설 사업을 주요한 계기로 삼아 가파르게 성장했다. SM그룹은 삼라건설을 모태로 우방산업(인수 전 진덕산업)을 인수한 뒤, 건설·토목 사업에서 확보된 자금으로 적극적인 인수합병M&A을 펼쳐 성장했다. 스타트업을 방불케 하는 이들의 가파른 성공은 공공택지를 건설사에게 분양하는 방식으로 도시 개발과 신규 주택 공급을 쉽고 빠르게 달성하겠다는 정부 정책에 편승한 덕분이기도 했다.

광주상공회의소(광주상의) 임원진 명단에서도 건설사만 우뚝서 있는 지역의 산업 구조가 드러난다. 광주상의 회장은 정창선 중흥그룹 회장이 연임해 맡고 있다. 전임 회장은 김상열 호반 회장이었다. 8명의 부회장 가운데 건설업 관계자는 호반건설, 보광건설을 비롯해 건설자재 업체 다스코 CEO가 있다. 금호고속과 광주은행이 언제나 부회장을 맡는 회사라는 것을 감안하면 건설 관계회사가 절반이 되는 셈이다. 나머지는 석유 도매업체 남선석유, 생활 가전업체 디케이, 냉장고 도어 제조업체 성일이노텍 등이다.

건설업의 눈부신 성장과 견주어 지역의 R&D 역량은 처참한 수준이다. 한국은행 광주·전남본부가 2021년에 발간한 보고서[35]에 따르면 지난 2018년 기준 R&D 투자액 가운데 광주, 전남, 전북의 비중은 각각 0.8%, 1.1%, 1.3%로 강원도(0.6%) 다음으로 비중이 낮은 지역이었다. 민간 기업의 R&D 투자만 떼어놓고 보면 광주는 0.6%, 전남은 0.5%에 불과했다. 2011~2018년 연평균 증가율은 광주는 -0.7%였고, 전남은 -1.4%였다. 탈산업화로 지방 기업들이 어려움을 겪고 있다지만, 광주·전남 기업들의 R&D 외면은 다른 지역과 비교를 불허할 정도로 심각하다. 대구 기업은 2010년대 R&D 투자를 연평균 9.2% 늘렸다. 경북 기업의 투자 증가율도 6.0%였다. 한국은행은 "광주·전남 소재 기업의 연구개발 조직과 인력 비중은 전국 평균을 크게 밑돈다"라며 "17개 시도 중 최하위 수준"이라고 지적했다.

다른 지역 기업들이 열심히 R&D에 투자하면서 신사업 개척과 기술 개발에 열심일 때, 광주와 전남 기업들은 지방 신도시에서 아파트를 짓는 데 골몰했던 셈이다. 이 같은 차이는 2020년대 각 지역의 산업 생태계와 일자리의 양과 질에 영향을 미쳤으리라 보는 게 타당할 것이다.

소득과 불평등의 상태

산업 구조는 노동시장과 소득 분배 상태에 직접적인 영향을 미친다. 노동시장은 기업 활동에 의해 '파생된' 수요로 만들어진 시장이기 때문에 당연한 결과이기도 하다. 호남의 산업 구조에서 나타나는 특징은 ▲번듯한 일자리 수가 적을 뿐만 아니라 ▲중견·중소기업들의 부가가치가 낮고 영세해 저임금 일자리가 다수이며 ▲따라서 임금 격차가 큰 폭으로 나타나고 ▲중산층이라 할 만한 이들이 적다는 것이다.

이를 잘 보여주는 게 기아자동차를 필두로 한 광주 지역 내 자동차 산업 노동자들의 일자리와 임금 분포다. 앞서 소개한 노동연구원 보고서에 따르면 기아차 생산직들은 2014년 평균 9,900만 원[36]을 받았다. 성과급, 격려금, 특근수당, 복리후생 등을 포함한 금액이다. 신입사원 평균 연봉은 7,000만 원이었다. 그런데 1차 협력사의 인당 급여는 대개 4,000만 원을 약간 상회하는 수준[37]을 보였다. 2~3차 협력사는 3,000만 원 아래로 내려갔다. 노동연구원은 "광주 지역 자동차 산업의 임금 수준은 도급 단계별 격차가 매우 크다는 점이 특징"이라고 지적한다. 기아차 정규직과 협력업체 노동자들의 임금 격차가 큰 이유는 협력업체 대부분이 차체나 내장재 등 부가가치가 낮은 범용 제품을 만드는 곳이기 때문인 것이다.

통계청 〈지역별 고용조사〉에 따르면 취업자 중 광주의 제조업 종사자는 14.5%로 6개 광역시 평균(18.8%)보다 4.3%P 낮다. 자동차 산업이 속해 있는 '자동차 및 트레일러 제조업' 종사자는 전체 취업자의 2.4%로 완성차 업체가 없는 대구(3.1%)보다 0.7%P 뒤진다. 반면 공공부문 비중은 다른 광역시를 앞선다. 공공행정 및 국방, 교육서비스, 보건업, 사회복지서비스 등 4개 산업의 고용 비중은 26.3%에 달한다. 광역시 평균치 21.4%와 비교해 4.9%P 높다. 민간 경제활동 비중이 적기 때문에 공공부문만 도드라져 보이는 것이다.

그나마 노동시장 형편은 2010년을 전후해 많이 개선됐다. 2001년만 해도 광주의 고용률(57.4%·15~64세 생산가능인구 기준)은 광역시 평균(59.4%)에 한참 뒤지는 꼴찌였다. 2020년 고용률은 63.8%로 인천(66.9%)이나 대전(66.2%)보다는 못하지만 63% 정도인 부산·울산·대구보다는 다소 양호한 상황이다. 앞서 설명했듯 2000년대 중후반 기아차와 삼성전자 증설을 비롯해 몇몇 공장이 자리를 잡으면서 제조업 취업자가 늘어난 데다, 같은 시기 사회복지 서비스 공급이 늘어나면서 관련 고용이 가파르게 증가한 덕분이다. 〈경제활동인구조사〉에서 '사업·개인·공공서비스 및 기타'로 묶이는 취업자 수는 2005년 20만 9,000명에서 2010년 25만 800명, 2019년에는 32만 6,000명으로 늘었다. 증가분 가운데 대부분이 보건업 내지는 사회복지 서비스업이다.

양적 지표는 개선됐지만, 질적 지표는 여전히 열악하다. 광주는 취업자 가운데 임시직 근로자 비중이 가장 높다. 2020년 현재 임시직 근로자는 21.6%다. 전국 시도에서 임시직 비중이 20%를 넘는 곳은 광주가 유일하다. 6개 광역시 평균(17.9%)보다 3.7%P 상회하는 수준이다. 통계청은 근로 계약 기간에 따라 1개월 미만은 일용직, 1개월에서 1년 미만은 임시직, 1년 이상은 상용직으로 간주한다. 다시 말해 사실상 비정규직 비중이 가장 높은 셈이다. 거꾸로 상용직 근로자 비중(54.9%)은 광역시 평균 대비 0.2%P 낮다.

일자리 사정이 이렇다 보니 임금과 소득이 낮은 건 불문가지다. 한국노동연구원이 작성하는 노동패널 2019년도 자료를 분석한 결과, 광주에서 딱 중간 정도 소득(이전소득 포함)층에 속하는 가구는 연 4,040만 원을 벌었다. 다른 광역시(평균 4,900만 원)보다 860만 원 더 적게 버는 것으로 나타났다. 특히 울산(6,000만 원)과는 2,000만 원 차이가 났다. 그나마 비슷한 곳은 대구(4,200만 원)였다. 광주에서 '중간 정도 버는 가구'가 부산·울산·대구·대전·인천에서 같은 수준에 있는 가구보다 18% 정도 적게 버니 지역 단위의 구매력이 작을 수밖에 없다.

특히 전문직이나 대기업 화이트칼라, 대공장 정규직 블루칼라 등 '상위 중산층upper middle class'에 해당하는 이들이 적었다. 한국에서 소득 상위 10% 가구에 속하기 위해서는 연평균 소득이 8,630만 원을 넘어야 한다. 광주에서 이 정도 버는 가구는 전체의 10.7%인데, 다른 광역시 평균은 16.2%에 달한다. 고소득자 비율이 다른 대도시의 5분의 3 정도에 지나지 않는 셈이다. 그다음인 상위 11~20%(연 소득 6,600만 원 이상)에 속한 가구 비율도 10.4%로 타 광역시(13.2%)보다 현저히 낮았다.

소득이 낮은 저소득자도 많았다. 하위 25%에 속하기 위한 경계값은 연 2,160만 원이었다. 광역시 평균(2,760만 원)보다 600만 원 더 적다. 울산은 3,600만 원, 인천은 3,490만 원이었다. 광주에서 연 소득이 3,600만 원을 넘기면 그래도 중간 정도 하는 가구다. 하지만 울산에 가면 영락없이 소득 하위층에 해당한다. 2020년 사업체 평균 임금(상용직 근로자 5인 이상 기준)을 보면 광주는 월 299만 원으로 광역시 평균(316만 원)보다 5% 정도 낮다. 특히 광주를 먹여 살리는 건설업의 경우 평균 월 298만 원을 주는데, 이는 광역시 평균(341만 원)보다 43만 원이 더 적은 수준이다.

저소득층이 많다 보니 소득 불평등 지표도 썩 좋지 않다. 고용정보원이 2020년 말 발간한 〈지역 고용동향 브리프〉에 게재된 지역별 임금 불평등 분석 결과[38]가 이를 잘 보여준다. 고용정보원은 통계청 〈지역별 고용조사〉 자료의 임금 자료를 이용해 지역별로 대표적 불평등 지표인 지니계수를 산출했다. 지니계수는 0부터 1 사이 값을 가지는데, 숫자가 커질수록 불평등하다는 의미다. 2020년 광주의 임금 지니계수는 0.303으로 서울(0.327), 경북(0.305) 다음으로 높았다. 한국은행도 지난 2015년 발간한 보고서[39]에서 광주·전남의 근로소득 지니계수(0.464)가 대전·충남과 대구·경북(0.459), 부산·경남(0.457)보다 더 나쁘다는 결과를 내놨다. 한국은행은 "취업자 가운데 급여 수준 등이 낮은 비정규직 비중이 높고" 아울러 "60세 이상의 노령 취업자가 많은 데 기인하는 것으로 추정"된다고 분석했다. 앞서 논의한 고용의 '질'이 나쁜 것이 저소득뿐만 아니라 불평등에도 영향을 미치는 것이다.

전반적으로 소득이 낮고, 저소득층 비율도 높다 보니 소비 여력이 적을 수밖에 없다. 사교육비 지출 통계를 보면 이를 잘 알수 있다. 2019년 기준 학생 1인당 광주의 사교육비는 월 27만6,000원으로 광역시 평균(30만 3,000원)보다 9.0%(2만 7,000원)더 적다. 사교육에 참가한 고등학교 재학생만 대상으로 했을 때, 광역시는 1인당 월 59만 원을 지출하는데, 광주는 52만 6,000원에 그친다. 10.8% 더 낮은 수준이다. '열악한 노동시장→낮은 구매력→낮은 교육 투자'의 연쇄고리가 만들어지는 것이다.

성인의 독서량도 비슷한 결과를 내놓는다. 독서를 위해서는 어느 정도 소득 수준이 받쳐주어야 하고, 프랑스 사회학자 피에르 부르디외Pierre Bourdieu의 표현을 빌리면 '문화자본'도 일정 이상 필요하다. 〈국민독서실태조사〉에 따르면 2015년 현재 광주 성인 가운데 1년에 한 권 이상 수험서·잡지·만화책 등을 제외한 일반적인 '책'을 읽은 사람은 62.4%에 불과하다. 광역시 평균(69.5%)보다 7.1%P 더 낮다. 한 권 이상 책을 읽은 사람들을 대상으로 1년 평균 독서량을 계산하면 13.4권인데, 이는 광역시 평균(15.1권)보다 1.7권 적다.

구매력이 작다 보니 지역 주민들을 상대로 한 서비스업도 뒤떨어진다. 외식업이 대표적이다. 외식 창업 컨설팅 회사인 맥세스컨설팅이 집계한 2020년 지역별 프랜차이즈 본사 소재지 자료[40]에 따르면 서울(35.2%)과 경기(25.1%) 다음으로 부산(7.2%)이 이름을 올렸다. 그다음은 대구(6.8%)였다. 이어 인천(4.6%), 대전(3.0%), 경남(2.8%) 순이었다. 광주는 2.7%에 불과했다. 외식에

돈을 쓸 만큼의 구매력이 어떻게 분포되어 있는지 여실히 보여주는 셈이다.

프랜차이즈 산업에서는 수도권을 제외하면 대구에서 출발한 곳이 유독 많다. 앞서 프라이드치킨의 성장사를 살피면서 소개한 교촌치킨, 멕시카나치킨, 호식이두마리치킨, 처갓집 양념치킨 등을 비롯해 서가앤쿡, 미즈컨테이너, 신전떡볶이, 남다른감자탕, 대구반야월막창, 빵장수단팥빵 등이 대구에서 출발해 '전국구'로 성장한 프랜차이즈다. 외식창업 업계에서는 대구를 '외식 도시'라고 부르기도 한다. 지난 2018년 대구 기반 외식업체를 소개한 〈조선일보〉 기사[41]는 대구가 외식 도시가 될 수 있었던 이유에 대해 크게 두 가지를 거론한다. 먼저 대구가 가진 구매력이다. "섬유·패션 산업이 발달했던 도시답게 소비 성향이 강하고 트렌드에 민감한 소비자층을 가졌다"는 것이다. 두 번째는 섬유산업 등에서 축적된 자본력과 기업가 역량이다. 김인복 외식창업프랜차이즈 연구원장은 해당 기사에서 "대구에는 섬유산업으로 축적한 부를 토대로 외식에 진출한 업체가 많다"라며 "돈과 조직을 갖춘 프랜차이즈 기업이어서 대구에서 성공한 브랜드는 서울에서도 통할 정도로 음식·인테리어·서비스 등 전체적 식당의 기획 완성도가 높다"고 말했다.

경제지 〈매일경제〉는 지난 2018년 자사가 선정하는 '매경 100대 프랜차이즈'에서 대전 기반 외식업체들이 약진했다고 말하며, 대구의 맞수로 대전을 거론[42]했다. 100대 프랜차이즈로 꼽힐 만큼 성장한 외식업체 49곳 중 대구에 본사가 있거나 대구에서 시작해 서울로 옮긴 곳이 6곳인데, 대전에 본사를 둔 곳도 3곳에 달한다는 것이다. 족발 프랜차이즈의 대명사인 장충동왕족발을 비롯해 이화수육개장, 이비가짬뽕 등이 대전에 기반을 둔 업체다. 이 같은 부상 배경으로 대전 지역의 구매력을 거론한 것은 물론이다.

'헬호남'을 떠나는 청년들

광주·전남 지역의 대표 대학인 전남대 경영대 학생들의 취업 상황은 이 지역의 경제 문제를 단숨에 보여준다. 2018~2020년 취업률은 61.3~66.9%로 다른 지방 거점 국립대와 비교해 나무랄 데 없다. 그런데 어디로 취업했는지를 따져보면 꽤 우울한 풍경이 펼쳐진다. 대기업은 11.3%에 불과하다. 그 대신 국가 및 지방자치단체가 15.6%, 공공기관 및 공기업이 26.5% 등으로 10명 중 4명 이상이 공무원이 되거나 아니면 공기업에 간다. 중견기업은 6.2%, 중소기업은 31.9%다. "지역에 대기업이 없다 보니 많은 학생들이 공무원이나 공공기관 입사 준비를 하게 된다"는 게 김재호 경영대학장의 설명이다. 공무원 시험을 준비 중인 31세 이모 씨는 한 언론과의 인터뷰에서 "광주에는 안정적인 일자리도 없을 뿐더러 주위에 공무원 친구들이 많다"라며 자신이 3년째 공무원 시험을 준비하는 이유를 설명[43]했다.

이들이 취업한 곳을 기업별로 따져보면 은행을 제외하고는 이름을 듣고 알 만한 곳이 별로 없다. 롯데코리아세븐, CJ제일제당센터, 하이마트 등 유통업체가 많고 제조업은 현대삼호중공업,

KCC, 세아제강 등이 그나마 규모가 있는 곳이다. 공기업은 한국전력, 한국인터넷진흥원, 농수산식품유통공사 등과 같이 나주 혁신도시에서 지역 인재를 뽑는 곳에 코트라, 한국토지주택공사, 한국방송광고진흥공사 등이 약간 더해져 있다.

청년 일자리에 관한 통계와 관련 연구들은 다른 곳과 비교해 광주와 전남·전북 지역의 노동시장 여건이 열악함을 보여준다. 황광훈 고용정보원 책임연구원이 2021년 발표한 〈지역별 청년 노동시장 동향 및 일자리 질 비교〉[44]에 따르면 호남권 청년 취업자들의 첫 급여는 월 163만 3,000원으로 전국 평균(181만 6,000원)보다 10.1% 낮았다. 특히 호남권 대졸 이상 취업자 초봉(177만 6,000원)은 전국 평균(202만 9,000원)보다 월 23만 원 이상 적었다. 전반적으로 일자리 사정이 좋지 않지만, 특히 대졸 이상이 갈 만한 일자리가 적은 것이다.

이렇다 보니 호남권 청년들은 일자리를 찾아 다른 지역으로 떠나는 경우가 더 많다. 최기성 고용정보원 부연구위원이 2018년 발표한 〈경상권과 전라권 대학 졸업자의 취업 및 일자리 특성〉[45]에 따르면 2014~2015년 호남(광주·전남·전북) 소재 대학을 졸업한 대졸 취업자 가운데 다른 지역으로 이동한 비율은 38.9%에 달했다. 이들이 수도권에 취업할 경우 월 214만 원을 받았다. 남아 있을 경우(194만 원)보다 20만 원 많았다. 영남(부산·울산·대구·경북·경남)의 경우 수도권 취업자는 월 231만 원, 남아 있는 취업자는 월 206만 원을 받았다. 이동 비율은 23.0%였다. 최 연구위원은 "호남권 대졸자는 지역에서 일자리를 찾지 못해 수도권으로 취업하고, 영남권 대졸자는 수도권에서 더 높은 임금을 받을 수 있어 이동하고 있다"고 분석했다.

　다른 지역보다 일자리 여건이 나쁜 것은 청년들의 심리적 만족도에까지 악영향을 미친다. 청소년정책연구원이 2020년 만 18~34세 청년들을 대상으로 실시한 조사에서 '행복한 삶을 위한 요건을 갖춘 정도'를 물었는데, 광주·전라·제주 지역 청년이 가장 많이 '그렇지 않다'고 답한 것[46]으로 나타났다. 비율로 따지면 34.1%로 전국 평균(27.7%)과 큰 차이를 보였다. 특히 '전혀 그렇지 않다'고 답한 청년들은 10.3%로 전국 평균(5.1%)의 두 배가 넘었다. 목포에서 나고 자라 전남대학교를 졸업하고 광주의 작은 회사에서 일하고 있는 이시현 씨(가명)는 〈무등일보〉와의 인터뷰에서 "삶에 희망이 안 보여요. 조금만 더 힘내고 용기 내서 서울로 갔어야 했어요"라며 '탈광주'가 목표라고 말했다. 사실 호남 청년들의 지역 탈출은 계속되고 있다. 광주의 경우 2010년 20~30대 순유출은 200명에 불과했는데, 2015년 6,400명으로 뛰고 이후 연평균 3,900명을 보이고 있다. 2011~2020년 광주·전남의 청년 인구 순유출 규모(11만 6,700명)는 나주시(11만 7,400명) 인구 규모와 거의 비슷[47]하다. 산업화 시절 있었던 호남인의 디아스포라는, 사실상 지금도 이어지고 있는 셈이다.

3장

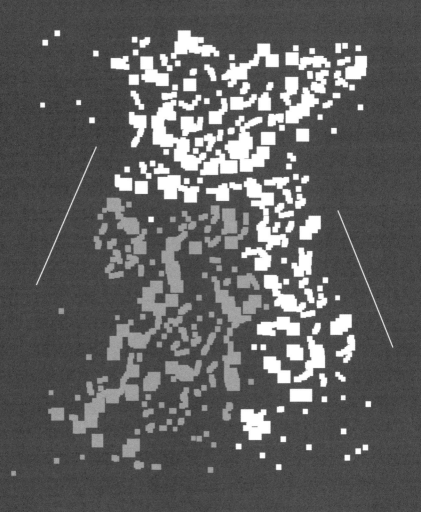

흔들리지 않는 패권,
민주당 초우위의 비결

"지역 정치권에서는 3월 대통령선거보다 6월 지방
선거에 더 관심이 쏠려 있죠. 지선에 출마하려는 사
람들은 다들 권리당원 표를 붙잡기 위해 물밑 작업
에 열심인 상황입니다."

2021년 8월에 만난 광주시의 어느 더불어민주당 인사는 광주
정가政街의 분위기에 대해 이같이 말했다. 대선을 8개월, 지선을
11개월 남겨둔 시점이었다. 이재명 경기도지사와 이낙연 전 총
리가 양강 구도를 형성하며 접전을 벌이는 민주당 경선도 경선이
지만, 차기 광주시장을 필두로 구청장과 시의회 의원 등을 뽑는
지선은 지역 정치권 전체에 영향을 미치는 '더 큰 이벤트'라는 설
명이었다. 사실상 지방선거 캠페인이 시작된 것이나 다름없었다.
  광주에서는 민주당 경선에서 이기는 것이 당선이나 마찬가지
다. 그리고 경선에서 승리하려면 투표권이 있는 권리당원을 잡
아야 한다. 지역 정치권에서 통용되는 경선의 법칙이 있다면 "(권
리당원) 200명을 모으면 구의원, 500명을 모으면 시의원, 1만 명
을 모으면 광주시장"이다. 각각은 개별 경선에서 과반수 권리당
원을 확보하기 위한 수치다(2021년 7월 기준). 광주의 권리당원

은 4만 6,000명이다.* 이는 선거권이 있는 18세 이상 인구 121만 명(2020년 주민등록인구 기준) 가운데 3.8%에 해당한다. 국민의힘의 대구 지역 책임당원 비율 1.4%(2만 9,000명·같은 해 6월 기준)와 비교하면 거의 세 배가량이다. 현재 당비를 내지 않은 인원까지 합하면 광주의 민주당원은 35만 명에 달한다. 지역에서 웬만한 사람은 다 '당원'인 셈이다. 전남은 성인 인구의 5.1%(8만 1,000명), 전북은 4.9%(7만 5,000명)가 권리당원으로, 광주보다 높은 비율을 보였다.

대선과 지선이 거의 동시에 열리는 상황에서 지역 정가의 이와 같은 분위기는 호남에서 민주당의 초超우위가 어떻게 작동하고 유지되는가를 단적으로 보여준다. 민주당 정치 기구가 시민사회에 깊숙이 침투해 구석구석 뻗어 있는 상황에서, 지방선거 경선은 시민 다수가 참여하는 정치적 이벤트다. 이 이벤트에서 승리하기 위해 지역 정치인들은 신규 당원 확보와 조직책 포섭 등에 사력을 다한다. 그 과정에서 지역의 다양한 이해관계자들이 자신들의 요구를 민주당에 반영시킨다. 누가 민주당 대선 후보가 되는지 등 '중앙정치'는 지역정치에 미치는 영향력이 상대적으로 적다. 국회의원 공천 결과에 따라 지역위원회(옛 지구당) 내 판세가 큰 영향을 받긴 하지만, 지역구를 원만히 관리하기 위해서는 지역 정치인들과 역시 원만한 관계를 구축해야 한다. 지역정치의 상대적 자율성이 보장되는 이유다.

---

*   그중 지선 경선에 참여하는 사람은 통상 절반 정도다.

요컨대 김대중 전 대통령이 서거한 지 10년이 더 지났지만 민주당이 호남에서 유일한 대중정당 지위를 지켜나가는 것은, 일종의 지역패권정당으로서 복합적이고 단단한 지지 기반을 가지고 있기 때문이다. 이른바 지역감정이나, 보수정당에 대한 집단적인 적대, 또는 지역을 대표하는 정치인과 지역 유권자의 일체감 때문만은 아니라는 것이다.

민주당은 여기에서는 지역의 기업가와 자산가들, 잘 교육받은 전문직과 화이트칼라들 그리고 자영업자, 농민 등을 모두 포괄하는 정당이다. 그렇기에 직능단체나 시민단체 등을 통해 개별 계층 집단으로 정치적 영향력을 직접 투사할 수 있다. 또 그들의 이해관계를 각급 지자체부터 중앙정부에까지 관철시키는 역할을 맡는다. 반면 여기에 대항하는 보수나 진보정당은 대중 기반이 미약하며, 각급 지자체에서 정치적 영향력이 거의 없다. 이탈리아 정치학자 조반니 사르토리Giovanni Sartori가 제시한 기준으로 엄밀하게 이야기하면, 옛 일본의 자유민주당과 유사한 일당우위체제[1]라 할 수 있다. 하지만 민주당이 호남에 대한 차별과 5·18이라는 경험을 기반으로 강력한 이데올로기적 영향력을 갖고 있고, 지자체라는 행정 권력을 점유하며, 시민사회 깊숙이 침투해 있다는 점에서 지역패권정당이라 부르는 게 더 적합해 보인다.

여기서 자연스럽게 제기되는 쟁점은 왜 다른 지역에서는 특정 성낭 우위가 허물어지는 상황에서 호남만 유독 민주당 강세가 지속되느냐일 것이다. 가령 2016년 총선에서 대구 수성구갑에 민주당 후보로 출마했던 김부겸 총리는 당시 김문수 새누리당 후보를 누르고 당선된 적이 있다. 하지만 광주와 전남 일대에서는 국민의힘 등 보수정당 지지율이 3%(2020년 총선 비례대표 기준)대로 매우 낮을 뿐만 아니라, 다른 정당들도 힘을 쓰지 못한다.

두 번째 쟁점은 최근 지역 정치권에서 일어나는 변화, 특히 보수정당에 대한 지지율 상승을 민주당 패권의 약화로 해석할 수 있느냐는 것과 연결된다. 2021년 8~9월에 실시된 여론조사에 따르면 광주·전남 지역 20대 남성의 국민의힘 지지율은 민주당을 앞선다. 세 번째 쟁점은 2016년 안철수 전 의원이 이끄는 국민의당이 호남을 석권한 것과 같은 정치적 변동*이 영구적으로 일어날 가능성이 얼마나 되느냐는 것이다. 일시적인 현상으로서가 아니라, 정당 구조 자체의 변동 가능성이 있는지에 대한 논의를 말한다.

이 같은 논점을 규명하기 위해서는 민주당이 지역 내 다양한 사람들에게 있어, 자신들의 이해관계를 정치 영역에서 관철하는 유일한 수단이 되고 그 과정에서 그들의 우월적 지위가 재생산되는 일련의 메커니즘을 분석해야 한다. 대통령, 국회의원이라는 '중앙정치'뿐만 아니라 각급 지자체와 지방의회라는 '지역정치'에 주목해야 하는 것이다. 민주당이 어떻게 다양한 유권자 집단의 이해관계를 조율하고, 대립을 중재하며, 자신들에 대한 지지로 수렴시키는지 그리고 그 과정에서 중앙과 지역의 정치 엘

---

* 그러나 2018년 지선 등에서 급격히 몰락하는 모습을 보였다.

리트는 어떤 관계를 맺어나가는지 등의 의문에 답하는 과정이 이른바 '호남 정치'를 이해하는 데 필요하다.

지역패권정당의 역사적 기원

흔히 '지역'이 정당 지지에 큰 영향을 미치기 시작한 시점으로 1971년 대통령 선거가 거론된다. 박정희 후보가 영남에서 72.3%, 김대중 후보가 호남에서 62.3%를 각각 득표하면서 지역주의 선거 구도가 형성됐다는 것이다. 당시 박정희의 공화당은 "경상도 대통령을 뽑지 않으면 우리 영남인은 개밥의 도토리 신세가 된다"(이효상 당시 의원의 대구 유세)[2] 등의 발언은 점잖게 들릴 정도로 지역주의 투표를 독려했으며, 대구에서 '백제권 대동단결'이나 '호남인이여 단결하라' 같은 유인물이 나돌아다니는 등 공작 의혹이 짙은 사건도 횡횡했다. 신민당도 김대중이 지역주의 자제를 호소한 것과 달리, 찬조 연사나 일선 지구당에서는 호남 후보를 밀자는 노골적인 발언들이 있었다.

하지만 실제 선거 결과를 보면 지역주의가 1971년 발흥했다고 보기 어렵다. 박상훈 정치발전소 학교장은 1967년 대선[**]을 기준으로 하면 김대중의 부산 득표는 이전보다 11%P 늘었고, 박정희의 대구 득표는 7.4%P 감소했다고 지적[3]한다. 호남의 김대중 득표는 이전보다 14%P가 늘었지만, 호남의 신민당 득표율은 1964년 이래 가파르게 증가하던 추세였다. 지역주의의 영향력이

[**]   윤보선과 박정희가 맞붙었다.

커지는 '과정'에서 일어난 사건의 하나로 보는 게 더 타당하다는 이야기다. 야당인 신민당(현 민주당의 원류) 내부를 보면 1970년 대 이후 각 계파 보스의 출신 지역에 따라 의원들이 모이는 경향 이 훨씬 강해졌다. 1974년 〈신동아〉[4]에 따르면 경남 거제가 고향 인 김영삼계는 5명 전원이 영남 출신이고, 아버지가 전주 출신인 이철승계는 호남이 5명, 서울이 한 명이었다.[*]

민주당계 정당이 이 지역에서 본격적으로 우월적인 입지를 차 지한 것은 1987년 대선과 뒤이은 1988년 총선부터라 할 수 있 다. 김대중이 이끄는 평화민주당이 노태우, 김영삼, 김종필 등과 지역을 기반으로 경쟁하면서다. 바로 직전 선거인 1985년 총선 의 경우 전남·전북에서 당시 여당인 민주정의당은 292만 표 가 운데 104만 표(35.5%)를 얻었다. 신한민주당은 72만 표를 얻는 데 그쳤다. 전두환 정권이라는 권위주의 정부와 황급히 당을 만 들고 선거에 임했던 신한민주당의 사정이 있었다지만 광주와 전 남·전북에서 민주당계로의 쏠림 현상이나, 민정당 또는 그 계보 를 이어가는 정당에 대한 강한 거부감은 없었던 셈이다. 하지만 1988년 총선에서 민정당의 득표는 278만 표 중 63만 표(22.5%) 로 쪼그라들었다. 그래도 지금과 같이 절대적인 열세는 아니었 던 게 드러난다. 민주당의 패권정당적 지위는 1980년대까지도 '완성형'이 아니었으며, 지금과 같은 모습은 1990년대 이후 쏠림 현상이 강화된 결과로 보는 게 적절하다는 이야기다.

---

[*]   당시 김대중은 해외 망명 중 중앙정보부에 납치돼 가택연금 상태였다.

호남에서 민주당은 원래 기득권의 정당이었다. 한민당에서 시작되는 민주당 구파가 호남의 지주들을 기반으로 삼고 있었기 때문이다. 호남의 엘리트들은 1950년대에 이어 1960년대에도 중앙권력을 쥔 이들로부터 배척당했다. 1964년 〈전남매일〉에 "전남은 푸대접받고 있다"라는 기사가 등장하고, 1966년 '전남 푸대접론 시정대책 위원회'가 조직되었는데 지역을 대표하는 유지들이 대거 참가했다. 이때부터 호남의 엘리트들은 자신들이 지역의 '일반이익'을 대변한다는 입장을 취했지만, 대중적인 지지를 이끌어내는 데는 한계가 있었다. 평범한 호남 사람들과 계급적 이해관계가 다를 수밖에 없었기 때문이다.

5·18의 여파가 가시지 않았던 1982년 광주와 전남 지역 엘리트들은 광주시 외곽 조직으로 '전남개발협의회'라는 것을 만들었다. 앞서 소개한 고광표 전 대창석유 명예회장이 대표를 맡았다. 이들은 "도민의 화합과 단결의 구심체로서 지역개발의 기틀을 마련할 목적으로 각종 사업을 민간 차원에서 추진하려는 취지"[5]를 명분으로 삼았다. 전남 출신 기업인이나 지역 내 기업들로부터 성금을 모아 5·18 유가족들에게 위로금을 지급했다. 망월동 공원묘지에 묻혀 있던 사망자 가족들은 개별적으로 이장을 해야 한다는 조건을 내세웠다. 이 때문에 유족들은 고 명예회장 자택 앞에서 항의 농성을 벌였다. 지병문 전 전남대 총장은 "지방의 엘리트들은 공공연하게 표현하지는 못했지만 5·18에 대해 몹시 부정적인 시각을 갖고 있었다"라면서 "물질적 보상을 통해 5월 운동을 적극적으로 통제하려고 했다"[6]고 지적했다. 이렇다

보니 이들은 1990년대 이후에도 지역사회에서 힘은 가지고 있었지만, 주도적으로 광주 정치에 영향력을 행사할 수 없었다.

김대중이라는 정치인이 1971년 신민당 대선 후보로 나서면서 호남 정치의 구심점이 되지 않았다면, 민주당은 이 지역에서 정당성을 확보하기 어려웠을 것이다. 김대중은 민주당 신파 계열로 '40대 기수론'을 들고나오면서 단숨에 야당의 핵심 인사로 성장했다. 그의 파벌은 호남 출신들이 주를 이루었지만, 이전의 호남 엘리트들과는 단절된 집단이었다. 다른 한편에서 김대중이 빠르게 야권을 대표하는 정치인이 된 것은 그가 진보적인 정책을 전면에 내세운 결과였다. '대중경제론'을 표방하면서 중소기업·노동자·농민들의 경제적 권익을 보호하는 정책을 내세웠는데, 여기에는 박현채, 정윤형 등 진보 경제학계 인물들이 참여[7]했다. 이중차별을 받고 있던 호남의 평범한 사람들이 민주당을 지지하게 된 것은 김대중의 진보적인 정책 때문이라고 보아야 할 것이다. 또 김대중은 1985년 5·18 문제를 처음으로 국회에서 공론화했고, 이후에도 평화민주당이 5월 행사를 적극 지원했다. 이러한 과정을 통해 광주 시민들은 5·18 문제 해결을 김대중의 정치적 승리, 즉 집권과 동일시[8]하게 됐다.

지역정치에서 광주의 이른바 '재야세력'*이 민주당과 긴밀한 관계를 맺게 된 데에도 김대중의 역할이 컸다. 김대중은 재야세력과 가까운 거리에서 함께 정치 활동을 해왔다. 1978년 김대중,

---

*   1970~1980년대 기성 정치권에 포함되지 않은 다양한 사회운동가를 지칭한다.

윤보선, 함석헌이 공동의장을 맡은 재야단체 연합 조직인 '민주주의와 민족통일을 위한 국민연합(국민연합)'이 대표적이다. 시민군 대변인으로 5·18의 상징적 존재인 윤상원과 양림교회 장로로 재야 수습대책위원이었던 이성학이 각각 국민연합 전남지부의 사무국장과 지부장[9]을 맡았다. 당시 녹두서점을 거점으로 항쟁에 참여한 김상집 광주전남6월항쟁 기념사업회 이사장은 "김대중과 광주 재야세력은 여러 활동을 통해 연결되어 있었다"고 말했다. 전두환 등 신군부가 김대중이 북한의 사주를 받고 무장봉기를 일으켰다는 이른바 내란음모 사건을 조작했을 때, 관련자들에 대한 혹독한 고문에도 불구하고 '그림'을 제대로 그리지 못한 것은 윤상원이 전남도청에서 계엄군에 사살되고 이성학이 도피 중 얼어 죽었기 때문이다.

1980년대 후반 이후 호남의 재야는 제도권 정치에 진입했다. 최정기 전남대 교수의 분석에 따르면 1990년대(13~15대 의원) 광주의 국회의원 당선자 40명 가운데 3명이 재야인사, 5명이 사회운동 활동가다. 최 교수는 "지역권력 구조에서 1970년대까지는 관료와 기업가가 주축이었고 전통적인 유력 집안 출신들이 영향력을 행사했는데, 1980년대 이후 5월 운동을 통해 사회운동 진영의 발언권이 커지면서 인적 구성이 변하기 시작했다"[10]고 설명한다. 하지만 이들이 호남 정치에서 주도권을 쥔 것은 아니었다. 민주당이라는 한 울타리 안에서 전통적인 엘리트들과 재야, 운동권, 시민단체 출신들이 동거하면서 정치권력을 분점하는 형태였다. 오승용 전남대 방문교수는 "비판적인 시각에서 보자면 기득권과 재야의 야합이라 할 만한 행태가 발생한 것"이라고 지적했다. 호남에서 민주당은 이렇게 '모든 이들의 정당'이 되었다.

1995년 지선부터 본격화된 지방자치제는 정당을 지역 현안을 해결하는 민원 창구로 만들었다. 이전까지만 해도 각급 지자체장은 중앙정부가 내려보낸 관선이었지만, 이제 광역시장·도지사와 시장·군수 그리고 지자체 의회 의원들은 모두 민주당 인물이 됐다. 특히 소선거구제나 2인 중선거구제로 운영되는 선거 방식으로 인해 지방의회에 야당이 설 자리가 없었다. 인허가와 예산 배분, 지자체와 관련 기관의 고위 간부 인사에 민주당의 영향력이 압도적인 상황이 지속되면서 대항하는 세력은 사라질 수밖에 없었다. 토호 내지는 지역 유지라 불리는 이들은 모두 민주당에 줄을 댈 수밖에 없게 된 셈이다.

광주와 전남·전북이 이주민이 없이 '호남'으로 묶을 수 있는 폐쇄적·등질적인 사회라는 것도 민주당에 대한 구심력을 강화시켰다. 1987년 이후 선거가 지역 간 중앙권력 경쟁을 중심으로 흘러가면서, 다시 말해 지역이 주된 정치적 균열 요인이 된 상황에서 이주민은 거주지역의 정치적 다양성을 이끌었다. 윤광일 숙명여대 교수가 2012년 대선 당시 유권자들을 분석한 논문[11]에 따르면 광주·전라와 대구·경북 출신자는 고향을 떠나 타지에 살건, 아니면 고향에 눌러앉았건 표심에 변화가 없었다. 부산에서 민주당이 세력을 구축할 수 있었던 이유는 이 지역이 호남·충청·제주 일대의 이주민이 많이 사는 지역이라는 데 있다. "대구에선 경북대 의대를 나와야 개업의로 성공한다고 하지만, 부산에선 경북대나 전남대를 나와도 문제없이 병원을 운영한다"[12]는 말이 나왔던 이유이기도 하다. 또 이주민이 없다 보니 지연·혈연·학연 등을 기반으로 한 엘리트 사회의 강한 동질성은 그대로 유지된다. 예컨대 선출직 공직자들의 출신 고등학교를 살피면 예전에는 광주일고·광주고였고, 지금은 대동고·동신고·금호고·인성고 등이다. 지연에 학연으로 묶여 있는 이들이 정치적 파벌을 따로 만들어 격렬한 경쟁을 벌일 이유가 없다.

산업화의 수혜를 받지 못한 지역이다 보니 시민사회 구성체의 다양성도 확보하지 못했다. 고전적인 용어로 자본가 계급이라 부를 수 있을 만한 기업인들을 찾아보기 어렵고, 높은 보수를 주는 일자리가 부족하다 보니 중산층도 얇다. 민주당계 정당에서 오랫동안 보좌관과 당료를 역임한 이진 광주시 의회 운영수석전문위원은 "변호사, 의사 등 경제적 여유가 있는 전문직을 제외하고 정치에 참여할 만한 사람이 별로 없다"고 설명했다. 그 가운데 윤장현 전 광주시장 등 의사들의 정치 참여가 다른 지역보다 두드러지는 게 특징이다. 게다가 노동조합 등 진보정치 세력의 기반이 되는 조직도 다른 지역보다 세가 약하다. 무엇보다 노동조합의 '등뼈' 역할을 하는 제조업 대공장이 드물고, 제조업 전체 근로자 수도 적다는 게 주된 원인이다. 나경채 전 정의당 광주시당 위원장(전 정의당 공동대표)은 "진보정당에게 노조는 중요한 조직 기반이자 유권자를 만날 수 있는 창구"라며 "부산·울산·경남 등에 비해 광주의 진보정당이 더 어려운 여건에서 활동하는 이유 중 하나"라고 설명했다.

인구 150만-당원 35만 사회의 작동 방식

지역정치의 작동 방식을 이해하기 위해서는 가장 기층에 있는 권리당원이 어떻게 조직되고 활동하는지 봐야 한다. 인구 150만 명인 광주에서 웬만한 사람은 모두 민주당 입당원서를 한 번쯤은 쓴 상황이다. 예전에 개발된 이른바 구도심일수록, 장노년층일수록 당원일 가능성이 높다. 광주시당 조직국장을 3년간 역임했던 백순선 광주시 북구 의원은 "인프라가 낙후되어 있고 해묵은 민원이 많은 구도심 지역에서 당 활동이 더 활발하다"라며 "하다못해 도로의 맨홀 시설이라도 민원 넣을 게 더 있기 때문"이라고 설명했다. "나이 드신 분들은 꼬박꼬박 당비도 내고 참여도 적극적"이라고 덧붙였다.

이 권리당원 중 상당수는 피라미드식 조직을 통해 관리된다. 정점에는 이른바 'F1'이라 불리는 조직책이 있다. F가 어디서 왔는지 명확한 설명은 없지만 팬Fan에서 왔다는 게 관계자들의 추측이다. 'F1→F2→F3' 식으로 관리가 이루어진다. 가장 말단에는 5~10명 정도의 소그룹이 있다. 통상 F1 한 명이 관리하는 인원은 200명 안팎인데, F2나 F3가 섞여 있다. 이들 조직책은 대개 자영업이나 건설업 등 지역의 소상공인들이다.

F1 정도 되는 조직책들이 평상시 조직 관리를 하는 이유는 정치적·경제적 이해관계 때문이다. 김영기 참여자치연대 지방자치소장은 "당원 모집은 유력한 정치인과 자신을 이어주는 확실한 연결고리이며 담보물"이라는 말과 함께 "몇 달 고생하고 성공하면 4년을 호가호위할 수 있다"[13]고 지적했다. 한 민주당 관계자

는 "일반 당원이 경선에 참여하기에는 여러 장벽이 있어 결국 훈련된 '표'의 목소리가 커지게 된다"라며 "조직책은 대개 토호라 할 만한 이들인데 선거철이 되면 표를 가지고 거래를 한다"고 말했다. 대규모 정치 조직을 관리하기 위해서는 경제력이 있어야 하고 조직 관리에 상당한 시간을 투입해야 한다. 안정적인 기반이 있는 사업가나 자산가여야 가능한 자리인 셈이다. 그 아래에서 소그룹을 관리하는 이들은 "보험설계사, 여행사 대표, 약간 건달 같은 이"(한 지역 정치권 관계자) 등 지역사회에서 '영업망'을 갖춘 부류다.

당비 월 1,000원은 전화 요금에 붙여서 징수되기 때문에 권리당원 본인이 내지만, 애경사 때 경조사비를 챙겨주는 식으로 조직책이 사실상의 보전을 해주는 경우가 잦다. 또 평소 밥이나 술을 사주면서 챙겨주는가 하면, 구청에 낼 민원이 있을 경우 해결을 도와주기도 한다. 국회의원 선거나 지방선거를 앞두고 권리당원이 크게 늘어나는데, 여기에는 적잖은 자금이 들어가고 경우에 따라 부정경선 시비가 붙기도 한다. 권리당원에 가입하면 현금 1만 원이나 온누리상품권을 주는 군수 후보나 기업이나 공공기관에 청탁해 임직원의 권리당원 가입을 유도하는 등의 행위가 횡행한다는 것[14]이다. 지방선거를 앞두고 2021년 상반기 호남 일대는 권리당원 모집으로 떠들썩했다. 백성일 〈전북일보〉 주필은 "일부 공직자 중에는 단체장 선거에 나설 사람을 돕기 위해 노골적으로 권리당원 모집을 하고 다녀 빈축을 사고" 있을 정도라고 썼다. 또 "주민들은 시도 때도 없이 친인척이나 선후배들로부터 권리당원 모집에 응해줄 것을 권유받고 있다"고 지역 분위기를 전했다.

본인이 미는 사람이 당선되면 주요 조직책들은 어느덧 구청장이나 시의원 등의 측근으로 간주된다. 각종 사업에 편의를 볼 수 있고, 나아가 지자체 사업을 수주할 수 있다. 눈에 잘 띄지 않고 수의계약이 가능한 조달계약이나, 사업 응모나 심사 과정이 불투명한 지자체 보조금 사업이 각광받는다. 백성일 주필은 "시·군마다 단체장과 가깝게 지내는 문고리 권력자들이 생겨났"는데 "이들은 보조금 타내는 데 경험이 많아 남다른 수완을 발휘"하고 "관계 공무원들도 이들의 눈치를 살필 정도"[15]라고 한탄했다. 호남 지역에서 조직책들이 번성하는 건 권리당원 경선 제도보다는 '민주당의 독주'와 빈한하다는 말이 적절한 '지역의 경제사정' 때문이다. 지역에서 돈 나올 데가 몇 군데 없다 보니 정치 브로커 일을 하고 정부나 지자체 사업을 타내는 것도 괜찮은 사업 축에 들게 된다.

반면 청년·여성단체나 노동·직능단체 등은 그리 활성화되어 있지 않다. 민주당의 특색이라 할 수 있는 열성 인터넷 당원도 드물다. 강수훈 전 민주당 광주시당 정책실장은 1984년생으로 사회적 기업을 운영하다 지난 2017년 입당했다. 그는 "입당해서 보니 청년 당원이 별로 없었다"라며 "시당 청년위원장이 45세셨는데, 청년의 범위를 35세로 정한 정의당이나 심지어 39세로 정한 국민의힘보다 더 위였다"고 말했다. 20~30대 당원들은 숫자로 따지면 적지는 않지만, 대부분 조직책들이 알음알음으로 모집한 이들이다. 대학별 청년 위원회는 따로 존재하지 않고, 지역위원회 산하로 편입되어 있다. 30~40대 인터넷 당원들도 존재감이 미미하다. 그나마 "당에 대한 불만이 있을 때 전화를 걸어 항의전화를 하는 젊은 당원들이 있어, 당에 관심이 있는 이들이 꽤 있다고 짐작하는 정도"라는 게 강 전 실장의 설명이다.

권리당원들의 주된 활동 무대는 국회의원 선거구별로 있는 지역위원회다. 지역위원회는 국회의원을 정점으로 구청장, 시의원, 구의원이 긴밀하게 연계돼 지역 사업을 한다. 지자체가 재량으로 편성할 수 있는 예산은 시 의회에 결정권이 몰려 있다. 구의원은 동洞 단위 지역 민원의 해결사 역할을 한다.

시의원들 가운데 다수는 기초의회 의원 활동 경력이 있는 지역정치의 베테랑들이다. 사실 일종의 '지역정치'에서 얻을 수 있는 자리 중 가장 윗줄에 있다고 할 수 있다. 광주시 의회는 20명의 지역구 의원, 3명의 비례의원으로 구성되는데 지역구 의원 중 12명(60%)이 구의원 경력이 있다. 장재성 시의원의 경우 2007년 재보궐 선거에서 서구 의원으로 정계에 입문했다. 시 의회로 자리를 옮긴 것은 2018년이다. 출신 학교는 졸업한 대학교(최종 학력이 고졸인 경우는 고등학교)가 확인된 21명 가운데 광주대가 23.8%(5명)로 가장 많았고 전남대(4명), 조선대(2명), 호남대(2명) 순이었다.

한 가지 흥미로운 것은 다른 광역시 의원들보다 평균 재산이 더 많은 편이다. 〈중앙일보〉가 2018년 지방선거에서 당선된 각급 단체장과 광역의회 의원 670명의 재산신고 내역을 집계한 자료[16]를 이용해 광주, 대구, 부산, 대전, 인천시 의회 초선 의원의 평균 재산을 살폈다. 광주는 평균 8억 3,400만 원으로 대구(11억 4,300만 원)보다 적었지만, 3억 7,200만 원에 불과한 대전이나 부산(7억 2,700만 원), 인천(7억 7,000만 원)보다는 많았다. 대전, 부산, 인천 모두 재산을 신고한 초선 의원 90% 이상이 민주당이다.* 호남의 민주당은 지역사회에서 확실한 '여당'이자 모든 계급의 정당임을 보여주는 사례인 셈이다.

민주당이 시민사회 구석구석으로 침투하는 또 다른 수단은 각종 비영리기구NGO다. 2015년 현재[17] 광주의 NGO는 583개로 대구(378개)보다 54.2% 더 많다. 인구 1만 명당으로 비교하면 4.0개 대 1.5개 정도 된다. 관변단체 수가 적어 실제로 활동하는 단체는 더 많다. 금홍섭 대전시민사회연구소 부소장은 "분야별로 따져보면 문화·예술 분야 단체 비중이 대전이나 대구보다 3~4배 정도 높고, 복지와 정치 등의 비중이 높다"고 설명했다. 이들 시민단체를 거쳐 정계에 입문하는 사람들이 많다. 앞서 서술한 광주의 재야인사들이 민주당을 통해 제도권 정치에 발을 담그기 시작한 것과 더불어 1990년대 중반 이후 재야의 분화가 이루어지면서 시민단체 활동으로 방향을 튼 이들이 많기 때문이다. 김희송 교수는 그 과정에서 "지역사회에 대한 주도성은 상실되고 점차 제도정치의 변인으로 전락"[18]하기 시작했다고 지적한다.

최근에는 학생운동-사회운동을 거쳐 정치에 입문하는 이들

---

*   2018년 지선에서 민주당이 대승을 거두었기 때문이다.

이 늘어나면서 민주당과 시민단체의 경계는 점차 허물어지고, 나아가 시민단체가 민주당의 외곽 조직화되는 경향이 뚜렷해졌다. 현재 광주의 국회의원 8명 가운데 민형배(광산구을), 이용빈(광산구갑), 윤영덕(동구·남구갑) 등은 광주 지역 시민단체 대표로 활동한 이력이 있으며, 전대협 의장(4기) 출신인 송갑석(서구갑)도 광주YMCA 서구지회 운영위원 경력이 있다. 이들은 1980년대 전남대나 조선대에서 학생운동을 하고, 이후 시민단체 이력을 쌓은 뒤 이를 바탕으로 정계에 입문했다. 민형배 의원은 〈전남일보〉 기자 출신으로 시민단체 '참여자치21' 대표를 역임한 뒤 2006년 청와대 행정관으로 발탁됐다. 바로 옆 선거구의 이용빈 의원은 전남대 부총학생회장 출신으로 병원을 운영하면서 시민 플랫폼 '나들' 대표를 역임하고 2016년 영입됐다.

선거철이 다가오면 시민단체 관계자들이 출마 준비를 하는 일이 이제 일반화되었고, 심지어 '떴다방' 식으로 시민단체가 만들어지는 경우도 있다는 게 취재 도중 만난 광주의 정계나 시민단체 관계자들의 설명이다. 지난 2015년 광주시민단체협의회가 천정배 전 의원이 당선됐던 서구을 재보선을 앞두고 사실상 천 전 의원과 정의당 강은미 후보의 단일화를 주문하는 등 명확한 정치 행보를 보이는 경우[19]도 종종 있다. 조정관 전남대 교수는 "시민단체가 정치권력에 포획되는 강도가 점차 세지고, 폭도 넓어지고 있다"고 지적했다. "시민사회가 아니라 관변사회"라는 말까지 나오는 실정이다.

재야와 시민단체가 민주당에 포획되었음을 보여주는 인물 중한 명이 윤난실 청와대 제도개혁비서관이다. 윤 비서관은 광주교대를 중퇴한 노동운동가 출신으로, 2002년 민주노동당 비례대표로 광주시 의원에 선출됐다. 그는 586세대(1965년생)로, 5·18 마지막 수배자로 유명한 윤한봉 씨의 조카라는 점에서 강력한 후광과 인적 네트워크를 갖고 있다. 그런데 윤 비서관은 2013년 민형배 당시 광산구청장이 설립한 광산구공익활동지원센터 초대 센터장으로 영입됐다. 2016년에는 민주당에 입당해 광산구청장 경선에 출마했다. 2018년 김경수 전 경남지사의 사회혁신보좌관으로 선임됐다.

한편 이 지역에서 대학교 인맥은 두드러진 인적 네트워크라 할 수 없다. 흔히 '민파(민주의 파도)'라고 불리기도 하는 1980년대 전남대 총학생회를 이끌었던 집단이 있고, 이들이 이른바 '운동권' 출신의 핵심이지만 정치권을 좌우하는 집단으로 가시화되어 있지는 않다. 마치 엘리트 사회에서 서울대 출신들을 한데 묶기 곤란한 것과 비슷한 사례다. 다만 학생운동 당시 정파색이 옅었던 것처럼 전남대 출신이 분파로 나뉘어 대립하지도 않는다.

오히려 조선대 출신은 꽤 끈끈한 네트워크를 자랑한다. 대표적인 사례가 박광태 전 광주시장(현 GGM 대표이사)이다. 박 전 시장의 조선대 기반 조직은 2018년 광주시장 경선에서 이용섭 시장이 승리하는 데 주된 요인으로 거론[20]될 정도로 아직도 탄탄한 세를 자랑한다. 한 민주당 관계자는 "조선대 운동권들은 1987~1988년 부패사학의 대명사였던 박철웅 이사장을 몰아내는 과정에서 동질감을 강하게 형성했다"라며 "학원자주화투쟁 경험이 정치권까지 이어지는 것"이라고 풀이했다.

호남은 왜 '대세추종형' 지지를 하는가

민주당 대선 후보 경선 등에서 이 지역의 투표 행태는 '대세추종형'이라 할 수 있다. 경선에서 승리할 법한 사람을 밀어준다는 것이다. 광주·전남과 전북 경선 직전에 한 지역신문이 발행한 경선 분석 기사에서 "될 사람 밀어주는 호남… 20만 선택이 판 가른다"[21]라는 제목을 단 것이 대표적이다. 민주당 권리당원 중 광주·전남·전북의 비중은 28.8%로 서울(20.0%)과 경기도(26.0%)를 앞선다. 게다가 수도권 권리당원 가운데 30% 이상은 호남에 연고를 둔 사람[22]이다. 호남의 표심이 수도권 경선까지 영향을 미친다는 것이다.

그런데 호남은 민주당의 판을 주도하지 않고, 일종의 '킹메이커' 역할로만 남는다. 나아가 그 역할을 적극적으로 활용한다. 시민단체와 지역 정치권 양쪽에서 오랫동안 활동한 B 씨는 "중앙정치의 누구건 될 사람을 밀어주고 대가를 챙기자는 생각이 호남 정치의 저변에 깔려 있다"고 귀띔했다. "(2016년) 안철수를 지지했다가, 몇 년 지나지 않아 바로 민주당으로 바꿔 타고 문재인을 압도적으로 지지하는 건 두 사람 다 '전략적 선택의 대상'이라는 것"이다. 심지어 최근 광주가 국민의힘에 대해 문호를 여는 듯한 분위기도 일종의 '보험성' 제스처라고 풀이한다. "5·18 기념식에 국민의힘 대표 등을 초대하는 등 보수정당에 대한 문호 개방도 야당으로 정권 교체가 일어날 경우를 대비하는 맥락"에서 보아야 한다는 게 그의 설명이다.

　대세추종형 지지 행태가 이루어지는 이유는 크게 두 가지가 있다. 먼저 지역을 대표하는 정치인이나, 민주당을 이끌어갈 수 있는 이데올로기가 없다는 것이다. 이는 부산을 기반으로 한 민주당 인사들이 지역감정 청산이나 노무현 정신 계승 등 강력한 상징을 동원했던 것과 대비된다. 2000년대 초중반 호남 출신으로 '정풍운동'을 주창한 이른바 '천·신·정'*은 모두 실패했다. 정동영은 2007년 대선에서 무참히 패배했고, 천정배는 2011년 지역구인 경기도 안산시 단원구를 버리고 서울시장 경선에 나섰다 경쟁자인 박영선에 10%P 넘는 차이로 지면서 정치적 활로를 잃었다. 이들은 급증한 수도권 중산층에게 소구력 있는 정치 담론을 만들어내지 못했고, 2000년대 중반 양적·질적으로 커지는 계층 격차에 대한 대책도 제시하지 못했다. 호남 정치의 혁신을 일찍부터 이야기했지만, 호남을 기반으로 무엇을 할 수 있는지 내보이지 못한 상황에서 공허한 말 잔치만 되풀이했을 뿐이다. 영남을 역포위하자는 지역등권론이 이미 1990년대 중반 등장했다는 것을 감안하면, 그들도 '무능한 호남 정치인'에 불과했다는 비판에서 벗어나기 어렵다. 기실 정풍운동이라는 것 자체가 청산 대상과 비교한 도덕적 우위를 주장할 뿐, 새롭게 주어진 권력으로 무엇을 할 것인지 이야기하지 못했기 때문에 시작부터 이들의 실패는 예고된 것이라 할 수 있다.

―――――

*　　천정배·신기남·정동영을 가리킨다.

과거에는 호남에도 독자적인 명망과 세력을 가진 정치인들이 있었다. 김대중의 존재감이 강했던 1980~1990년대만 해도 호남 출신 '비주류'가 있었다. 1971~1985년 광주에서 4번 당선된 김녹영 전 국회부의장이 대표적이다. 1982년 광주의 정치단체에 국가보안법이 적용된 첫 공안 사건인 '광주 횃불회 사건'의 당사자들은 5·18에 적극적으로 참여했고 김대중을 존경하며 정신적인 정치 지도자로 여겼지만, 실질적인 정치 활동의 구심은 김녹영[23]이었다. 1990년대에도 이른바 김상현계 등 비주류로 간주되는 호남 기반의 정치인들이 상당수 존재했고 당내에서 영향력을 갖고 있었다. 1994년 원내총무 경선에서 비주류로 간주됐던 신기하 전 의원이 동교동계와 꼬마민주당 출신인 이기택계 등 범주류 후보를 꺾고 선출된 것이 그들의 힘을 보여주는 대표적인 사건이다. 〈동아일보〉는 당시 신기하의 승리에 대해 "동교동계의 막강한 힘을 견제하려는 심리와 일부 전남 출신 의원들이 신 의원을 지지한 것도 한몫을 했다는 분석"[24]이라고 설명했다.

이렇다 보니 호남 기반 정치인들은 민주당 중앙 정치인들의 계파와 이해관계에 따라 이합집산하는 행태를 보인다. 그들은 서울 명문대 출신으로 전국대학생대표자협의회(전대협) 간부 등을 역임한 이들도 아니기에, 중앙정치의 '인싸'**가 될 수 없다. 2016~2020년 총선을 거치면서 광주의 국회의원들은 지역에 기반해 활동한 전남대·조선대 출신 586들로 채워졌다. 서울 명문

** 인사이더(insider)의 줄임말로, 무리에서 적극적으로 어울리는 사람을 가리킨다. 뒤에 나오는 '핵인싸'는 '인싸'보다 한층 더 잘 어울리는 사람을 뜻한다.

대를 졸업한 사람은 이 지역에서 행정관료로 오래 일하고 광주시 부시장·아시아문화중심도시 추진단장을 역임한 이병훈(고려대)밖에 없다. 전략공천을 받은 양향자 의원의 경우 광주여상을 졸업하고 삼성전자에 입사해 임원에 오른 인물로, 명문대 중심의 586 운동권과 상당히 다른 정서를 갖고 있다. 지분율은 높으나 경영권은 쥐지 못한 '2대 주주'의 전략은 결국 '될 놈 밀어주기'가 될 수밖에 없는 것이다.

두 번째 이유는 민주당을 통해 다양한 지역개발사업 예산을 배분받을 수 있다는 점이다. 지역구 국회의원, 나아가 청와대 등 정치권은 선거 승리를 위해 지지 기반에서 제기하는 '숙원 사업'을 들어주고 예산을 편성해준다. 국회 예산결산특별위원회(예결특위)에서 다음 해 예산안을 조율하는 과정에서 의원들이 지역 현안 민원을 작은 종이에 적어 밀어넣는 '쪽지 예산'이 대표적인 사례다. 허원제 지방세연구원 연구위원 등은 2016년 발표한 논문[25]에서 지자체의 긴급한 소요에 의해 중앙정부가 지급하는 특별교부금을 분석했다. 그 결과 여당 의원이 많은 광역지자체는 1인당 특별교부금 예산을 14.7% 더 많이 받았다.

또 청와대와 여당이 고위 관료 인사권을 무기로 행정부를 장악할 수 있다는 것도 중요하다. 대표적인 곳이 기획재정부 예산실이다. 경제부총리(기재부 장관 겸임) 정책보좌관을 지낸 박지웅 씨는 기재부 예산실장에 대해 "모든 나랏돈을 챙기는 숨은 실세"라며 "당·청에서 공식 또는 비공식으로 요구하는 주요 사업, 개별 지역의 민원성 사업, 각 정보기관의 특수활동비 등 이런 사안들을 모두 매끄럽게 처리하려면, 기본적으로 '정치권'과 궤를 같이하지 않는 사람을 앉히긴 어렵다"[26]고 설명한다. 문재인 정부의 예산실 내에서 호남 출신 인사들이 주요 보직을 맡은 이유다. 거꾸로 박근혜 정부 시절 기재부 고위 간부 한 명이 "호남 사람들은 예산실에 얼씬도 못 하게 하겠다"고 사석에서 말한 것이 회자되기도 했다. 이 고위 간부는 국회의원으로 공천을 받아 현재 국민의힘을 대표하는 경제정책 전문가다.

고위 관료들은 자신의 출신지에 예산을 더 편성할 강한 유인이 있다. 기재부 사무관 출신인 정호용 국민대 교수가 2021년 발표한 논문[27]에 따르면 2008~2015년 기재부 국장급 이상 고위 관료를 배출한 시·군·구급 기초자치단체의 1인당 국고보조금은 전국 평균 대비 7.3% 더 많았다. 특히 고위 관료가 영남·호남·충청 지역 출신일 경우 고향에 1인당 국고보조금이 8.2% 더 편성됐다. 차관보(1급) 이상 인사가 사실상 엽관제*로 운영되면서 특정 지역 출신이 집중적으로 임명되고, 그렇게 자리에 오른 고위 관료들은 정치권력의 코드에 맞추면서 동시에 그들의 퇴임 이후 행보를 고려해 출신 지역에 예산을 더 준다는 이야기다. 이른바 '지역 인재'가 해당 지역 소재 명문고를 나온 정치인이나 고위 관료를 의미하는 것은, 그들을 통해 중앙정부로부터 자원을 더 획득할 수 있기 때문일 것이다.

다음 장에서 후술할 아시아문화중심도시 사업의 핵심 시설인

———

*   정치권력을 잡은 쪽이 공무원 인사권을 쥐는 관행을 말한다.

아시아문화전당을 보자. 아시아문화중심도시 프로젝트는 노무현 정부가 광주·전남 지역에 안긴 대표적인 '선물'이었다. 아시아문화전당은 5·18의 주 무대인 옛 전남도청과 인근 부지를 재개발해 5·18 기념관 겸 복합 전시·공연·문화산업 시설로 재개발하는 것이었다. 총사업비는 7,100억 원인데, 그 가운데 2,600억 원이 도청 인근 토지를 수용하는 토지보상비였다. 이 토지보상비가 쇠락한 구도심의 지주들에게 짭짤한 수익을 안겨주었음은 물론이다. 이 밖에도 건설 과정에서 막대한 돈이 지역에 풀리게 됐다.

정치권력이 예산 배분을 좌우하는 포크배럴pork barrel*식 구조에서 호남을 비롯한 '지방'의 목표는 중앙권력 확보다. 호남은 여기서 민주당 내에서 대통령 선거에 당선될 수 있을 만한 정치인이나 특정 분파를 밀어주는 방식을 취했다. 일종의 전략적인 동맹이다. 지역과 강한 일체감을 갖는 거물 정치인이 없었기 때문이다. 선택지가 민주당 내로 국한될 수밖에 없었던 것은 국민의힘과 그 이전 정당이 영남에 기반한 지역정당 성격을 강하게 갖고 있었기 때문이다.

이 관계는 호남이 선택한 정치 엘리트가 집권 세력으로 확고한 자리를 갖고, 지역의 엘리트나 유권자들에게 체감할 수 있는 이득을 가져다주어야만 안정적으로 유지될 것이다. 하지만 둘 중 한 축이라도 무너지거나 제 기능을 하지 못하게 되면 갈등과

---

*　　특정 지역이나 집단의 환심을 사기 위해 예산을 배분하는 정치 행태를 말한다.

대립의 불균형 상태로 빠질 수밖에 없다. 2010년대 민주당 내에서 호남과 이른바 '친노' 세력이 갈등을 빚었던 이유다.

민주당: 호남당에서 마포·용산·성동의 당으로

민주당은 1987년부터 줄곧 '반도의 흑인'인 호남 사람들의 정당이었다. 김대중이 중심에 있었던 평민당과 새정치국민회의가 서울과 경기도에서 상당한 지지율을 확보했던 것도 따지고 보면 일자리를 찾아 상경한 호남인들 덕분이었다. 강덕균 전 〈전남일보〉 편집국장이 31개 경기도 호남향우회가 집계한 호남 향우 추산치를 토대로 계산한 바에 따르면, 2018년 현재 경기도 인구의 33%가 호남 출신[28]이다. 그중 성남시(40%), 광명시(39%), 고양시(37%), 시흥시(36%), 과천시(35%)에서 특히 호남 출신의 비중이 높았다. 반월산업단지(안산), 구로공단(광명) 등에서 일자리를 찾기 위해 올라온 이들이었다. 과천시 화훼농가의 80% 이상이 호남 출신일 정도로 3D 업종에는 특히 몰려 있었다.

대표적인 곳이 경기도 성남시 중원구와 수정구다. 여기는 1971년 광주대단지사건으로 대규모 주거지가 형성된 곳이다. 사건 직후 성남시 이주민 출신지 중 전라도 비중은 25.5%로 서울·경기(38.5%) 다음으로 많았고 충청도(16.7%)를 크게 앞질렀다. 호남 출신이 많이 모여들었던 성호시장은 "과장해서 얘기하면 90% 이상이 거의 호남인"[29]이었다는 증언이 있을 정도다. 오윤숙 씨가 2005년 성남시 거주 호남 출신자를 대상으로 설문조사한 결과[30]에 따르면 전체 응답자의 30.0%는 1970년대, 38.6%

는 1980년대에 이주해왔다고 답했다. 일자리를 찾아 모여든 이들이라는 이야기인데, 소득 수준이 낮은 블루칼라 노동자나 영세 자영업자 비중이 높은 곳이기도 했다.

두 지역에서 출마한 정치인 가운데는 호남 출신이거나 호남 이주민으로 성남에 정착한 사람들이 많았다. 전남 순천 출신 김태년 민주당 의원이 수정구에 기반한 학생운동단체인 터사랑청년회에서 활동한 것이 대표적이다. 민족민주NL 운동권 내 경기동부연합 인사들도 민주노동당 후보로 출마할 때 호남 연고를 앞세웠다. 박우형 성남주민연대 상임대표는 1984년 경기동부의 시작점이라 할 수 있는 성남시대학생연합을 만들었다.[31] 그는 2000년 도의원 출마 당시 "호남 출신이라는 이유만으로 만년 과장, 광주군으로 좌천 등 숱한 고통"[32]을 겪었던 아버지의 경험을 이야기하며 호남 출신 성남 이주민의 정체성을 전면에 내걸었다. 경기도 성남시 선거는 원도심 대 신도심(분당), 호남 대 비호남의 구도였다. 2002년 대선에서 노무현 후보는 중원구와 수정구에서 60%가 넘는 득표율을 기록했는데, 분당구에서는 41%로 떨어졌다. 거꾸로 이회창 후보는 분당구에서는 55%를 얻었지만, 다른 두 곳에서는 35%에 그쳤다.

그런데 김대중 이후 민주당은 '호남의 정당'에서 수도권 상위 중산층, 다시 말해 ▲서울과 경기도 대도시에 살고 ▲대기업에 다니는 ▲화이트칼라들이 주도하는 정당으로 정체성이 바뀐다. 2003년 이후 민주당의 변화는 명문대를 졸업하고 학생운동 경력이 있는 80년대 학번-60년대생이 주도하는 정당이 되어 가는 과정이었다.

지금은 586, 당시에는 386이라 불리던 대졸-대기업 회사원의 대군은 1970년대 후반 시작되었던 2차 산업화의 산물이었다. 중화학 공업화는, 대규모 조직이 고도화된 기술을 바탕으로 자본 집약적 시설(즉 대공장)에서 내구소비재나 자본재를 생산하는 일련의 산업들을 만들었다. 이들 대기업이 성공적으로 운영되기 위해서는 전문지식과 기술을 교육받은 대졸자들이 많이 필요했다. 한국노동연구원에 따르면 과학기술자·회계 및 법무 종사자·의료인·언론인 등 '전문 기술직' 종사자는 1973년 28만 명, 1980년 55만 명, 1989년 120만 명으로 급격히 늘었다. 사무직은 1973년 67만 명에서 1980년 120만 명, 1989년 218만 명으로 증가[33]했다. 실제로 삼성, 현대, 대우, 럭키(현 LG 및 GS)의 대졸 신입사원 공채가 언론에 집계돼 보도된 것은 1981년[34]부터다. 늘어난 인력 수요는 대학 정원을 늘려 완전히 새로운 지식을 갖춘 20대 후반 대졸자를 채용하고, 빠르게 승진시키는 방법으로 충당됐다. 2차 산업화의 '첫차'에 올라탄 이들은 2000년대 초 IT 산업 성장과 '바이코리아 펀드' 등 금융투자상품의 대중화를 이끌기도 했다. 그들이 30대 후반~40대 초반이던 2000년대 초, IT나 증권업과 마찬가지로 정치에서도 '혁신'을 하겠다고 나선 것은 꽤 자연스러운 현상이었다.

원래 호남과 386은 동맹 관계였다. 열린우리당 창당은 'DJ*'

---

* 김대중의 영문 이니셜 약칭이다.

없는 호남 정치'의 적자를 노리는 천·신·정과 민주당을 수도권 중산층 정당으로 바꿔 주류가 되겠다는 노무현 직계(및 개혁당계)의 합작이었다. 장신기 연세대 김대중도서관 사료연구담당관은 천·신·정 등 호남 기반의 정치인들에 대해 "기존 구주류에 의해 나타난 호남 내 지역정치의 독점, 낙후, 봉건성을 극복해야 한다는 점에 주안점을 두었다"라며 "당의 새로운 중심이 되려고 한 것"[35]이라고 평가했다. 기실 노무현 대통령이 민주당 후보가 되는 데 결정적인 계기를 마련한 광주 경선부터가 그 동맹 관계의 시작이었다. 1970년대부터 형성된 광주의 운동권들이 노무현 후보를 지지할 것을 결정하고 전폭적으로 밀었기 때문이다.

김상집 이사장은 당시 상황에 대해 "(70년대 학번 모임인) 70 동지회 등에서 노무현 후보를 지지하기로 결정을 내렸다"고 말했다. 광주의 재야세력은 광주일고의 서클 '광랑'(향토반으로 등록), 전남대의 서클 '민족사회연구회' 등에서 시작되었는데 1975년 긴급조치 위반 구속자들의 모임인 민주회복구속협의회로 일찍부터 조직화되어 있었다. 광주 경선에 필요한 조직과 자금도 이들이 만들었다. 대표적인 인물이 박형선 해동건설 회장이다. 〈중앙일보〉는 "노무현 후보의 호남 조직은 두 갈래였다. 핵심 조직은 박형선 씨가 움직였다. 박 씨가 10억 원에 가까운 개인 돈을 써가며 노 후보를 도왔다는 소문이 많이 났다. 민주당이 국민참여경선제를 도입해 1,000원의 당비를 내야 책임당원이 됐는데 박 씨가 당원들을 대부분 만들어 광주 경선을 휩쓸었다"[36]고 보도했다.

박 회장이 돈을 벌게 된 계기는 1978년 설립된 보성기업[37]이다. 광주일고와 전남대를 나온 뒤 노동운동을 하던 이양현 전 5·18부상자회대표가 '동지'인 정상용 전 국회의원을 비롯해 이기승 보성그룹 회장, 박 회장과 함께 시작한 건축 자재 납품업체였다. 마지막까지 전남도청을 지켰던 이양현 씨와 항쟁 지도부 외무위원장이었던 정상용 전 의원이 계엄군에 붙잡혀 징역을 살면서 이기승 회장과 박형선 회장 두 사람이 주도하는 회사가 됐다. 이기승 회장은 장인의 자금을 끌어들여 '오너'가 됐고, 박형선 회장은 2인자 역할을 맡았다. 박 회장은 윤한봉 씨의 매제고, 형은 〈전남매일〉과 〈한겨레〉 기자를 지냈던 박화강 전 국립공원공단 이사장이다. 박 회장의 동생으로 들불야학 활동을 하다 요절한 박기순 씨는 '마지막 시민군' 윤상원 씨와 영혼 결혼식을 맺었다. 광주 재야의 '핵인싸' 집안 출신인 셈이다. 박 회장은 중앙 정계나 언론에 거의 드러나지 않는 인물이었는데, 2011년 부산 저축은행 비리로 징역 6년 형을 선고받으면서 이런 이력이 알려졌다.

하지만 2004년 열린우리당이 국회를 휩쓴 뒤 이 동맹 관계는 곧장 금이 갔다. 사실 '전라도당'의 물을 빼야 하는 386이 보기에 열린우리당 창당을 통해 정리된 동교동계 다음으로 천·신·정 등 호남계 정치인을 타깃으로 삼는 건 당연한 선택이기도 했다. 영화배우 문성근 씨가 2002년 "노무현 후보의 지지율이 하락한 것은 노 후보가 '호남당'의 꼭두각시로 보였기 때문이다. 지지율을 회복할 방법은 '노무현=김대중의 양자'라는 등식을 깨는 것이다.

노무현을 호남당·민주당에서 벗어난 새롭고 참신한 전국정당의 후보로 만들어줘야 한다"[38]고 주장했던 당시부터 예고된 것이기도 했다. 친노 직계들은 "근본적으로 민주당의 호남 중심성을 약화시켜야만 타 지역, 특히 영남 지역에서 세를 넓힐 수 있다는 논리"를 내세웠다. 이 주장에는 기실 1980년대 초 폭발적으로 성장한 대졸자–대기업–화이트칼라 집단의 정당이 되어야 한다는 속내가 깔려 있었다. 부산과 울산·마산·창원 등 '공업화된 경남' 일대에서 제대로 된 유권자 기반이 없는 형편에서 '탈호남 전국 정당화'는 사실상 '수도권 정당화'나 마찬가지이기 때문이다.

이러한 맥락에서 유시민 전 장관이 2002년 광주 경선에 대해 "영남에 자기의 표가 있다는 주장을 통해서 … 호남 유권자의 지지를 얻으려는 … 역설적 논리로 광주 선거인단을 설득하는 데 성공"[39]한 것이라 풀이한 것은 '팩트'라기보다는 노무현의 승리를 온전히 386이 가지고 가겠다는 '해석'에 가깝다. 2017년 개봉한 다큐멘터리 〈노무현입니다〉는 2002년 경선을 소재로 하는데, 광주 경선의 경우 이상에 불타고 헌신적인 노무현 캠프 관계자들의 노력에 광주 유권자들이 응답했다는 식으로 다루어진다. 친노 정치인과 정치 고관여층이 즐겨 사용하는 '기억의 정치'의 수법이기도 하다.

하지만 386의 정치적 기획은 수도권에서의 대규모 지지율 하락으로 파산하게 된다. 무엇보다 호남 출신 이주민의 정당은 계급적으로 관악구 봉천동이나 성남시 중원구에 사는 중하층을 위한 정당이지, 분당구나 마포·용산·성동에 사는 대기업–대졸 중산층의 정당이 아니었기 때문이다. 노무현 정부에서 대기업이 질적·양적으로 급성장하면서 상위 10%와 나머지 90%의 격차가 확대되고, 자산 불평등이 심해졌다. 홍민기 노동연구원 선임 연구위원의 추정에 따르면 상위 10%의 소득 몫은 1999년 32.8%에서 2003년 36.3%, 2006년 46.8%로 뛴다. 자영업자의 몰락도 본격화됐다. 당장 먹고사는 문제가 악화되는 상황에서 정치·사회·언론 영역의 '개혁'만 외치는 중산층 정당으로부터 중하층이 이탈하는 건 자연스러운 선택이었다. 게다가 탈호남 드라이브를 강력하게 거는 민주당에 대해 호남 출신 수도권 거주민의 정당 일체감은 약화될 수밖에 없었다.

중원구의 민주당 지지율 추이는 이를 잘 보여준다. 2004년 총선에서 열린우리당은 42.8%(비례대표 기준)로 압도적인 지지를 받았다. 민주노동당도 15.8%를 얻었다. 한나라당은 25.9%에 불과했다. 2008년이 되면 통합민주당의 득표율은 31.0%로 곤두박질친다. 거꾸로 한나라당은 35.6%로 뛰었다. 2012년에는 70표차 차이로 한나라당이 앞섰다. 동아시아연구원 조사에 따르면 2007년 대선에서 호남 출신 이주민 중 정동영을 찍겠다는 사람은 51.0%에 불과[40]했다. 호남 출신으로 쭉 살고 있는 사람은 8할 가까이가 정동영을 지지한다 답했다. 대구·경북이나 부산·경남 출신자는 어디에 살건 정치적 선호에 큰 차이가 없었다.

앞서 서술한 천·신·정의 결말에서 드러나듯, 호남 출신 신주류는 이러한 '싱황에서 제대로 된 정치적 비전을 제시하지 못했다. 친노 또는 당시 40대에 접어든 86세대도 패배의 원인이 자신들의 정치적 기획에 근본적으로 결함이 있었기 때문이라 인정하지 못했다. 지리멸렬한 계파 싸움은 필연적이었다. 패배만 거듭하는 상황에서 남는 것은 책임 전가나 딱히 설득력 없는 명분을 내세운 '자기 사람 심기' 정도밖에 없기 때문이다.

2015~2016년 민주당의 분당과 국민의당의 호남 석권은 양쪽의 대립 과정에서 대선 후보를 내지 못하는 비노계*가 선택한 탈출구였다. 비노계는 2014년 신당 창당을 준비하던 안철수 국민의당 대표를 민주당으로 끌어들인다. 하지만 2014년 7월 재보궐선거 참패로 당내 주도권을 상실했다. 친노계는 2015년 당 대표가 된 문재인을 중심으로 2016년 총선에서 대규모 현역의원 교체를 하겠다는 '혁신안'을 내놓았다. 당시 새정치민주연합 혁신위원이었던 조국 전 법무부 장관은 "호남에서 의원 40%는 물갈이를 해야 한다"[41]고 선언하기도 했다. 다선 의원 공천 배제 방침도 밝혔다. 사실상 비노계를 다수 숙청하고, '문재인당'으로 총선을 치르겠다는 이야기였다. 호남계 의원들과 비노의 주축이었던 김한길계 그리고 안철수가 당을 떠나 국민의당을 창당하는 건 필연적이었다.

한 가지 흥미로운 것은 호남에 대한 당시 친노계의 관점이다. 조국 당시 혁신위원은 2015년 7월 자신이 관여한 혁신안과 관련해 간담회를 가진 자리에서 "내가 호남 사람이라도 새정치연합을 안 찍는다. 돈 대주고, 힘 대주는데 의사결정에선 소외된다

---

* 옛 천·신·정의 계보에서 이어지는 계파를 뜻한다.

고 여긴다면 찍을 이유가 없다"[42]고 발언했다. 김욱 서남대 교수는 이에 대해 "현 새정치민주연합은 호남이 돈과 힘을 결정적으로 대주고 있다. 하지만 새정치민주연합에 호남의 의사가 반영될 여지는 없다. … 불만을 가진 호남인들을 대변하는 천정배를 도와줘도 좋을 것이다. 총선이 끝나면 천정배에 의해 결집된 불만을 가진 호남이 어디로 가겠는가?"[43]라는 뜻이 아니냐고 비판했다. 중앙 정치권력을 잡기 위해서는 아무리 불만이 있어도 민주당의 손을 잡을 수밖에 없다는 게 호남의 이해관계고, 그걸 잘 아는 조국과 혁신위는 대규모 물갈이를 통해 호남의 지역정치를 장악하겠다는 무리수를 내놓았다는 이야기다.

2016년 민주당이 광주·전남·전북의 28개 의석 가운데 단 3석만을 건지며 패배한 것은 민주당의 '주인'에서 '하위 파트너'로 격하되는 것을 거부한 이 지역 유권자들의 반발 때문이라 할 수 있다. 탈당파가 만든 국민의당이 23석으로 호남 1당의 지위를 차지했고, 새누리당도 전북에서 20년 만에 당선자를 내며 2석을 얻었다. 하지만 2017년 대선에서 호남은 '되는 사람'이었던 문재인 후보와 더불어민주당 지지로 돌아섰다. 호남의 340만 표 가운데 문재인은 210만 표(61.7%)를 얻은 반면 안철수는 95만 표(28.0%)를 확보하는 데 그쳤다. 이 지역은 다시 확고부동한 민주당의 기반으로 돌아섰다. 2020년 총선에서 국민의당을 탈당해 무소속으로 출마한 이용호 의원(남원·임실·순창)을 제외한 27곳에서 모두 민주당이 승리했다. 2016년 총선에서 민주당에 남아 패배를 맛봤던 이들이었다. 당시에도 이미 3선 이상의 중진 의원이 주축이었던 국민의당 후보들은 '호남 자민련'* 이외에 보여줄 게 없었으니, 여당인 민주당을 찍는 게 합리적인 선택지였다. 2016년 국민의당이 호남에서 승리하자 지역 민심을 다잡기 위해 한동안 문재인 대통령의 부인 김정숙 씨가 주말마다 광주를 찾아 각계 인사를 만나고 다니는 등 586들의 호남 구애도 계속됐다.

2021년 민주당 대선 후보 경선의 유력 주자는 경상북도 안동에서 1976년 성남시 중원구로 이주한 이재명 경기도지사와 52년생-70학번으로 '광주일고 출신의 재경 호남 엘리트'의 전형을 보여주는 이낙연 전 총리였다. 기본소득 등 이재명 지사의 주요 정치 어젠다는 수도권에 거주하는 저소득층이나 장·노년층을 겨냥한다. 사실상 경기도에 살고 있는 호남 사람들을 기반으로 하면서, 그들을 '호남'이란 정체성으로 호명하지 않는다. 이낙연 전 총리는 전남도지사를 역임하긴 했지만 그의 선거 캠프 핵심 인물들을 보면 친문재인계가 강하고, 60대 중반에 접어든 광주일고 출신 재경 엘리트가 다수였다. 호남의 지역정치와 민주당 중앙정치가 계속해서 분리되어 있고, 이에 따라 호남 지역정치의 실리 추구 성향이 강화될 것임을 시사한다.

취약한 대안

호남에서 민주당의 지역패권적 지위가 유지되는 이유 중 하나

---

* 김종필이 1995년에 만든 정당이다. 김종필은 충청도가 여당인 민주자유당 내에서 홀대받고 있다는 '충청도 핫바지(시골 사람을 얕잡아 부르는 말)'론을 내세워 창당 직후 치러진 지방선거에서 대전과 충남·충북을 휩쓸었다. 하지만 수도권 등으로 세력을 넓히지는 못했고, 2000년 이후 급속히 쇠락했다.

는 경쟁 세력, 특히 보수정당이 존재조차 희미하기 때문이다. 보통 보수정당이 힘을 못 쓰는 이유로는 국민의힘의 뿌리가 전두환의 민주정의당이라는 것, 1992년 '부산 초원복집 사건'처럼 지역감정을 선동해 이득을 본 정치 세력이라는 것 등이 거론된다. '영남당'을 호남이 찍을 이유가 있냐는 것이다. 지난 2020년 김종인 당시 국민의힘 비상대책위원장이 광주 망월동 5·18 묘역을 방문해 무릎을 꿇고 사과의 뜻을 보인 행동 등은 이러한 인식을 바꾸기 위해서다.

하지만 보수정당이 여전히 5%에 못 미치는 득표율을 기록하는 데에는 호남 내부의 지역정치에서 보수가 설 자리가 없다는 사정이 있다. 거기에 더해 보수 세력의 주요 정치인이나 이데올로그, 보수 성향의 지식인 중 호남문제에 대해 제대로 된 담론을 내놓는 사람이 없다는 점도 있다. 기실 두 가지는 밀접하게 연관된 문제다. 호남문제에 대해 설득력 있는 담론이 없다 보니 지역에서 활동할 사람을 확보할 수 없고, 지역에서 활동하는 사람이 없다 보니 호남문제에 대한 이해가 떨어진다.

천하람 국민의힘 순천·광양·곡성·구례갑 당협위원장은 호남에서 보수정당이 표를 전혀 얻지 못하고 있는 원인에 대해 "지역 유권자들이 자신들의 문제를 해결하기 위해 찾아갈 수 있는 곳이 되지 못하기 때문"이라고 진단한다. 천 위원장은 1986년생으로 대구 출신이다. 고려대 법대와 로스쿨을 나와 변호사로 일하다 2020년 국민의힘(당시 미래통합당)에 입당했다. 원래 인천 연수구을 선거구에서 공천을 도모하다 순천행이라는 승부수를 던졌다. 그는 "저희 당(국민의힘)에 광주·전남에 대한 어떤 정책 이슈 또는 대형 어젠다가 있는지, 그 부분에서 공략거리를 어떻게 찾을 수 있을 것인지 아는 사람이 아무도 없을 것"이라고 말했다. "가령 전남에 의대가 한 곳도 없어서 문제라는 걸 아는 국민의힘 의원이 있을지 의문"이라는 것이다.

천 위원장은 변호사인 부인과 함께 순천에 법률사무소를 내고 운영해 생계를 꾸리고 있다. 1년간 거의 맨땅에 헤딩하다시피 하면서 지역에 뿌리를 내리는 중이다. 그를 도와주는 사람들이 없지는 않은데, 상당수는 민주당원이다. 정치권에 이해관계가 있는 사람들은 민주당에 가입해 네트워크를 쌓을 수밖에 없어 벌어지는 현상이다. 이 지역은 이정현 전 의원이 2014년 재보선에서 승리한 곳이다. 이 전 의원이 꾸린 조직이 있긴 하지만, '곡성 출신의 개인 이정현'을 지지하는 일종의 응집력 센 팬클럽이지 국민의힘 공식 조직이나 보수당 지지자 집단이 아니다.

그나마 순천의 경우 섬진강 생활권으로 광주·목포 등 영산강 생활권과 거리가 있고, 광양 등에 위치한 공장에서 일하기 위해 이주해온 외지인이 있어서 사정이 나은 편이라 할 수 있다. 주동식 위원장이 있는 광주 서구갑은 300명의 당원 가운데 어느 정도 활동하는 사람이 10명 남짓에 불과하다. "당협위원회 간부를 맡을 정도의 사람은 그보다 적다"고 주 위원장은 말했다. 주 위원장은 노동운동가 출신으로 지역평등시민연대를 만들어 활동하다 국민의힘에 입당해 2020년 총선에 출마했다. 당시 총선에서 미래통합당(현 국민의힘)은 호남 28개 선거구에서 10명의 후보만을 세웠다. 천하람, 주동식 위원장을 제외하면 8명밖에 되지 않는다. 정치권이나 시민단체, 심지어 언론인들에게 '국민의힘 관계자 중 활발히 활동하는 사람이 누구냐'고 물었을 때 '모르겠다'는 답변을 계속 들었을 정도로 활동하는 사람이 없다. 주 위원장은 현재 민주당 일색의 지자체 의사결정에 불만이 많은 광주 시민들과 연계하는 등 외곽 사업으로 활로를 찾아보려고 하고 있다. 무등경기장(현 기아 챔피언스필드) 옆의 옛 전남·일신방직 공장 부지에 복합쇼핑몰을 유치하자는 운동 등이다. "중앙당에서 관심을 기울인다지만 실질적인 지원은 없는 형편"이라며 "2022년 대선에서 패배할 경우 지금 보이는 관심도 끊어질 수 있다"고 그는 우려했다.

사실 보수는 호남문제에 관심이 없었다. 반도의 '흑인'인 호남에 대해 '백인'인 영남이 특별히 이해할 필요가 없었기 때문이다. 1987년 이후 선거에서도 호남의 지지를 구할 필요가 없었다. 주 위원장은 "우파의 호남 관련 발언이 호남 혐오 코드인 '일베'를 통해서만 표출될 수 있었던 것은, 그동안 우파가 호남문제에 관심이 없었기 때문"이라고 지적한다.

호남에 대해 약간의 관심을 가진 보수 성향 지식인들도 지역문제를 제대로 알지 못하고, 본인들의 이데올로기적 지향점에 호남을 끼워 맞추는 데 그치는 경우가 많다. 2021년 7월 호남대안포럼이 주최한 행사에서 김태기 교수가 '지역 경제발전, 무엇이 가로막나'라는 주제로 강연한 것[44]이 대표적이다. 김 교수는 이 강연에서 "(호남 경제는) 수출한다든지 그런 의지가 없다. 향토

기업 지원 조례 등을 가지고 향토기업을 지원한다는데, 그만큼 배타적이다"라며 배타성과 의지 부족을 호남 경제가 낙후한 원인으로 분석한다. 그의 주장은 민주당과 운동권 기득권을 깨야 한다는 결론으로 이어진다. 그런데 1950년대부터 산업화에 소외되었던 호남 사람들이 보기에 저런 해석은 '전형적인 호남 비하'로 여겨질 수밖에 없다. 호남이 바뀌어야 한다고 말하는 '중앙'의 우파 성향 인물들에게 지역 사람들이 냉소적인 시각을 보내는데는 합당한 이유가 있다고 보아야 할 것이다.

사정이 이렇다 보니 민주당에 불만이 많으면서도, 중도 내지는 우파 성향을 가진 이들은 제대로 조직화되지 않고 세력을 형성하지 못한다. 이를 잘 보여주는 게 윤석열 전 검찰총장 지지 조직인 공정사회연구원의 행보다. 공동 대표인 윤택림 전남대 교수 (전 전남대 병원장)는 광주시 시정자문회의 사무총장을 맡는 등 지역사회에서 영향력 있는 인물이고, 양혜령 씨는 치과의사로 민주당 소속 광주시 동구 의회 의원을 지낸 뒤 지역 정가에서 활발히 활동해왔다. 이들은 윤 전 총장이 국민의힘에 입당했을 때 "호남의 조직이나 인사와 최소한의 협의 없이 급작스럽게 입당한 데 대해 많은 아쉬움이 있지만 원칙적으로 국민의힘 입당을 지지한다"는 어정쩡한 성명서를 발표[45]했다. 또 국민의힘에 입당하지 않겠다는 입장도 밝혔다. 주 위원장이 연계하는 외곽 조직 중 하나인 호남대안포럼의 경우 국민의당이나 예전 바른미래당(즉 시장주의 우파) 정도의 입장을 가진 이들이 많다. 채명희 상임대표는 광주 동구 의회 의장을 지낸 국민의당 광주시 지역 간부이고, 공동대표인 정기화 전남대 교수는 보수 성향의 경제학자다.

결국 지역 내 불만 세력들에게 있어 국민의당 정도가 이들이 갈 수 있는 '오른쪽 경계선'인 셈이다. 사실상 양대 정당 구도인 한국 정치에서 설 자리가 협소할 수밖에 없다. 2022년 대선 여론 조사에서 국민의힘 정당 지지가 예전보다 높아지고 있다고 하지만, 보수정당이 기층 조직과 자체적인 호남 담론을 만들지 않는다면 아직 이곳에서 지역 내 정치 세력으로 '존재감'을 얻기란 어려워 보이는 이유이기도 하다.

지역정치의 정체와 낙후

호남 지역정치의 현주소를 보여주는 사건이 있다면 2018년 지방선거 당시 민주당의 광주시 의원 청년 비례후보 공천이다. 전국 최초로 광역 비례의원에 청년 몫을 주었기에 상당한 관심을 모았다. 그런데 응모자는 단 2명이었다. 원래 지역구 출마를 준비하다가, 해당 선거구가 여성 후보 몫으로 지정되면서 청년 비례로 방향을 튼 차승세 노무현재단 광주지역위원회 기획위원장(1977년생, 당시 41세)과 별다른 당내 활동이 없던 상황에서 언론을 통해 청년 비례후보 지원자를 받는다는 소식을 접하고 응모한 최영환 광주시 체육회 사무장(1984년생, 당시 34세)이었다. 최 씨는 필리핀 퍼시픽인터컨티넨탈칼리지를 졸업하고 아시아문화원과 광주시 체육회 등에서 계약직으로 일해왔다. 재력이 있는 부친이 민주당 내 인사들과 네트워크를 갖고 있다. 정치 이력이나 학력을 공개하지 않은 채 프레젠테이션만 보고 300명의 시민 심사위원단이 후보를 뽑는 방식으로 진행한 경선에서 최후보가 승리했다.

이렇게 좋은 기회에 단 2명만 응모한 데에는 이유가 있었다. 바로 당시 민주당 최고 실세인 L 의원의 측근 A 씨가 움직인다는 풍문에서였다. 정확히는 A 씨의 자녀가 청년 비례대표 후보로 나서려고 한다는 것이었다. "청년 비례후보를 뽑겠다고 발표했을 때만 해도 많은 사람들이 관심을 보였다. 하지만 A 씨의 자녀가 출마하려 한다는 소문이 돌자 다들 응모를 단념했다"고 한 민주당 관계자는 말했다. 광주시당 내 청년 정치인이라 할 만한 이들에게 권유가 들어갔지만 다들 손사래를 쳤다. 어차피 안 될 승부인 데다가, 괜히 응모해서 경합이 붙으면 L 의원과 척을 지는 결과를 낳게 될 거라는 우려에서였다.

이 사건은 민주당 중앙정치에 종속된 광주의 지역정치와 주류 정치인들의 위세에 눌려 제 목소리를 내지 못하는 지역 정치인들의 현실을 보여준다. 앞서 소개한 촘촘하게 짜인 조직망을 가동할 수 있는 이는 중앙정치의 실세나 그들과 동맹 관계인 국회의원들이다. 지역 정치인들이 이들과 다른 목소리를 내기란 사실상 쉽지 않다. 게다가 여러 네트워크로 중첩되게 얽혀 있는 지역사회에서 대세를 거스르는 것은 상당한 정치적 손해를 각오해야만 하는 일이다. 지역정치가 스스로 대안을 만들지 못하고 대세 순응적인 정치 문화를 보이는 이유다. 이렇다 보니 새로운 시대 정신을 가진 정치인이나 정치 세력이 등장하기 어렵다. 언제나 '뉴 DJ' 역할을 할 정치인이 필요하다는 레토릭은 넘쳐나지만,

정작 그가 기존 주류 정치를 극복하면서 정치적으로 성장했다는 점은 거의 언급되지 않는 게 현실이다.

지역 정가에서 만난 사람들은 한결같이 "광주는 다른 지역보다 훨씬 더 늦게 586이 자리를 차지했다"고 말했다. 수도권보다 세대교체가 10년 이상 뒤처진 것은 경쟁이 없고 꽉 막혀 있는 지역 정계에서 윗세대가 자리를 비켜주지 않았기 때문이다. 박주선, 장병완, 김동철, 강기정 등 2004~2010년 초선 의원이 된 이들이 2016~2020년 정리되고 물갈이가 되면서 그나마 586들에게 숨통이 트였다. 전대협 4기 의장 출신인 송갑석이 2020년 총선에서야 자리를 잡은 게 대표적인 예다. 이렇다 보니 시의원도 586 일색이다. 23명 중 14명이 1960년대생이고, 4명은 1950년대생이다. 30~40대 초반에 당선된 사람은 2명에 불과하다. 구의원도 별반 다를 게 없다는 게 민주당 관계자들의 설명이다.

한창 경력을 쌓고 정치인으로 성장해야 할 40대가 많지 않다 보니 지역정치의 미래가 어둡다는 이야기가 나온다. 별다른 청년 조직이 없고, 조직 위주의 정치 문화가 득세하는 까닭에 30대 정치인도 주목받는 이는 몇 없다. 민주당이라고 손을 놓고 있는 건 아니라서 2021년 6월 12주짜리 청년 정치인 교육 프로그램인 '더 로컬 지역정치학교'를 시작했다. 광주에서는 다른 지역보다 훨씬 많은 40명이 참석했다. 변화에 대한 욕구는 강하지만, 정치 환경이 뒷받침해주지 못하는 실태를 방증하는 셈이다.

이 와중에 호남이 민주당에 갖는 영향력은 점차 약해지고 있다. 2021년 5월 민주당 전당대회는 호남의 퇴조와 친문, 즉 수도권 중산층 당원의 강력한 영향력을 보여주는 사건이다. 대표적인 친문이자 친조국 인사인 김용민 의원이 17.73%로 가장 많은 표를 얻어 최고위원에 당선됐다. 2등인 강병원 의원(17.28%), 3등인 김영배 의원(13.46%) 모두 친문 강성 당원들의 몰표를 받았다. 반면 유일한 호남 정치인인 서삼석 의원(11.11%)은 6위로 탈락했다. 서 의원은 권리당원에서 불과 9.95%의 득표율만 기록했을 뿐[46]이다. 서 의원이 탈락한 것은 다른 호남 의원들이 뭉치지 않고 계파와 이해관계에 따라 이합집산했기 때문이다. 인터넷 권리당원의 세가 세지면서 호남표의 영향력이 약해진 것도 또 다른 배경이다. 윤태곤 의제와전략그룹 더모아 정치분석실장은 "강성 지지층의 영향력이 높아지면서 동시에 호남 지지층도 떨어져 나가고 있다는 것을 보여준다"고 풀이했다.

지역정치 내부의 정체와 낙후 그리고 민주당에 대한 영향력 약화는 2021년 이른바 '호남 정치'가 안고 있는 문제의 핵심이다. 사실 두 사안은 긴밀하게 얽혀 있다. 지역 정치권이 스스로 대안을 만들지 못하고, 전국적으로 공감을 불러일으키는 이데올로기를 창조하지 못하며, 그 결과 새로운 리더십이 등장하지 못했기 때문에 민주당 내에서 호남의 영향력은 계속 축소되었다. 그런데 민주당 내에서 영향력이 약해지고, 수도권 상위 중산층에 기반한 정치 세력의 하위 파트너로 전락하는 과정은 지역정치의 정체와 사람과 담론이 바뀌지 않는 동맥경화를 강화한다. 중앙정치 세력 중 이득을 가장 많이 줄 법한 이를 전략적으로 선택하고, 한데 몰려가 '킹메이커' 노릇을 한 대가로 받는 것은 지역 정치인들의 기득권 보장에 그칠 뿐 그 이상도 이하도 아니기 때문이다. 수도권 이주민을 레버리지 삼았던 호남의 정치적 영향력이 급격히 약해지는 상황에서, 지역정치의 정체가 계속될 경우 호남이 민주당의 '2대 주주'나 '전주錢主'로 계속 남을 수 있을지 의문이 들지 않을 수 없다. 어찌 본다면 전통적인 호남 정치의 '위기'는 이제 시작 단계에 접어들었다고 봐야 하지 않을까.

4장

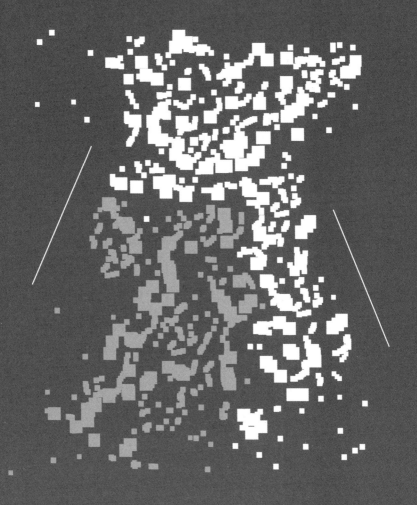

부패와
무능의 도시

금남로 전일빌딩은 1990년대까지 광주의 랜드마크 역할을 했던 건물이다. 10층 건물 옥상에 올라서면 옛 전남도청을 중심으로 구도심 전역이 한 번에 보인다. 그런데 그 풍경은 광주가 안고 있는 구조적인 부패와 무능을 상징하는 것이기도 하다.

　바로 앞에는 현재 5·18민주평화기념관이 자리한 옛 전남도청과 그 뒤에 빼곡히 나무가 들어찬 숲 같은 지역이 있다. 대형 종합전시·공연시설인 국립아시아문화전당이다. 지하로 파내려가 건물을 집어넣고 전남도청을 부각시키는 형태를 취했는데, 밖에서 전혀 눈에 띄지 않는 외관만큼이나 존재감이 없다. 7,000억 원가량을 투입해 건물만 지었을 뿐, 성과는 미비하고 CEO 역할을 할 기관장 자리도 몇 년째 공석으로 표류 중이다. 지방의 '메가 프로젝트'가 실패한 사례를 대표적으로 보여주는 건물인 셈이다.

도청 건너편 무등산 정상 천왕봉 쪽에는 저 너머 오렌지색 고층 건물들이 서 있다. HDC현대산업개발이 2017년 지은 1,410세대 규모의 무등산아이파크 1차 아파트 단지다. 2021년 6월 철거 중이던 건물이 무너지면서 정차해 있던 버스를 덮쳐 9명이 죽고 8명이 중상을 입은 사고가 일어난 곳이 바로 이 옆이다. 2,300세대 규모의 무등산아이파크 2차 재개발사업 현장이었다. 이 사고로 구도심 재개발사업에 얽힌 부패의 연결고리가 드러나기 시작했다. 무등산아이파크는 전일빌딩에서 보았을 때 유일하게 무등산 능선의 공제선(스카이라인)이 가려지는 곳이다. 이 지역 어디에서나 보장되던 무등산 조망권이 고층 아파트에 훼손되고 있음을 보여준다. 오렌지색 건물이 지역사회에 깊게 똬리 틀고 있는 부패를 상징하는 이유다.

현재 이 지역 사람들이 안고 있는 두 가지 문제가 있다면 '호남은 왜 여전히 낙후되어 있는가'와 '어떻게 새로운 돌파구를 찾아야 하는가'일 것이다. 적어도 정치 영역에서 호남이 받던 차별은 1998년 김대중 정부 집권으로 상당 부분 사라졌다. 민주당은 더는 '호남당'이 아니게 되었지만, 2002년 노무현 정부와 2017년 문재인 정부에서 주된 지지 기반이자 파트너로 적잖은 지분을 보장받았다. 그리고 이는 호남 경제에도 도움이 됐다. 별 연고가 없던 현대자동차그룹이 해체 위기에 몰린 타이거즈 야구단을 인수하고, 기아차 광주공장 생산량을 대폭 늘리며, 나아가 광주형 일자리 사업에 참여한 데에는 상당 부분 정치적 고려가 있었다. 삼성전자 가전제품 공장도 마찬가지다. 민주당이 집권할 때마다 상당수 정부 요직, 특히 돈줄을 쥔 자리에는 호남 출신이 선임되었으며 이들은 고향에 보답을 해왔다.

그럼에도 오늘날 호남 경제는 취약하고, 낙후되어 있다. 정치권력에 의지해 대형 프로젝트와 관련된 예산을 따내고 기업 투자를 유치하는 데 급급할 뿐 자생적인 성장 능력은 여전히 미비하다. 노무현 정부 시절 시작된 아시아문화중심도시 조성사업은 제대로 된 성과를 내지 못했다. 문재인 정부 시절 제 궤도에 오른 광주형 일자리가 만들어낸 차량(캐스퍼)은 경차 시장에서 상당한 인기를 끌고 있지만, 사업 전망에 물음표가 따라다닌다. 광주라는 도시는 산업이 성장하지 않고, 외부 자본이 유입되지 않으며, 기업들이 생겨나지 않는다. 낙후 지역으로 남아 계속해서 가라앉고 있다. 탈공업화가 진전되면서 영남 등도 똑같이 어려움을 겪고 있어 도드라져 보이지 않을 뿐이다.

호남이 자체적인 성장 역량을 갖추는 데 실패한 근본적인 이유는 이 지역의 정치·경제·행정의 운영 시스템이 제대로 작동하지 않기 때문이다. 이른바 거버넌스governance*의 결함이다. 적합한 발전전략을 세우지 못하고, 이를 장기간에 걸쳐 수행하는 역량이 없으며, 성과를 평가하고 자원을 재배분하지 못한다는 이야기다.

외부의 대자본, 지역 기업가, 토호라 불리는 자산가와 지역 정치인들의 기득권만을 극대화하는 부패도 심각하다. 여기서 부패

---

* 　　민관을 아우르는 사회적 통치 시스템을 말한다.

는 뇌물이 오간다거나, 특혜와 부정이 판을 친다는 것만을 의미하지 않는다. 기득권의 경제적 지대economic rent*를 위해 제도가 운용되며, 시민은 배제되는 '구조적인 부패'에 가깝다. 기득권의 이익 극대화를 위해 의사결정이 왜곡되는 것에서부터 부패가 시작된다. 그래서 구조적인 부패는 '구조적인 무능함'을 낳는다. 개발도상국이 좀처럼 성장을 하지 못하고, 후진국에 대한 선진국의 개발원조가 실패를 거듭하는 이유에 대해 학자들은 구조화된 부패와 무능이 원인이라 지적한다. 광주를 비롯한 호남도 개발도상국, 대개 피식민지 경험이 있는 나라들과 비슷하게 이와 같은 문제를 안고 있다.

결국 호남에 내생적 성장 역량이 결여된 원인 중 하나는 후진적인 거버넌스다. 제아무리 외부에서 지원을 해준다 해도 기득권의 이익을 극대화하는 방식으로 자원이 할당되고, 발전전략의 입안-실행-평가가 제대로 이루어지지 못할 경우 실패할 수밖에 없다. 지난 몇 년간 광주라는 도시 안에서 일어났던 여러 사건들은 이를 잘 보여준다.

학동 참사가 보여주는 지역의 부패

2021년 6월 9일 오후 학동 4구역 재개발 지구에서 5층 높이의 건물 잔해와 토사가 한꺼번에 대로변으로 쏟아져 버스 정류장에 정차해 있던 운림 54번 버스를 덮쳤다. 건물 윗부분부터 단계적

---

*　　　독점적 지위에서 발생하는 이익을 말한다.

으로 철거해야 하는 기본 원칙을 무시하고 2~3층 부분을 파내려가 한 번에 벽체가 무너지게 하려다, 3층 높이까지 쌓아올린 토사가 밀려나가며 발생한 사고[1]였다.

참사가 발생한 일차적인 원인은 실정법을 위반하고 재재하청을 맡기면서 공사비용이 첫 발주금액의 7분의 1 수준으로 줄어든 데 있다. 현대산업개발은 일반 철거 업무를 한솔건설에 맡겼는데, 한솔건설은 백솔건설이라는 업체에, 백솔건설은 아산개발이라는 업체에 연쇄적으로 하도급을 주었다. 또 한솔건설은 현장 감독 업무를 다원이앤씨에 외주를 주었다. 그 과정에서 1평(3.3㎡)당 28만 원으로 책정되었던 해체 공사비는 평당 4만 원으로 쪼그라들었다. 다단계 하청을 통해 공사비가 깎인 상황에서 원가를 맞추기 위해 무리한 방법으로 철거가 이루어졌다. 안전에 대한 고려는 뒷전이었다.

그런데 학동 참사 현장처럼 무리한 가격 후려치기가 이루어지는 재재하청은 드물다. 가격을 너무 낮추다 사고나 하자가 발생하면, 결국 불법으로 재하청을 준 업체로 불똥이 튀기 때문이다. 2006년 건설산업연구원 조사[2]에 따르면 하도급이 한 단계 이루어질 때마다 공사비의 10-15% 정도를 수수료로 떼거나, 선문건설업 면허가 없는 업체에 면허를 빌려주고 5%를 받는 것이 대부분이었다.

게다가 중간에 끼어 있는 다원이앤씨는 '철거왕'이라는 별명이 붙은 이금열 씨의 다원그룹 계열사다. 이 씨가 이끄는 다원건설(옛 적준건설)은 재개발 현장에서 대단히 폭력적인 방법으로 철거를 밀어붙이는 것으로 악명이 높았다. 밀어붙이기식 철거에 힘입어, 한때 철거용역 시장에서 수주율 80%를 차지[3]하기도 했다. 이 씨는 건설사를 인수해 시공·분양으로 사업을 확장하려다 횡령·뇌물공여 등 1,000억 원대 비리로 5년 형을 살다 몇 해 전 출소했다. 2020년 최측근인 모래내파 부두목 박모 씨가 7년 만에 체포되면서 다시 검찰 수사[4]가 이루어지기도 했다. 다원이앤씨는 석면 철거 공사를 수주했고, 한솔건설과 주요 임원이 같아 실제로는 한 회사가 아니냐는 의혹을 받고 있다. 학동 4구역은 노후화된 저층 단독 주택이 많은 지역으로 세입자 수가 적었다. 일반적인 상황이었다면 공사 하도급 내역도 모두 관리하는 원청 업체가 나서지 않을 수 없을 정도로 비정상적인 하도급이었다는 이야기다.

이 비정상적인 재재하청의 핵심에 선 인물이 조종진 학동 4구역 재개발조합장이다. 몇 년 전부터 '동구의 대통령'[5]이라고 불릴 정도로 조 조합장은 학동과 동구 일대에서 위세를 떨쳐왔다. "동구청 직원들이 딸싹을(꼼짝을) 못 한다"고 한 학동 4구역 조합원은 SBS 〈그것이 알고 싶다〉와의 인터뷰에서 말했다. 조 조합장은 무등산아이파크 1차가 들어서 있는 학동 3구역 재개발조합장이었다. 학동 3구역 재개발조합이 사업종료로 해산된 뒤, 2018년 선거를 통해 전 조합장을 내쫓고 새로 4구역 조합장이 되었다.

그가 '대통령'이라 불릴 정도로 성장한 것은 재개발사업을 매개로 '돈줄'과 '정치적 연줄'을 동시에 잡았기 때문이다. 원래 그는 학동 3구역에서 한식당을 운영했던, 어느 정도 재력이 있는 자영업자였다. 본격적으로 큰돈을 만지게 된 것은 2007년 설립된 학동 3구역 재개발조합장을 맡으면서다. 광주의 정치인, 시민단체 관계자, 언론인들은 조 조합장이 학동 3구역 재개발사업 성공으로 적잖은 이권을 챙겼을 것으로 짐작한다. SBS도 그와 그의 가족들이 광주 일대의 부동산을 매입한 사실을 거론했다.

조 조합장은 2008년 총선에서 동구에 출마한 박주선 전 의원의 주요 조직책을 맡으면서 지역정치에도 힘을 발휘하기 시작했다. 한 민주당 관계자는 "조 조합장은 장례식장을 하는 K 씨와 함께 박 전 의원의 측근"이라고 귀띔했다. 2010년에는 동구 의원으로 당선돼 부의장을 맡았다. 2012년 박 전 의원의 민주통합당 경선 과정을 돕다 선거법 위반으로 징역 8개월에 집행유예 2년을 선고받고 의원직에서도 물러나야 했지만, 민주당과 동구 내에서 그의 위상은 큰 변화가 없었다. 당시 사건은 박 전 의원 편에 섰던 전직 동장이 불법 선거운동을 벌이다 현장에서 적발되자, 투신해 사망한 건이다. 조 조합장 이외에도 유태명 당시 동구청장을 비롯한 박 의원의 측근이 대거 실형을 선고받고 자리에서 물러나야 했다. 하지만 박 전 의원은 대법원까지 가는 소송전 끝에 징역 2년을 선고받았던 1심 결과를 벌금 80만 원으로 뒤집는데 성공했다. 또 2012년 무소속으로 출마해 재선했으며, 2016년에는 새정치민주연합을 탈당해 국민의당 후보로 3선을 했다. 2020년 4월까지 동구는 '박주선 천하'였던 셈이다.

동구 이회 의원 시절에도 그는 학동 3구역 조합장 자리를 놓지 않았다. 학동 재개발사업은 정치적 영향력을 갖추게 하는 '실탄'

의 공급처이자, 정치적 영향력을 금전으로 바꿀 수 있게 하는 공장과 같았기 때문일 것이다. 박주선 전 의원의 핵심 지역참모라는 지위가 이것을 가능케 했다는 건 불문가지다.

이 재개발사업에 함께하면서 '무력'을 담당한 사람이 바로 문흥식 전 5·18구속부상자회 회장이다. 2018년 조 조합장이 기존에 '바지사장'으로 앉혔던 전임 조합장을 내쫓고 신임 조합장으로 선출되는 과정에서 문 씨는 건장한 청년 30명을 동원해 선거성사를 도왔다. 이 선거는 조합장 겸임금지 규정에 3구역 조합장이었던 그 대신 아들이 이사로 파견돼 '간접통치'를 해왔던 불편함을 해소하는 것이기도 했다. 기우식 참여자치21 사무처장은 문 씨에 대해 "학동 3지구 부동산 정비업체인 미래파워의 호남지사장이었고, 학동 4지구의 개발 과정 초기에는 지사장, 이후에는 고문 자격으로 개발사업에 개입해왔다"[6]고 설명했다. 문 씨는 미래파워와 별도로 재개발·재건축 대행업체 미래로개발을 설립해 자기 사업을 벌였다.

문 씨는 원래 학동에서 활동하던 건달이었다. 1987년 결성된 폭력조직 신양OB파에 가담해 행동대장을 거쳐 부두목이 됐다. 두목인 이모 씨가 활동을 하지 않고 있어 문 씨는 실질적인 톱이다. 신양OB파는 양은이파, 서방파와 함께 1980년대 3대 조직이었던 OB동재파의 후신[7]이다. 충장OB파가 형제뻘이다. 문 씨가 재개발사업으로 돈을 번 것은 학동 3구역이 시작이라고 알려져 있다. 지역사회 일각에서는 문 씨가 다른 지역 아파트 개발사업에도 관여하고 있다는 의혹을 제기한다. 북구의 몇몇 대규모 개발지역 같은 곳이다.

2019년 12월 문 씨는 5·18구속부상자회 회장에 당선됐다. 5·18 조직 내부의 분열과 전임 집행부의 비리 의혹 문제가 불거지면서 마땅한 회장감이 없자 문 씨에게 자리가 돌아간 것이다. 그가 회장에 당선된 것은 시민군으로 적극적인 역할을 했다거나, 평소 지역사회에 기여한 이력이 있어서가 아니다. 애초에 문 씨가 유공자가 된 것은 2017년 인우보증을 통해서였고, 그것도 부상 등급이 가장 낮은 14등급이었다. 그는 평소 "시위하는 것을 구경하러 나갔다가 계엄군에게 끌려가 구타 등을 당했다"고 주장해왔으나 이전 보상심의에서 거푸 탈락했다. 이런 문 씨가 5·18 단체의 대표라는 상징성을 얻은 것은 역설적이게도 전두환 씨 덕분이었다. 2017년 전 씨가 회고록에서 5·18에 대해 "'폭동' 이란 말 이외에는 달리 표현할 말이 없다"라며 북한 개입설을 주장하자, 관련 단체가 상경해 오랫동안 시위를 벌였다. 문 씨는 이때 유가족들에게 밥을 사주고 제반 경비를 부담하는 등의 일을 맡으며 5·18구속부상자회에서 빠르게 자리를 잡게 됐다. 그리고 회장이 되자 그 상징성을 사업에 적절하게 활용하기 시작했다.

이들은 철거 과정에서 다각도로 공사비를 부풀려 받았다는 의혹을 받고 있다. 일부만 재하청 업체에 지급하고, 나머지 금액을 고스란히 챙겼다는 것이다. 앞서 소개한 학동 4구역 조합원 A 씨는 재개발조합이 석면 철거 면적을 부풀리고, 수도·전기·가스 등 이른바 지장물 철거 공사를 허위로 만들고, 아파트 완공 후 기반시설 공사를 설계 당시 17억 원에서 5배 이상 부풀린 94억 원에 계약하는 등의 수법을 썼다고 주장했다. 석면 철거를 맡은 다원이앤씨는 문흥식 씨에게 3억 원의 금품을 준 것[8]으로 경찰 수사 과정에서 밝혀졌다. 또 1980년대 문 씨와 같이 학동에서 활동했던 '선배' 이모 씨는 철거업체 선정 알선 명목으로 수억 원을 수수한 혐의로 구속[9]됐다.

조 조합장과 문 씨의 이 같은 '사업'에 관官의 지원이 빠질 수 없다. 그들은 동구청과 경찰을 자기편으로 만들었다. 당시 동구청 담당 계장은 자격이 없는 업체가 철거 감리를 맡을 수 있도록 돕는 등 편의를 봐주는 것은 물론, 조 조합장의 딸·조카·처남이 다가구 주택 2세대를 6세대로 나누는 일명 '쪼개기'를 시도할 때 바로 인허가를 내주기도 했다. 이 쪼개기 건은 재개발조합의 승인을 받지 못해, 결국 고등법원까지 가는 소송전 끝에 불허 판결[10]이 나왔다. 학동 4구역 조합원인 A 씨는 "당시 담당 계장이었던 공무원이 과장을 거쳐 퇴임한 뒤 조합 일에 관여하고 있다"[11]고 폭로했다. 한편 2018년 학동 동장을 지낸 B 씨는 일반 철거와 별도로 계약이 체결된 석면 해체공사 감리를 진행한 업체에서 이사로 근무하고 있다. 광주지방경찰청 반부패경제범죄수사대 팀장이었던 김모 경위는 2016년과 2019년 재개발조합 수사와 관련된 비위 혐의로 9월 구속됐다. 시민단체는 그가 학동 재개발사업과 관련한 비리 제보를 묵살했다는 의혹을 제기한다.

2021년 9월 현재 제기되는 부정·부패 의혹은 한두 가지가 아니다. 가장 대표적인 것이 재개발조합이 임의로 처분 가능했던 아파트 분양권이 누구에게 갔느냐다. 3구역의 경우 2014년 6월 일반분양에서 100여 세대가 부적격 세대로 처리됐다. 전 학동 3구역 조합원은 "재개발사업 조합은 재개발 관련 서류를 요청해도 주지 않고 있다"라며 "분양권 등이 정관계 인사에게 흘러간 것으로 의심된다"[12]고 말했다. 학동 4구역은 보류지가 기형적으로 많았다. 보류지는 재개발사업에서 분양이 잘못되었거나, 소송 등에 대비해 조합이 비상용으로 들고 있는 아파트다. 규정대로라면 4구역 전체 세대의 1%인 22세대가 상한선이다. 그런데 그 4배 이상인 92세대까지 보류지가 늘었다.[13] 지역 언론들에 따르면 재개발조합이 특혜를 얻으려고 전직 국회의원 보좌관이나 현직 총경급 경찰 간부에게 아파트 분양권을 제공했다는 의혹[14]이 제기되고 있다.

학동 재개발이 비리의 복마전이 될 수 있던 데에는 여기에 들어선 무등산아이파크 1차 아파트가 도심 재개발의 첫 성공 사례이기 때문이다. 원래 광주에서 재개발사업은 수지 타산이 맞지 않는다는 인식이 지배적이었다. 거주민을 내보내고 그 자리에 아파트를 지어 이익을 내려면 고가 아파트를 고밀도로 지어야 하는데, 광주 주택시장에서 통할 리 없다고 생각했기 때문이다. 그런데 무등산아이파크는 2014년 84㎡(공급면적 기준 35평) 분양가가 2억 7,000만~2억 8,000만 원이었는데 4년 뒤인 2018년 6억 원[15]으로 뛰었다. 2021년 8월에는 8억 500만 원으로 거래가 이루어졌다. 철거건물 붕괴참사가 일어난 4구역은 9월 현재 84㎡ 기준 8억 2,000만 원으로 입주권 시세가 형성돼 있다. 일반인 분양가는 1채당 10억 원이 넘을 것[16]으로 예측된다.

현대산업개발이 보기에 학동 재개발은 지방 건설사가 장악하고 있던 광주에 진출해 큰 이익을 낼 기회였다. 무등산아이파크 1차는 1,400세대에 공사비가 2,400억 원이었는데, 2차는 2,400세대에 공사비가 4,600억 원에 달한다. 또 전체 세대의 61%(1,400세대)가 외부인에게 판매하는 일반분양이다. 건설사 입장에서 상당한 이익을 거둘 수 있다. 아이파크 브랜드의 또 다른 아파트와 주상복합은 서구 화정동, 동구 계림동에서 입주를 앞두고 있다. 지역에 연고가 없는 현대산업개발이 동구 지역정치의 플레이어 중 한 명이었던 조종진 조합장과 손을 잡고 계속해서 사업을 벌였던 이유다. 그리고 현대산업개발은 그가 동구 대통령이라 불릴 정도로 막강한 정치적 영향력과 자금 동원력을 갖추는 데 사실상의 후원자 역할을 했다. 조 조합장은 그 과정에서 정치인, 구청, 폭력조직 등과 이합집산체를 형성했다.

상당수 광주 시민은 수사 과정에 적잖은 실망감과 나아가 분노까지 드러냈다. 지역의 기득권이 얽히고설킨 '부패의 카르텔'이 꽤 분명히 드러났는데 제대로 수사하지 않고 있다는 것이다. 지역의 한 중견 언론인은 "경찰 수사가 공사 진행 과정에서 관리감독 소홀, 재하청 과정의 불법성 등에 집중한다는 것 자체가 문제"라고 지적했다. "표면적으로 드러난 사고만 파헤치는 것은, 조 조합장과 문 씨를 중심으로 깊게 뿌리내린 비리와 부패를 깊게 파지 않는 결과만 낳기 때문"이라는 것이다. 지역에서 활동하는 정준호 위민연구원 이사는 〈광주일보〉 칼럼에서 "경찰의 중간 수사 결과가 발표되었지만 그야말로 무기력과 허탈함 그 자체"[17]라며 부패 카르텔이 제대로 밝혀지지 않고 있다고 개탄했다. "얽히고설킨 지역의 이권 관계를 부분적으로나마 확인하면서 재개발사업을 지렛대로 (삼아) 지역의 토호로 변신을 꾀하고 있는 세력과 이를 묵인하고 있는 정관계 인사들에 대한 비난의 화살이 있으리라 예상"했지만, 아무것도 드러난 게 없다는 이야기다.

지역의 부패는 드러나는 일이 드물고, 드러나더라도 유야무야 되는 일이 많다. 학동 재개발 비리 사건은 토착 부패가 어떻게 만들어지고 작동하는지를 날것으로 보여주는 드문 사례다. 9명의 목숨을 앗아간 처참한 사고가 벌어졌음에도 불구하고, 실체가 제대로 규명되지 않고 있다는 지적은 이 도시의 부패가 얼마나 뿌리 깊은지 보여준다.

기득권 이익 수호 카르텔

무등산아이파크 1차(학동 3구역) 성공으로 광주의 재개발사업은 마른 들판의 들불처럼 번져나갔다. 2019년 현재 광주시에서 진행되는 사업구역은 총 33곳이다. 그 가운데 14곳이 광주의 원도심인 동구에 있다. 화순군과 접경 지역인 소태동에서부터 지원동, 학동, 지산동을 거쳐 일제 식민지 시기부터 주거지가 있었던 계림동과 산수동까지 해당된다. 그리고 6개 구역은 아파트 단지로 탈바꿈했다. 유태명 전 동구청장이 2004년 "도심 재개발로 전남도청 이전에 따른 도심공동화 문제를 해결하겠다"[18]고 나선 덕분이었다. 도심 재개발은 고밀도·고층 아파트 형태로 이루어졌다.

2016년부터 아파트 가격이 급등하면서 우후죽순처럼 생겨난 광주의 대규모 개발사업은 지역에서 발생하는 구조적 부패의 특징을 고스란히 보여준다. 먼저 특정한 사업을 기획하거나 어젠다를 제시하는 것 자체부터 특정 관계자 또는 기득권층의 이해타산을 반영한다. 그리고 시행되는 과정에서 기득권의 이익이 우선적으로 보장된다. 사회적 약자의 목소리는 좀처럼 반영되지 않고, 또 환경·노동·주거권 등도 이야기되지 않는다. 지역의 자산가, 기업인, 다양한 층위의 정치인, 관료 등은 지연·학연·혈연 등으로 얽혀 있으며 민주당의 지역정치 기구를 중심으로 결집해 있다. 등질적인 사회이고 다원성이 떨어지다 보니, 사업 입안과 집행 과정에서 견제가 이루어지지 않고 부정과 비리가 싹트기 쉽다. 간혹 사업 실패나 대형 사고, 비위 적발 등이 발생하곤 하는데, 그저 적당히 수습하는 절차가 뒤따른다.

역설적인 지점은 기득권 집단 내부에서 갈등이 발생할 경우 타협점을 찾아 나가기도 어렵다는 것이다. 이해관계자들을 조율할 수 있는 정치력을 갖춘 집단도 없고, 타협에 나설 외부의 압력도 강하지 않기 때문이다. 또 기득권들의 이익을 보장하는 방향으로 사업이 진행되면서 성공 가능성이 떨어진다. 지역의 기득권은 명분 조성, 프로젝트 기획, 중앙의 자원획득 능력이 약해 주로 세부 계획 입안이나 실행 단계에서 숟가락을 얹는다. 개별 사업들은 실행 과정에서 변질되고 급기야 실패하는데, 그 실상이 드러나고 평가되는 일은 드물다. 소외된 사람들의 불만이 쌓여

가지만, 그들의 불만을 결집해 집단적인 목소리를 낼 여건이 되지 않기 때문에 그저 '여론이 악화되었다'고 신문 기사에 한두 줄 소개되는 데 그칠 뿐이다.

고가·고층 아파트가 솟아오르면서 새롭게 등장한 지역 현안은 스카이라인이었다. 광주에서 멀리 무등산을 볼 수 있다는 것은 마치 공기의 존재처럼 당연한 것이었다. 도심 바로 옆에 해발 1,187m 산이 나지막한 능선을 따라 도시를 빙 둘러싸는 형태로 펼쳐져 있기 때문이었다. 가난한 도시에서 고층 건물을 짓겠다고 나서는 사업주도 있을 리 만무했다. 그런데 2010년대 중반 이후 고층 아파트가 잘사는 사람들의 주거지로 속속 들어서면서 조망권 문제가 이슈가 됐다. 무등산아이파크와 광주에서 가장 높은 건물인 48층짜리 주상복합 호반써밋광주가 대표적이다. 광주시는 결국 무등산 7부 능선 위를 가리지 않는 범위로 층고를 제한키로 했지만, 경관기준점이 명확하지 않아 사실상 유명무실하다는 지적이다.[19]

이용섭 시장의 '30층 이상 아파트 불허 선언'도 '실행' 단계에서 바로 뒤집어졌다. 이 시장은 2021년 2월 "광주에서 30층 이상 아파트, 어떤 목적(용도)이라도 40층 이상 건물은 허용하지 않겠다"고 발표했다. 하지만 한 달 뒤 광주시 도시계획위원회는 호남대 쌍촌캠퍼스 부지에 936세대 규모로 34층 높이의 아파트를 짓는 계획안을 허가했다. 이 시장은 "해당 결정을 보고받지 못했다"라며 "시장 지시사항이 현실화되기 위해서는 조례나 규정 등 제도적 뒷받침이 돼야 하는데 아직 그러지 못한 것 같다"고 변명했다. 광주시 관계자는 〈무등일보〉에 "2017년부터 사업이 진행되었고, 30층 이상이 3개 동에 그치는 점이 고려된 결정"[20]이라고 해명했다. 반발이 이어지자 같은 해 7월 광주시는 최고 높이를 30층으로 낮추도록 했다.

광주 최대 공원인 중앙공원 개발사업도 구조화된 부패의 대표적인 사례다. 중앙공원은 서울 여의도 윤중로 안쪽 면적(2.9㎢)보다 약간 넓은 3.03㎢ 면적으로 야트막한 산 몇 개와 한 귀퉁이에 있는 풍암저수지 등으로 구성되어 있다. 도시계획상 공원으로 지정되어 있을 뿐 상당수 땅이 사유지였는데, 도시공원 일몰제가 시행되면서 소유주의 재산권 행사가 가능해졌다. 이에 따라 광주시는 부지 일부를 아파트로 개발해 남는 수익으로 사유지를 사들이겠다는 계획을 세웠다. 이른바 민간공원 특례사업이다. 이 계획이 발표될 때부터 지역 건설업계는 '황금알을 낳는 거위'로 봤다. 광주의 대표 부촌인 봉선동에서 차량으로 15분 정도 거리에 있고, 바로 옆에 월드컵경기장이 있는 노른자위 땅이었기 때문이다.

중앙공원 개발사업은 2018년 사업자 지정 단계부터 잡음이 생겼다. 우선협상대상자로 선정된 광주도시공사와 금호산업이 빠지고 그 자리에 한양건설 컨소시엄과 호반건설이 들어가면서다. 한양건설과 호반건설은 우선협상대상자에 탈락하자마자 평가가 불공정하다고 이의신청을 했고, 광주시는 감사를 실시했다. 도시공사는 광주시가 감사 결과를 토대로 우선협상대상자를 바꿀 수 있다는 공문을 보내오자 자진 포기했다. 금호산업은 "탈락업체(호반건설)가 광주시를 흔들었다"[21]고 격렬하게 반발했지만, 광주시가 금호산업이 업체명을 표기할 수 없다는 규정을 위반하고 '타이어', '항공' 등 계열사를 연상하게 하는 표현을 썼다고 감점 요인을 추가로 '발견'해내면서 결과를 바꾸었다. 내부 평가자료가 호반에 유출됐고, 광주시의 감사가 무리하다는 등의 여러 의혹이 제기되면서 이듬해 4월 검찰 수사가 시작됐다. 그결과 정종제 부시장과 윤영렬 시 감사위원장을 직권남용 등 혐의로, 전 시청 공원녹지과 직원을 공무상 비밀누설 혐의로 불구속 기소해 재판이 진행되고 있다. 〈서울신문〉은 이와 관련해 정부시장이 호반 소유 민영방송사 KBC(광주방송) 보도국장을 면담했다는 의혹[22]을 제기하기도 했다.

호반건설이 가져간 2지구 문제는 이용섭 시장에게까지 불똥이 튀었다. 먼저 이 시장의 동생 문제다. 검찰은 이 시장의 동생이 2018~2019년 김상열 호반 회장에게 "호반건설이 광주시와의 관계에서 편의를 받을 수 있도록 알선해주겠다"는 명목으로 철근을 납품한 혐의로 기소했다. 또 정 부시장이 2020년 총선 출마를 위해 불법으로 민주당 권리당원을 모집했던 사실도 드러났다. 그는 고교 동문 등 3명과 공모해 1차 모집사* 89명과 권리당원 5,127명을 모집했다. 공무원 김모 씨는 부인을 통해 당원 105명을, 도시공사 임원 유모 씨는 지인을 통해 62명을 모집했다. 정 부시장은 1심에서 징역 1년 6개월에 집행유예 2년, 자격

---

*   앞서 소개한 'F1'이다.

정지 2년을 선고받고 항소했다. 2지구는 규모가 작은 편이라 실익은 적다. 그럼에도 호반이 강경하게 나선 것에 대해 "광주에서 라이벌로 꼽히는 금호산업이 선정되자 호반이 자존심이 상해 감정적으로 대응한 것"*이라는 게 지역사회의 시각이다.

한편 진짜 '돈'이 되는 1지구에서는 건설사들끼리 쟁투가 벌어졌다. 갈등의 축은 두 개다. 먼저 분양가가 3.3㎡당 1,950만 원에 달하는 고급 아파트 단지를 세우겠다는 계획이 정부의 분양가 상한제에 걸리자, 이를 피하기 위해 설계안을 변경하면서 빚어진 갈등이다. 두 번째는 시공권을 둘러싼 컨소시엄 내부 분쟁이다. 두 사안은 긴밀하게 얽혀 있다. 발단은 분양가 상한제에 대응해 2020년 8월 개발계획을 바꾸면서다. 당초 2,370세대 규모에서 임대주택을 중심으로 2,995세대 규모로 키워 사업성을 확보하겠다는 안이었다. 그런데 700세대가 넘게 늘어난 임대주택은 모두 전용면적 132㎡(공급면적 48평) 이상의 대형이고, 임대 후 분양 방식이었다. 편법에 가까운 방법을 통해 고밀도 대형 고급 아파트 단지를 만들겠다는 이야기였다. 이 사실이 알려지고 여론이 나빠지자 광주시는 해당 안에 퇴짜를 놓았다.

그러자 컨소시엄 내 2대 주주(지분율 25%)인 우빈산업이 다른 주주들을 끌어들여 당초 시공권이 보장돼 있었던 최대 주주 한양건설(지분율 30%)을 밀어내는 '쿠데타'를 벌였다. 한양건설은 1980년대부터 광주의 재야세력과 연결된 회사고, 우빈산업은

———
*   이경희 광주환경운동연합 정책실장의 말이다.

신흥 건설사다. 결국 우빈건설 진영이 낸 설계 변경안이 2021년 광주시 심의대상이 됐다. 변경안은 2020년 한양건설 안보다 훨씬 고급 단지를 짓겠다는 게 골자였다. 80평(공급면적 기준·전용 205㎡)의 초대형 세대를 103대 추가한 게 대표적이다. 일반 분양은 32평(전용 84㎡) 이하를 없애고 모두 37평(102㎡) 이상이었다. 임대주택도 45평(114㎡)이 대부분이었다. 우빈건설은 롯데건설을 시공사로 끌어들여 '롯데캐슬 프레스티지' 브랜드를 쓰겠다는 계획도 발표했다. 나가도 너무 나간 계획인 탓인지, 결국 6월 최종승인이 날 때 80평대와 45평 임대주택은 빠지게 됐다.

흥미로운 지점은 중앙공원 개발을 둘러싼 갈등 속에서 핵심 쟁점은 사업 진척이었다는 것이다. 초대형 녹지를 옆에 끼고 개발이 이루어지는 대규모 주거단지 개발사업이 중산층 이상, 정확히는 상위 중산층을 위한 사업이 되는 데에 대한 문제 제기는 거의 없었다. 광주시나 일부 시민단체 관계자들은 공원 면적의 9%만을 주거시설로 할애해, 녹지를 최대한 보장하게 돼 잘된 사업 아니냐는 입장이다. 한 부동산 개발 전문가는 "건설사 입장에서 국민평형인 전용면적 84㎡ 정도 세대를 최대한 많이 공급하는 게 수익을 높일 수 있는 방법"이라며 "대형 평형 위주 사업 계획은 해당 단지를 고급 주거지의 대명사로 만들고, 분양가를 월등히 높일 수 있다는 확신이 있어야 가능하다"고 설명했다. 언론 보도는 사업이 제 속도를 내느냐에 초점이 맞춰졌다. 시민단체들은 80평대 아파트나 진입 도로까지 공원 면적에 포함시키는 편법을 제기했지만, 사업 과정에서 불거지는 여러 문제 중 하나에 그쳤다.

녹지 사유화 가능성을 제기하는 이들도 드물었다. 민간공원 특례사업이 안고 있는 중요한 문제 중 하나는 개발지에 들어서는 대규모 아파트 단지가 바로 옆에 보존되는 공원 용지를 사실상 사유화한다는 것이다. 녹지 옆에 고가 주택단지를 지으면서 계층별로 도시 내 녹지 접근성이 더 벌어지는 문제도 있다. 중외공원 부지 개발사업의 경우 아파트 건설 부지가 공원 외곽에서 한복판인 국립광주박물관 앞으로 옮겨졌다.[23] 사실 동구에 집중된 재개발사업에서 행사할 재산권이 없고 외곽의 다른 저소득층 거주지로 밀려 나가게 될 원주민들에 대한 논의가 거의 없었던 것을 감안하면, 소셜믹스social mix[*]나 고소득층의 녹지 사유화가 의제화되지 않은 건 자연스러운 일이었다.

부패 문제와 관련해서 주택 개발사업 위주로 살펴본 것은 광주에서 건설업만 두드러지게 성장한 결과다. 2장에서 서술했듯이 이 지역에서 대기업으로 제대로 성장한 제조업체는 거의 없다. 반면 건설업체 가운데 호반·중흥·한양 등은 전국구 기업으로 우뚝 섰다. 삼성·현대차·SK·LG 등 이른바 4대 그룹이 막강한 영향력을 가진 것처럼, 광주에서는 위의 세 건설사를 빼놓고 정치와 경제의 움직임을 설명할 수 없다.

광주 건설업체의 선두는 호반그룹으로, 공정거래위원회 2021년 집계에 따르면 재계 순위 37위(자산 10조 7,000억 원)이다.

---

[*]　계층이 다른 사람들이 한 주거단지에서 어우러져 사는 것을 가리킨다.

김상열 호반 회장은 2021년 5월까지 KBC의 '오너'로 광주·전남 일대에서 막강한 영향력을 행사해왔다. 한 시민단체 관계자는 "KBC 신사옥을 포함한 광주 최고층 빌딩 '호반써밋광주'의 인허가를 공무원이 무릎을 꿇다시피 하고 내준 게 호반의 영향력을 보여준다"고 귀띔했다. 이 건물은 광주에서 가장 교통량이 많은 고속버스터미널(유스퀘어) 건너편에 들어섰다. 광주시는 70억 원 정도 드는 대체도로를 건설해 기부채납하라고 요구했다. 공교롭게도 그 요구를 담은 심의 결과가 나온 직후부터 KBC는 광주시를 비판하는 기사를 매일 내보냈다. 얼마 지나지 않아 지하주차장 시설 보완 정도를 조건으로 허가가 나왔다.

호반이 KBC를 가졌던 것처럼 중흥건설은 〈남도일보〉를, 남양건설은 〈광주매일신문〉을 보유하고 있다. 〈전남일보〉의 대주주는 목포·광양의 제조업체 조선내화이며, 〈무등일보〉의 대주주는 지역 정보지 사랑방신문이 모태인 사랑방미디어다. 효성이 2015년 주식 40억 원, 대여금 80억 원을 들여 〈광주일보〉를 인수했지만 실질적인 '오너'는 효성가* 3남 조현상 씨의 장인인 김여송 회장이다. 한 지역 언론인은 "2021년 대형 한의원 원장이 170억 원을 빌려서 떼어먹은 사건을 취재하다 한 기업인이 빌려준 돈이 있다고 해 조사해봤다. 그러자 그 사람과 관계된 언론사에서 역으로 나를 취재하더라"고 혀를 내둘렀다. 언론사를 보유한 건설사들이 서로의 치부를 공격하지 않는다는 건 지역사회에서 '상식'으로 통한다.

김상열 회장은 2018년 광주상의 회장 임기를 끝냈고, 같은 해 호반은 서울 우면동 신사옥을 준공했다. 이듬해 포스코가 갖고 있던 〈서울신문〉 지분 19.4%를 인수했다. 호반이 2021년 〈서울신문〉, 〈전자신문〉, 〈EBN〉을 인수해 사실상 '호반미디어그룹'이라 불릴 만한 진용을 구축한 데 대해 지역사회에서는 "광주를 떠나 서울로 거점을 옮기면서 언론사를 매수한 것"이라는 말이 나왔다. 한편 중흥건설도 2019년 〈헤럴드경제〉를 홍정욱 씨로부터 매입했다.

사실 이른바 '토호'라고 불리기도 하는 경제적 기득권과 지역 정치권 및 지자체 그리고 검찰·경찰 등 사법당국의 유착은 지역의 대표적 병폐 중 하나다. 김주완 전 〈경남도민일보〉 전무는 "토호 세력은 지역의 행정 및 정치권력에게 영향력을 행사하거나 결탁해 각종 이권과 특혜를 받아낸다. '자원의 공정한 분배'라는 민주주의의 기본 틀을 파괴"[24]한다고 비판했다. 지역의 경제 엘리트가 지역의 정치 엘리트에게 영향을 미치고, 정치 엘리트가 지자체 행정관료를 움직이는 방식이다. 박근혜, 문재인 정부에서 모두 지방 비리 척결을 내세웠지만 제대로 성과를 내지 못하는 것은 등질적이고 여러 네트워크로 연결된 지역 엘리트 중심의 권력 구조를 바꾸지 못하기 때문이다.

지역 정치권에 여러 정당이 있어 경쟁 구도가 형성된 곳이면 부패의 정도는 덜하다. 정치권력이 나뉘어 있고 지자체 행정에서도 견제가 이루어지기 때문이다. 최창수 사이버한국외국어대학교 교수는 2020년 발표한 논문[25]을 통해 지역에서 한 정당의 일방적인 우위(지역주의) 정도와 지자체장 또는 지방의원의 부패 발생 빈도 사이의 관계를 분석했다. 2005년 고비용 정치구조를 바꾸는 일련의 정치개혁안이 지역 부패 사건에 미치는 영향을 살피는 방식이었다. 그 결과 지역주의가 약하고, 국회의원이 많은 지역에서 부패가 감소하는 것으로 나타났다. 지역의 부패를 막기 위해서는 상호 감시와 견제가 필요하다는 의미다. 김동원 인천대 교수는 2013년 〈황해문화〉 기고문에서 "정당 공천이나 선거에서 향우회나 동문회 등의 지역 정치세력 기반이 굳건하거나 토착 유지들의 경제적 후원이 강력한 경우에는 공천이나 당선 가능성이 급상승한다. … 지역 관료들은 지역주의와 동문회를 중심으로 정치적 줄서기에 음성적으로 참여하게 된다"[26]라며 지역의 경제·정치·행정 엘리트들이 선거를 중심으로 뭉치는 모습을 설명했다. 당선된 단체장이 자신의 파당에 속한 지방 관료를 승진시키고, 그 지방 관료가 자신과 밀접한 관계를 맺고 있는 지역의 기업인과 자산가들의 사정에 맞춰 영향력을 행사할 것임은 불문가지다. 구조화된 부패의 핵심 원인으로, 한 정당이 독주하는 광주의 정치 상황이 손꼽히는 이유다.

메가 프로젝트의 총체적 난국: 아시아문화전당의 경우

옛 전남도청 뒤에 자리 잡은 아시아문화전당은 국내 최대의 복합 문화시설이다. 연면적은 15만 7,000㎡로 서울 양재동 예술의전당(12만 8,000㎡)보다 23% 더 크다. 극장 2개를 갖춘 예술극장, 대규모 전시시설인 문화창조원, 도서관과 정보센터가 있는 문화정보원, 어린이문화원 등으로 구성돼 있다. 2002년 대선에서 노무현 당시 민주당 후보가 "광주를 문화수도로 만들겠다"는 공약을 발표한 뒤, 이듬해 대통령에 당선돼 참석한 5·18 기념식에서 전남도청 자리에 대규모 문화시설을 짓겠다고 약속하면서 사업이 시작됐다. 당시 노 대통령은 "문화관광부 장관이 '광주를 아시아 문화예술의 메카로 육성하겠다'고 하더라"라며 "프랑스 퐁피두센터(문화예술집적단지)를 확장한 개념이니 한번 만들어보자"고 말했다.

그렇게 해서 12년 만인 2015년 문을 연 아시아문화전당은 지금 매년 수백억 원의 적자를 내는 애물단지다. 광주시 전역에 문화 관련 기관을 설치해 문화수도를 만들겠다는 계획은 유야무야됐다. 2019년 아시아문화전당은 288만 명의 관람객을 유치했는데, 그 가운데 절반에 가까운 133만 명이 부속시설인 어린이문화원 방문자였다. 유료 관람객 자료를 보면 처참할 지경이다. 아시아문화전당이 2019년 발간한 보고서[27]는 2017년 현재 주요 시설별 유료 관람객 숫자 및 입장료 수입을 집계했다. 각각 예술극장 1만 5,000명, 문화창조원 2만 명, 문화정보원 2,000명만이 유료 관객이다. 어린이문화원은 그나마 사정이 나아 12만 9,000명이었다. 입장료 수입은 19억 5,000만 원에 불과했다. 관람객 수가 2017년(181만 명) 이후 늘었다는 걸 감안해도 방대한 시설을 운영하기에 턱없이 모자라는 수입임에는 분명하다.

아시아문화전당의 시설 운영에 필요한 금액은 인건비를 포함해 연 550억 원 정도[28]다. 매년 500억 원 이상 영업 손실을 입고 있다고 보는 게 타당하다. 여기에 콘텐츠·제작·유통 홍보를 담당하는 별도 기관인 아시아문화원의 적자도 감안해야 한다. 아시아문화원은 2019년 8,000만 원의 영업 손실과 1억 5,400만 원의 순손실[29]을 냈다. 아시아문화전당은 원래 개관 후 5년간 한시적으로 문화관광체육부 산하기관으로 운영하고, 2021년부터는 법인으로 전환해 운영될 계획이었다. 그런데 이렇듯 답이 없는 수익구조 때문에 정부와 민주당이 강력하게 국가기관화를 추진했고, 2021년 4월 문화부 산하 공공기관이 됐다. 다만 원래 추진되던 직원의 공무원화는 없던 일이 됐다.

아시아문화전당 개관 이후 외국인이나 타지에서 온 관광객이 늘지 않은 것은 이 사업이 지역개발 측면에서도 실패했다는 증거다. 한국문화관광연구원 집계에 따르면 2019년 광주를 방문한 외국인 관광객은 17만 7,000명으로 2015년(10만 6,000명)에 비해 7만 명이 늘어난 데 불과했다. 같은 기간 국내 전체 외국인 관광객은 1,320만 명에서 1,610만 명으로 290만 명 증가했다. 광주는 부산(227만 명), 인천(129만 명), 대구(57만 명) 등과 비교하면 외국인의 외면을 받는 도시다. 내국인 관광객도 2015년(214만 명)과 2017년(218만 명) 사이에 거의 차이가 없었다. 내국인의 방문 횟수(2019년 기준)는 500만 회로 부산의 26%, 대전의 56% 수준이다.

프랑스 파리의 퐁피두센터는 현대 미술관, 도서관, 음악연구센터가 결합된 시설이다. 1970년대 노후화된 도심지인 보부르(Beaubourg)역을 재개발하는 방식으로 건설됐다. 매년 약 500만 명이 방문하는데, 그 가운데 370만 명은 현대 미술관 관람객이다. 외국인

관광객이 차지하는 비중은 40% 전후다. 노무현 전 대통령이 공언한 '한국의 퐁피두센터'와는 현격히 다른 모습인 셈이다.

아시아문화전당에 방문해 주변을 거닐어보면 이 시설이 광주시는 물론 인근 지역 활성화에 도움이 될 수 있을지 의문이 든다. 동선 자체가 도심과 이어지지 않기 때문이다. 차량으로 방문하면 옛 광주여고 자리에 별도로 설치된 주차장에서 나와 10분가량 걸어야 한다. 전시·공연 시설에서 금남로나 충장로로 가려면 몇 년째 5·18 기념관 공사가 진행 중인 옛 전남도청 건물과 이전에 넓은 교차로가 있던 광장을 거쳐 한참을 나가야 한다. 동선에는 잡다한 구조물과 포석밖에 없다. 보행자 동선이 구성되지 않으니 별다른 상권이 형성되지 않는다. 광장 지하에는 예전부터 자리했던 지하상가가 있는데, 썰렁하기 짝이 없다. 바로 앞 광주 YMCA 옆 공터는 군데군데 녹슨 철판으로 가려진 채 오랫동안 방치되어 있는 현실이다.

지역에서도 아시아문화전당이 실패했다고 생각하는 이들이 많다. 〈무등일보〉 편집국 간부인 유지호 씨[30]는 2019년 "아시아문화전당은 도시와 단절되기 시작했다"라며 "①광주 구도심 등 문화를 통한 도시재생, ②광주 미래 상징 아이콘(랜드마크), ③문화를 통한 도시경제 활성화 등도 기대치를 밑돌고 있다"고 지적했다. '워터슬라이드 개장 때 근래 가장 많은 방문객이 왔다'고 반색하던 한 전당 직원을 사례로 들면서 "문화·예술, 전시·공연보다는 어린이문화원, 하늘마당, 워터슬라이드, 주차장 등이 부각된다"고 썼다. 지역의 한 시민단체 관계자는 인터뷰에서 "은

퇴 후 문화를 즐기면서 여가를 보낼 곳이 생겨 좋아했는데, 형편 없이 빈약한 콘텐츠에 화가 날 지경"이라며 "지하에 땅을 파내려 가 콘크리트를 부은 것 이외에 어떤 의미가 있는지 모르겠다"고 말했다. 이쯤 되면 비상경영계획이라도 세우는 게 정상적인 지자체의 반응일 것이다. 그런데 광주시와 광주에 기반한 민주당 정치인들은 몇 년 전부터 국가기관화에만 목을 맸다. 건설에만 7,100억 원이 투입된 초거대 문화시설을 어떻게 '턴어라운드'시킬지 논의 없이 국가에 운영·유지 부담을 떠넘기는 면피를 택한 것이다. 이를 받아주지 않으면 호남을 무시하는 것이라는 정치적 협박을 하면서 말이다.

아시아문화전당이 이 지경에 이르게 된 이유는 복합적이다. 좀 더 솔직하게 이야기하면 사업 선정 단계에서부터 첫 단추를 잘못 달았다. 그리고 비현실적인 사업 기획, 사회간접자본soc 사업과 유사한 하드웨어 건설형 접근, 일이 돌아갈 수 없는 거버넌스 구조, 불투명한 일 처리, 이해당사자들과의 조정 능력 결여, 나아가 이러한 실태를 제대로 진단하고 문제를 해결할 능력 결여 등 거의 모든 부분에서 실패할 수밖에 없는 요인을 갖추고 있었다.

먼저 2002년 노무현 후보가 "충청을 행정수도, 부산을 해양수도, 광주를 문화수도로" 만들겠다고 약속한 것부터 즉흥적이었다. 박광태 전 시장은 당시 급히 일정을 바꿔 광주를 찾은 노 후보에게 자신과 천용택 전남도당위원장 등이 문화수도 공약을 제안했다고 설명[31]한다. 실제로는 딱히 문화산업을 육성하자는 움직임이 있던 것도 아니었다. 난삽한 대선 캠페인에서 제기된 하나의 아이디어에 가까웠다. 이것이 훗날 '대통령 만들기'에 광주가 한 역할에 대한 보답의 일환으로서 '한국판 퐁피두센터'로 발전한다. 오랫동안 광주 시민사회에서 활동해온 인사는 "노무현 경선 승리에 기여한 재야세력의 강력한 요구가 있었다"고 귀띔했다.

그런데 광주가 '예향藝鄉(예술의 고장)'이라는 표현은 실상과 떨어져 있다. 정미라 전남대 교수는 "'예향'에 토대를 둔 광주의 정체성은 역사적·사회적 경험을 통해 자연스럽게 형성된 것이 아니다"[32]고 지적한다. "5·18에 의해 각인된 민주도시로서 상징성을 제거하기 위해 광주시와 광주의 자본가 집단이 의도적으로 만든 것"이라는 이야기다. 2004년 전남대생을 대상으로 실시한 설문조사에서 광주를 문화도시라고 생각하느냐는 질문에 60%가 넘는 학생이 부정적인 답변을 했다. 강준만 전북대 명예교수는 좀 더 냉소적이다. 강 명예교수는 "모든 지방 시군이 앞다퉈 '예향'이라고 주장한다"라며 "'아무것도 기대할 것이 없을 때 마지막으로 기댈 수 있는' 도피 심리와 무관치 않다"[33]는 것이다.

지역에서 오랫동안 산업적 요구가 있던 것이 아닌, 정치적 목적에서 제기된 프로젝트라면 중앙정부가 주도권을 쥘 수밖에 없다. 문화부는 노 대통령의 대형 문화시설 건립 발표에 부랴부랴 관련 사업을 기획한다. 가뜩이나 '문화'의 개념이 모호한 상황에서 지역 내 인력·조직·시설이 빈약하니 뜬구름 잡는 식의 계획이 나올 수밖에 없었다. 2005년 문화부가 내놓은 예비계획안 〈빛의 문화 프로젝트 아시아문화중심도시)는 광주를 '신인본도시'로 바꾸겠다며 "신인본도시는 광주 역사의 모뉴멘털리티를 일상 문화화하고 일상을 문화예술화하는 과정에서 서양이 중시했던 이성이 아니라 감각의 총체를 지향하며, 이를 통해 '감동 창의'를 무르익게 하는 것을 이념으로 한다"[34]고 선언했다. 정상적인 사업계획안이라 볼 수 없는 수준이다.

이어 2년 뒤 발표한 종합계획은 2023년까지 총 5조 2,000억 원을 투입하겠다는 내용이었다. 아시아문화전당 건립 및 운영에 1조 9,000억 원, 문화적 도시환경 조성에 2조 1,000억 원 등이 배정됐다. 아시아 음식문화지구, 아시아 문화·예술 특화지구, 아시아 역사문화마을, 다문화 커뮤니티 공원 등 실효성이 의심스러운 사업도 대거 포함됐다. 그나마 산업적인 고려가 있던 것은 컴퓨터그래픽 산업단지 조성 정도였다. 문화부는 2005년 11월 발표한 보고서에서 "전반적으로 문화산업 입지로서 광주시의 여건은 매우 취약하며, 광주의 문화산업 여건에서 자생력을 갖추기 매우 힘든 상황"[35]이라고 이미 지적했지만, 어떻게 자생력을 갖추도록 할지는 사업계획안에서 주요하게 다루어지지 않았다. 나중에 이들 사업 대부분이 제대로 진행되지 않았던 이유 중 하나는 계획안의 비현실성일 것이다.

초기 계획이 부실했다 하더라도 실제 사업을 만들고 실행하는 과정이 제대로 됐더라면 문제는 덜했을 것이다. 그런데 사업 진행 과정도 난맥 그 자체였다. 먼저 노무현 선거 캠프에서 활동한 문화계 인사들이 사업을 틀어쥐면서 하향식 정책 추진 기조가 강해졌다. 문화부 문화중심도시추진기획단 프로젝트전략본부 본부장인 문승현은 1980년대 운동권 노래패인 노찾사(노래를 찾는사람들) 출신이다. 총괄간사이자 이후 오랫동안 실무작업 책임자로 있었던 최인기는 이창동 당시 문화부 장관이 만든 영화 〈박하사탕〉의 제작투자를 담당했다. 2007년까지 추진단장을 맡은 이영진은 문화부 장관 정책보좌관으로 민예총(한국민족예술단체총연합) 출신이었다. 류재한 전남대 교수는 "아시아문화중심도시 조성사업은 … '코드 진보'를 위한 맞춤형 프로젝트가 아니"라며 "추진단의 폐쇄성과 하향식의 일방적 정책 추진"[36]이 문제를 일으켰다고 지적했다. 사업 기획 과정에서 발주된 570억 원 규모의 용역과제는 수의계약 방식으로 수행됐는데, 내역이 제대로 공개되지 않았다. 일각에서는 소수의 광주 재야인사가 수의계약 체결의 막후 실력자였다는 이야기가 나온다. 광주에서 참여한 인사들은 김호균 나주문화도시조성센터장 등 민예총 소속이 주였다.

여기에 대항해 대안을 내놓기에 지역사회는 무능했다. 정병준 KBS 광주총국장은 "2002년 이전까지 광주에 문화산업을 체계적으로 전공한 전문가는 한 명도 없었다. 그런데 2003년 이후 이 분야에 대해 발언하는 교수, 박사들이 급격히 늘었다. 그들은 광주 발전 핵심 전략을 '문화'로 설정하는 것이 '타당한가'에 대해서는 토론하지 않는다"[37]고 일갈한다. "광주시나 정치인들도 그런 토론은 원하지 않고, 그런 연구에는 연구비가 지원되지 않는다"는 것이다. 이들이 발언할 수 있는 영역은 "문화수도 혹은 문화산업을 '어떻게' 육성하느냐는 것"밖에 없었다. 지역 엘리트들은 박광태 전 광주시장이 "2023년까지 2조 원 지원을 확정받았다. 제대로 하려면 이것도 부족하다. 3조 원으로 늘려달라고 싸우고 있다"[38]고 말한 것에서 알 수 있듯이, 더 많은 예산 확보에만 관심을 기울였다.

여기서 한 가지 짚고 넘어가야 할 부분은 전남도청부지 개발계획을 광주시가 수립한 상태였다는 것이다. 2001년 발표된 〈전남도청 이전 대비 광주발전전략연구〉 보고서[39]는 도청본관, 민원실, 도의회를 보존하면서 이 일대에 상징적인 랜드마크를 설립하자고 제안했다. 그리고 그 앞에 격자형 가로망을 구축해 상업·관광 지구를 조성해서 구도심을 활성화시키자는 계획이 담겼다. 대선 공약 이행을 위해 기존 개발계획은 무시되었다.

2004~2008년 아시아문화전당 설계안을 둘러싸고 문화부, 광주시, 지역의 문화예술계, 5·18 단체가 오랫동안 대립한 것은 그동안 쌓였던 문제가 일거에 폭발한 셈이다. 시작은 전남도청 자리를 개발하자는 문화부와 원형 보존을 요구하는 시민단체 사이의 갈등이었다. 광주시는 현재 별다른 쓰임이 없이 남아 있는 도청 건너편 부지를 제외시켜 줄 것을 요청했다. 100만 평(3.3㎢) 규모로 복합문화단지를 조성하겠다는 계획[40]을 따로 추진하기 위해서였다. 현재 형태로 지하시설을 짓겠다는 설계안이 2005년 발표되자, 광주시·지역 정치인·민주당 광주시당·예총(한국예술문화단체총연합회) 등 보수적 문화단체와 지역 상인들은 랜드마크 건물이 필요하다고 반발했다. 문화부·열린우리당·민예총 등

진보적 문화단체는 옹호론을 폈다. 설계안은 최인기와 문승현의 '문화전당 공간 구성 전략'과 일치하는 안이었고, 실제 공모전의 요구 조건도 건물 높이를 가급적 낮추고 여러 동의 건물이 흩어져 있는 형태를 우선시한다고 명시해 지하 공간 활용을 권장했다. 5·18 단체는 여기에 별 의견을 내지 않다가, 공사가 시작된 2008년 도청 건물 일부를 헐고 통로를 만든다는 사실이 알려지자 농성에 들어갔다. 모든 반발이 무마된 것은 2010년이었다.

우여곡절 끝에 2015년 아시아문화전당은 문을 열었다. 그러나 개관 직후부터 또 다른 문제가 속출했다. 1,120석 규모의 가변식 대극장은 한쪽 벽면이 12개의 유리문으로, 다른 두 벽이 움직일 수 있는 목재벽으로 되어 있는데 소음이나 빛 차단이 제대로 되지 않아 무대 장치를 이용한 공연이 어렵다는 지적[41]을 받았다. 급기야 유리벽에 대형 커튼을 쳤다. 520석 규모 중극장은 대극장의 남은 공간을 활용하다 보니 무대 공간이 아주 협소하다. 공연 전문가의 의견이 제대로 반영되지 않은 설계다. 콘텐츠가 부족해 5개 시설 중 하나인 아시아예술극장만 정상 가동됐지만, 대중성이 낮고 실험적인 동시대 공연(컨템퍼러리) 위주라 모객에 한계가 있었다. "하드웨어인 극장시설과 소프트웨어인 프로그램 모두 아시아예술극장의 향후 행보를 밝게 만들지는 못하고 있다"[42]는 지적을 받는 이례적인 상황이 벌어졌다.

아시아문화전당은 개관 당시부터 2021년까지 6년째 운영을 책임지는 전당장을 선임하는 데 실패했다. 전당장은 전문임기제 가급 공무원 신분인데, 4급 상당이라 중앙부처 과장급이다. 시설의 규모나 위상에 걸맞은 '거물'을 데리고 올 수 없는 셈이다. 게다가 공모 과정에서 문화부 내정설이 돌거나, 유력 후보에 대해 시민단체나 예술계 안팎에서 거센 반대가 이는 등 잡음도 잇따랐다. 조직 운영 자체가 정상적으로 될 수 없었던 이유다. 인력도 제대로 충원되지 않아, 빈곤한 콘텐츠와 빈약한 존재감의 악순환이 이어졌다. 제대로 된 사업 계획이 없고, 지역 내 문화콘텐츠 산업 육성도 되어 있지 않은 상황에서 예견된 결과이기도 했다.

지역 내에서 아시아문화전당은 겉도는 존재다. 대표적인 국제전시 및 회의시설인 김대중컨벤션센터나 광주문화예술회관과 연계된 사업이 거의 없다. 세 기관 모두 운영 주체가 다르기 때문이다. 2019년 관광공사로부터 마이스MICE* 산업에 좋은 시설로 선정됐다고 보도자료까지 냈지만 그뿐이었다. 문화중심도시 사업의 일환으로 시행돼 지금까지 살아남은 몇몇 사업들과의 연계성도 떨어진다. 2014년 금남로에서 조성된 아시아음식문화거리는 완료 시점인 2023년이 다가오고 있지만 성과가 없다. 그나마 광주문화재단이 진행하는 프린지페스티벌 정도가 성공 사례다. 2019년 열린 한·아세안ASEAN 특별정상회의는 아시아문화전당을 염두에 두고 광주 개최가 추진되었지만, 각국 정상이 묵을 만한 숙박시설이 없어 결국 부산으로 결정됐다. 광주에는 5성급 특급호텔이 없고 4성급 두 곳도 325실만 있다. 초대형 건물 하나만 올렸을 뿐, 정작 아시아 사람들의 방문을 위한 준비는 제대로 하

---

* 기업회의(meeting)·포상관광(incentives)·국제회의(convention)·전시회(exhibition)의 약자다.

지 않은 것[43]이다. 아시아문화전당을 국가 기관으로 만든다 해도 문화 인프라로 제 역할을 할 수 있을지 미심쩍은 이유다.

팽배한 비관론: 광주형 일자리의 경우

2021년 광주를 대표하는 대형 프로젝트는 '광주형 일자리'다. 노동자 임금이 기존 완성차 업체의 절반 수준인 공장을 만들고, 자동차를 위탁생산해 지역 경제를 살리자는 내용이다. 기아자동차 대비 절반 수준인 연 3,500만 원 급여(초임 기준)를 주는 대신, 광주시가 주거 등 사회복지 서비스를 현물 형태로 지급해 보조한다. 근로시간은 주 44시간으로 제한된다. 기아차 등 대기업 정규직 노동자들이 초과근무와 잔업을 토대로 높은 임금을 받아가면서, 질 좋은 일자리가 만들어질 기회가 사라지는 문제를 타개하기 위한 것이다. 일종의 '중간 품질 일자리'를 제도화하고, 이를 기반으로 기업을 유치하겠다는 게 이 사업의 목표다.

2014년 윤장현 당시 광주시장 후보가 처음 제안해, 2019년 자동차 위탁생산 회사인 GGM이 설립됐다. 그리고 2021년 9월 여기서 생산한 경차 크기의 SUV '캐스퍼'의 판매가 시작됐다. 9월 현재 520명이 일하는데 생산이 제 궤도에 오르는 2022년 900명 수준으로 인원을 늘릴 계획이다. 목표 생산 규모는 연산 7만 대다. 위탁공장 형태이긴 하지만 현대차가 국내 공장을 증설한 것은 1996년 아산공장 이후 처음이다.

캐스퍼는 정식 판매 전 1만 8,900대가 사전예약되는 등 소비자들의 호응을 얻고 있다. 경차 기준에서 고가인 2,000만 원 내

외(상위 모델 기준)임에도 디자인과 기능이 뛰어나다는 평가다. 하지만 지역사회 안팎에서는 향후 사업 전망에 대한 비관론이 팽배하다. 초기 단계부터 깊숙이 관여한 한 전문가는 "지금의 사업 구조로는 지속성을 담보하기 어렵다"라며 한숨을 내쉬었다. "소규모 위탁생산공장이라는 한계를 어떻게 벗어날 것인지, 공장의 생산성을 어떻게 끌어올리고 전기차 등 미래차에 대비한 투자를 어떻게 진행할 것인지에 대한 답이 잘 보이지 않는다"는 설명이다. "의의가 있다면, 지역사회에서 지자체-기업-노동자가 힘을 맞대어 상생형 일자리를 추진하는 모델을 만들었다는 것"이라고 덧붙였다. GGM이 소규모 조립 공장의 한계를 벗어나기 어렵다는 지적이다. 노사 상생형 일자리라는 이름으로 다른 지역에서 우후죽순처럼 등장하고 있는 '○○형 일자리'의 경우, 통상의 기업 유치에 '껍데기'만 바꾸었다는 지적도 잇따르고 있는 실정이다.

미래가 불투명한 근본적인 이유는 전적으로 현대차그룹에 의존하는 사업이기 때문이다. 현대차그룹의 차량 생산·판매 계획에 따라가는 상황에서, 정작 현대차는 이 사업에 큰 이해관계가 걸려 있지 않다. 납입한 자본금은 473억 원에 불과하다. 여기에 주요 협력업체들이 여럿 주주로 참여했다. 벌써부터 GGM과 현대차가 체결한 5년 위탁생산 계약이 끝나는 미래를 걱정하는 목소리가 나온다. 앞서 아시아문화전당 사례와 비슷하게 호남이 '정치력'을 발휘해 중앙의 자원을 가지고 와 성과를 만들지만, '역량의 내재화'와는 거리가 멀게 사업이 진행되다 보니 발생한 결과다.

위탁생산 차종이 경차급 SUV라는 것부터 문제다. 국내 경차 시장은 빠른 속도로 쪼그라들고 있다. 기아차 모닝·레이와 한국 GM 스파크의 합산 판매량은 2019년 11만 3,000대에서 2020년 9만 5,000대로 15.8% 감소했다. 국내에서 경차가 가장 많이 팔렸던 2012년(21만 8,000대)과 비교하면 절반을 밑돈다. 그렇다고 수출 상황도 여의치 않다. 경차 수요가 많은 동남아에서는 국산차가 일본 차에 밀리고, 인도에선 현지 생산이 주를 이룬다. A세그먼트(경·소형차) 시장 수요를 노리고 유럽에 수출할 가능성도 언급되지만, 캐스퍼는 국내 경차 규격에 딱 맞춘 차라 시장 진입이 쉽지 않다는 지적이다. 현대차는 동급 차량인 i10을 터키에서 생산하고 있고, 유럽연합EU이 내연기관차 판매를 강하게 규제하는 상황에서 부가가치가 낮은 경차 수출을 늘릴 유인도 낮다. 자동차 업계는 완성차 공장이 손익분기점을 맞출 수 있는 최저선을 연산 7만~10만 대로 본다. GGM이 2022년 생산 예정인 7만 대는 손익분기점을 겨우 맞추는 게 목표임을 방증하는 셈이다.

사업 전망이 불투명한 게 뻔한데도 광주시가 경차급 SUV를 받아들인 것은 현실적으로 현대차그룹이 배정할 수 있는 차종이 없기 때문이었다. 전기차는 현대차의 미래가 달린 신기술인 데다, 생산 물량의 추가 배정을 요구하는 울산공장 몫이다. 현대차는 2021년 전기차 전용 플랫폼 'E-GMP' 기반 차량을 생산하기 시작하면서 울산 1·2공장을 전용 생산시설로 바꾸었다. 전기차 생산을 위해서는 800볼트v 고전압 전용 설비를 갖춰야 한다. 수소차는 상용차(트럭)가 주력인 데다 전북 완주시에 공장이 있다. 광주가 살기 위해 전북을 죽일 수 없는 노릇이다. 게다가 현대차는 몇 년 전까지만 해도 전기차 사업에 미온적이었다. 광주시가 2015~2016년 광주형 일자리에서 전기차나 수소차를 만들겠다는 계획을 내놨다가 바로 접은 이유다. 당시 광주시는 차선책으로 기아차의 차량 수요에 맞춰 여러 차종을 섞어서 혼류 생산하는 '짜투리 공장'을 검토하기도 했다. 하지만 광주공장이 SUV나 소형 상용차만 만들고 있는 데다, 설비투자 금액이 늘어나고 노동자 숙련도도 대폭 높여야 해 불가능하다는 의견이 나왔다. 광주시는 소형 고급차 생산을 수주하는 게 최선[44]이라는 결론을 내렸다.

이 와중에 현대차그룹의 글로벌 판매량이 줄어들면서 일감 배정을 둘러싼 경쟁이 치열해졌다. 판매량을 2015년 800만 대에서 2020년 700만 대로 줄인 대신, 고급화 전략을 폈다. 해외 시장 공략을 위해 울산공장이 전담하던 SUV 투싼을 미국 앨라배마 공장에서도 만들기 시작했다. 몇 해 전부터 '일감 배정'이 현대차 울산공장 노동자들의 최대 현안이 된 이유다. 경차급 SUV는 현대·기아차 노조의 이해관계가 걸려 있지 않다. 현재 기아차의 모닝·레이를 충남 서산에 있는 위탁생산업체 동희오토가 만들고 있기 때문이다. GGM과 경차 시장 및 일자리를 놓고 경쟁하는 건 동희오토, 동희오토에 파견근로 형태로 일하는 노동자 그리고 서산시다.

벤치마크 모델인 독일 폴크스바겐의 '아우토5000'이 성공한 가장 큰 이유는 2002년 내놓은 소형 다목적 차량MPV 투란의 성공이다. 1990년대 중후반 유럽에서는 소형 MPV 시장이 빠르게 성장했다. 폭스바겐이 아우토5000을 노조에 제안한 이유는 소형 MPV 생산을 해외 공장에 맡겨야 하는 상황에서, 독일 내에서 원가가 저렴한 곳이 있다면 매력적인 대안이 되겠다는 판단에서였다. 아우토5000이 폭스바겐에 흡수된 것은 임금이 오른 탓도 있지만, 근본적으로 차량 배정 때문이었다. 준중형 SUV 티구안 생산이 아우토5000과 폭스바겐 본사 공장에서 함께 이루어지는 상황이 되자 효율적 관리를 위해 통합을 결정한 것[45]이다. 또 다른 벤치마크 모델인 미국 제너럴모터스GM의 새턴공장 실험이 실패로 돌아간 건 무엇보다 해당 브랜드 차량이 잘 팔리지 않아서다. 위탁생산공장 모델의 명운이 현대차의 차량 배정에 달려 있을 수밖에 없는 이유다. GGM이 자율적인 영역을 확보하기란 난망하다.

사정이 이렇다면 광주시가 부품 산업 육성에 더 관심을 기울일 만도 하다. 그런데 광주시와 지역 정치권은 오로지 완성차 산업 육성만 외쳤다. 광주형 일자리의 원형은 2012년 '자동차 100만 대 도시' 계획이었다. 당시 기아차 광주공장 생산 능력이 연 62만 대까지 올라왔는데, 추가 생산라인을 유치하겠다는 것이었다. 윤장현 전 시장은 취임 직후 "연산 170만 대의 광주자동차산업밸리를 육성하겠다"라며 "일반 자동차는 연산 60만 대에서 100만 대로 늘리고 저탄소·전기·지능형·수소연료전지차 등 친환경 첨단 자동차도 70만 대를 생산하는 산업단지로 조성할 계획"[46]이라고 밝혔다.

2000년대 중반 이후 한국의 자동차 산업 성장은 부품 위주였다. 현대·기아차가 국내에서 부품을 만들어 패키지 형태로 해외 공장에 보내는 사업 모델을 취한 것이 주된 이유였다. 부품회사들도 해외 업체 납품을 늘렸다. 2018년 현재 전국의 자동차 산업 고용 인원을 따져보면 완성차는 9만 9,000명, 자동차 부품은 26만 4,000명이다. 완성차 공장을 늘리겠다는 발상 자체가 현실을 외면한 것이다. 게다가 앞서 설명했듯이 광주의 부품 산업은 기술력이 없어 "한 업체가 오른쪽 문짝을 만들면, 다른 업체가 왼쪽 문짝을 만드는" 식이라 취약하기 짝이 없다. 완성차 공장을 만들어도 낙수효과를 기대하기 어렵다는 이야기다.

부품 산업에서 광주시가 상대적으로 '후발성의 이점'을 누릴 수 있는 분야가 없던 것도 아니다. 대표적인 것이 차량용 전자장비 부품(전장부품)이다. 2020년 산업연구원이 1차 부품업체 831곳을 전수 조사한 결과 전장부품을 생산할 수 있는 기업은 12.2%(102곳)에 불과[47]했다. 이항구 자동차연구원 연구위원은 "전장을 못 하면 전기차나 자율주행차 시장을 선도할 수 없다"라면서 "국내 업체들의 경쟁력은 한참 부족한 수준"이라고 지적한다. 광주에는 반도체 후§공정인 패키징 업체 앰코테크놀로지가 자리 잡고 있다. 또 전기차 핵심 부품인 공조장비의 경우 컴프레서(압축기)·워터펌프·히트펌프 등은 냉장고·에어컨에 쓰이는 컴프레서 등과 기술적인 친연성을 갖는다. 가전제품 공장이 많다는 것과 연관되는 부분이다.

전문가들은 광주형 일자리 추진 과정에서 산업 정책과 관련된 고려가 거의 없었다고 입을 모은다. 원래 이 사업은 박병규 전 광주시 경제부시장 등 기아차 노동운동가들에서부터 시작됐다. 직접적인 계기는 기아차 채용 비리였다. 한 관계자는 "기아차 노동자들도 자녀들에게 자신과 같은 지위를 물려주지 못할 것이라는 불안감이 팽배해 있고, 정규직과 부품업체 노동자·공장 내 파견직과의 격차가 문제가 되자 모색한 게 독일식의 노사정 타협 모델"이라고 귀띔했다. 윤 전 시장 시절에 관련 사업을 진행한 사람들은 노사관계 전문가나 윤 시장의 측근 그룹, 광주시 관료들이었다. 시장 취임 당시만 해도 광주시 근로자들의 임금 수준을 전반적으로 낮추고 기업 투자를 유치하자는 독일식 '슈투트가르트 모델'이었던 것이 자동차 위탁공장을 만들자는 '아우토5000 모델'로 바뀌었다. 현대·기아차 공장을 유치해 가시적인 성과를 내겠다는 정치적 고려와 노사정 타협 모델에 '꽂혀 있던' 노동전문가들의 접근 방법이 만들어낸 결과다.

윤 전 시장과 후임자인 이용섭 시장이 사업을 추진하는 과정에서 거버넌스의 취약성에 기인한 문제가 이어졌다. 공장 유치로 사업이 흘러간 데 대해 "시장 등 정치인은 임기 4년 내에 가시적인 성과를 내야 했기 때문에 공장 유치 등에 사활을 걸 수밖에 없었고, 광주시 실무 국·과장들은 1~2년의 임기에서 근무평가를 잘 받기 위해 주어진 과제를 원만하게 수행하는 데 관심이 쏠려 있었다"라며 당시 프로젝트에 참여한 또 다른 관계자는 말했다. 광주시 자동차산업과가 예산타당성평가 통과에만 관심을 기울이고, 사업 진행에 별다른 관심을 보이지 않은 게 대표적인 사레다.

현재 GGM의 지배구조도 효율적인 경영을 펼치기에 적합하지 않다는 평가가 많다. GGM은 대주주인 광주시, 현대차, 광주은행(지분율 11%)이 각각 임원을 파견한다. 광주시 몫인 최고경영자CEO는 박광태 전 시장이다. 박 전 시장은 이 시장 당선에 기여한 '조선대 라인'의 수장 격인 인물이다. 현대차는 대관 업무를 주로 담당했던 박광식 전 혁신지원담당 부사장을 부사장으로 선임했다. 이 인선은 현대차가 사업을 대하는 시각을 그대로 보여준다. 회사 실무를 총괄하는 경영본부장은 광주시 공무원 출신인 오순철 전 광주시 종합건설본부장이다. 오 본부장은 문화산업과, 회계과, 자치행정과, 행정지원과 등을 거친 터라 자동차 산업에 전문성이 있다고 보기 어렵다. "자동차와 생산관리 분야 최고 전문가들이 와도 성공시키기 어려운 사업인데, 비전문가가 의사결정을 내리는 상황에서 사업이 제대로 굴러가기를 기대할 수 없다"는 이야기가 나오는 이유다.

광주시는 산하기관 그린카진흥원을 거쳐 GGM을 지배한다. 그런데 그린카진흥원은 부패와 비리의 온상이다. 2020년 광주시는 50여 명의 직원 가운데 10명의 비위 사실을 적발했다. 배정찬 전 원장의 불법 관용차 구매, 직원 가족 회사와의 하도급 계약 체결, 뚜렷한 기준 없는 자의적 직원 채용 등 비위 내용은 다양하다. 한 광주시 공무원은 감사 발표 직후 그린카진흥원이 제대로 된 사후 조치를 하지 않을 것이라면서 "그간 진흥원의 행태를 보면 신뢰할 수 없다. 우리가 만족할 만한 수준이 나올 거라고는 생각을 안 한다"[48]고 말하기까지 했다.

광주의 대형 사업이 제대로 된 성과를 내지 못하는 근본적인 원인은 내부의 역량 부족이다. 실현 가능성이 있는 형태로 사업을 기획하지 못하는 데다, 부족한 자본·기술·수요·인력 등을 외부에서 끌어다 쓰지 못한다. 그리고 이 역량 부재는 '사람이 무능해서'가 아니라 '거버넌스의 결함' 때문이다. 계획을 실행하는 과정을 살피면 거버넌스의 취약성은 여실히 드러난다.

고속철도나 도로 같은 SOC 사업을 만들어 중앙정부의 예산을 타내는 대형 사업이 주를 이루는 과거에는 거버넌스의 취약성이 큰 문제가 되지 않았다. 예산을 타내서 그대로 쓰기만 하면 됐다. 하지만 현재 대규모 지역개발사업은 산업 생태계를 구축하는 형태를 띠고 있다. 자본이 희소하고, 규제를 조금만 풀면 기업이 공장을 짓는 시대가 아니기 때문이다. 문화산업처럼 고도의 인적 자원이 자율성을 발휘해 무형의 생산품을 만드는 부문의 경우, 건물을 짓는 것보다 인적 자원들이 모여들어 서로 네트워킹하고 사업체를 만들고 상당한 리스크를 지고 제품이나 서비스를 만드는 시도를 하는 '시스템'을 만들어내는 게 중요하다. 자동차 산업도 마찬가지다. 급격한 산업 변화 속에서 제대로 된 고부가가치 기업과 일자리를 만들어내기 위해서는 정교한 접근이 필요하다.

결국 광주가 직면한 '무능'의 문제는 낡은 방식의 개발사업에서나 통했을 제도적 역량을 가지고, 선진국형 첨단 산업과 고부가가치 서비스를 발전시켜야 하는 데서 기인한다. 내재적인 역량이 없기에 중앙정부나 대기업에 자본, 기술, 시장 나아가 사업 진행까지 모든 걸 의지한다. 중앙정부와 대기업은 자선사업가가 아니며, 나름의 이해관계와 조직원리가 있다는 사실을 잊은 것만 같다. 이러한 의미에서 광주는 내재적인 역량이 없고 거버넌스가 제대로 작동하지 않아 자원을 투입해도 성장할 수 없는, 일종의 '제3세계형' 저발전의 함정에 빠졌다고 할 수 있다.

5장

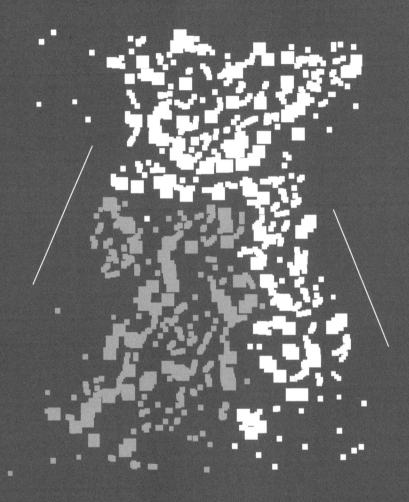

지방지배체제의
균열

한때 진보 지식인들 사이에서 유행했던 개념 중 하나로 '87년 체제'라는 것이 있다. 계간지 〈창작과비평〉이 2005년께 처음 주창했다. 요컨대 한국의 정치·경제·사회의 주요 구조가 1987년 6월 항쟁과 그 결과물인 제6공화국을 주요한 계기로 해서 만들어졌다는 것이다. 그리고 이후 사회 변동은 그 구조를 바탕에 깔고 일정한 형태를 띠고 있다는 이야기[1]다. 한 가지 재미있는 점은 정치, 외교, 남북관계, 경제, 사회, 언론 등 대체로 모든 것을 포괄하는 체제론이 어떤 한 분야에 대해서는 말하지 않고 있다는 점이다. 바로 지역의 정치와 경제다.

그런데 역설적이게도 지역은 87년 체제를 구성하는 핵심 요소다. 직접적으로는 지역 기반 정당들의 경쟁 구도 때문이다. 호남이나 영남, 간혹가다가 충청 등 지역을 주요한 기반으로 한 정당들의 경쟁이 한국 정치의 중심에 있었다. 1990년대까지 한국 정치를 이끌었던 김영삼·김대중·김종필의 이른바 '3김' 정치가 과거의 유물이 된 지 한참 지났지만, 정치 질서에 큰 변동이 없는 것은 상당 부분 양대 정당이 지배하는 구도가 지역을 기반으로 안정적으로 유지됐기 때문이다. 1987년 선거에서 대구·경북을 기반으로 한 노태우의 민주정의당과 부산·울산·경남을 기반으로 한 김영삼의 통일민주당을 국민의힘이 잇고, 광주·전남·전북을 기반으로 한 김대중의 평화민주당이 통일민주당에서 탈당한 노무현 등 '꼬마민주당'을 흡수하고 김종필의 자유민주연합과의 선거 연대를 통해 충청까지 기반을 확장해 오늘날 더불어민주당을 형성한 구도는 지금도 큰 변화가 없다.

경제 영역에서도 '머리' 또는 '구상(정신) 노동'이나 고부가가치 서비스업을 담당하는 서울과 '손발' 또는 '실행 노동'과 제조업 생산을 담당하는 지방의 역할 분담은 한국 자본주의 발전의 공간적 기본 틀이었다. 희소한 자본이 특정 지역과 그곳에 입지하는 산업에 집중적으로 투하되면서 불균등 발전이 이루어졌다. 자본·기술·인력 등 마중물이 집중적으로 쏟아졌던 곳에서 기업가들이 산업 생태계를 형성했다. 중앙정부의 자본 배분, 각종 신사업 인허가는 불균등 발전의 핵심 요인이었다. 서울과 지방 간의 위계질서, 지역 간의 격차, 중앙의 자원 배분이 지역에서 하는 역할과 그 변화 과정을 살피지 않고서는 한국 자본주의를 온전히 이해할 수 없다.

지역 기반 정당 구조가 안정적으로 유지될 수 있었던 이유는 '지방지배체제'라고 부를 수 있는 일련의 정치-경제 복합 구조가 지역에서 형성되었고, 그것이 별다른 문제없이 작동했기 때문이다. 그리고 1987년 이후 형성된 지역의 정치 질서와 경제 질서는 서로를 강화하는 선순환 구조를 만들었다.

지방지배체제는 크게 재경 엘리트-지역 기반 정당-중앙정부의 재원에 의존하는 지역개발사업이라는 세 축으로 구성된다. 재경 엘리트들은 자신의 이익을 극대화하기 위해 지역 기반 정당 및 지역개발사업을 적극적으로 활용한다. 지역 기반 정당은 지역의 정치·경제 엘리트가 자신들의 이해관계를 중앙과 지역 사회에 관철시키는 정치 기구다. 특히 각 지역에서 패권적 지위를 차지하는 정당은 지역사회에 자신들의 이익을 관철하고, 사회 전반을 자신들의 이익에 맞춰 조율하는 역할을 한다. 안토니오 그람시Antonio Gramsci가 이야기하는 헤게모니hegemony*가 지역 수준에서 유지되는 장치인 셈이다. 지역개발사업은 중앙과 지역 엘리트들을 동일한 이해관계로 결합시키면서, 동시에 이들이 지역의 다양한 계층 집단에 대해 지도력을 갖게 해주는 지렛대 역할을 한다.

각각의 구성 요소를 살펴보자. 첫 번째로 경북고, 부산고, 광주일고 등 지방 대표 명문고를 나와 서울대, 연세대, 고려대 등 명문대를 졸업하고 법조인, 고급 관료, 기업체 임원, 언론인 등이 된 재경 엘리트들이 있다. 이들의 핵심 네트워크는 지연과 학연이 결합된 고등학교다. 고위직을 얻는 데 중앙 정치권력이 중요

---

*   지배집단이 다른 집단을 이끌어 나가는 정치·경제·문화적 영향력을 가리킨다.

하기 때문에, 이들의 정치적 충성은 지역 기반 정당을 향한다. 대통령 선거철만 되면 국장이나 차관보급 고위 관료가 사무실 캐비닛에 쟁여둔 정책을 선거 캠프로 들고 가는 일이 벌어지곤 하는 것이 대표적인 사례라 할 것이다. 이들의 잠행이 새 정부에서 고위직을 얻기 위한 것임은 불문가지다.

두 번째는 지역 기반의 정당이다. 정당이 유지되기 위해서는 인력·조직·아이디어·자금 등 다양한 자원이 필요하다. 이 자원을 공급받는 파이프라인이 바로 지역이다. 재경 엘리트는 정치판에서 '새 인물'을 공급하거나, 정권을 잡을 경우 정부를 움직이는 핵심 인력 풀로 기능한다. 이들의 '표밭'은 정당 주요 인물들의 고향인 지방이다. 지방에서 표와 영향력을 확보하기 위해 정당들은 중앙 정치권력을 이용해 지역 기반에 대규모 공공투자사업을 시행한다. 그리고 지역 안에서는 현지 엘리트들과 유착관계를 형성한다. 지역 엘리트가 보기에 지역 기반 정당은 중앙정부의 자원 배분에 영향력을 행사할 수 있는 핵심 통로다. 동시에 지방자치단체와 지방 의회를 장악해 지역 수준에서 정치권력을 확보하고, 자신들의 이해관계를 지역 주민의 보편적 이해관계로 승화시키는 역할을 한다.

세 번째는 중앙정부의 재원을 기반으로 한 지역개발사업이다. 도로, 철도, 항만, 공항 등 SOC 투자는 지역 경제 활성화에 직접적인 도움이 된다. 산업단지 조성, 지방에 공장을 신·증설하려는 기업에 대한 지원, 규제 해소, 주거 및 생활시설 정비 등 이른바 '지역 숙원 사업'은 경제개발계획을 세워 집행하던 시절뿐만 아니라 지금도 여전히 중앙정부의 권한이 강하다. 성장기뿐만 아니라 구조조정 시기에도 구제금융 지원, 산업은행 등 금융기관 동원, 부실기업 매각 등에서 정치권력이 '우리 편이냐, 아니냐'는 상당한 영향을 미친다. 지역개발사업은 시행 과정에서 현지의 엘리트뿐만 아니라 소상공인, 지주, 건설 노동자 등 다양한 집단에 경제적 과실이 돌아간다.

　중앙정부의 자원이 지역 발전에 중요한 상황에서, 지역의 엘리트들과 지역 출신의 재경 엘리트들은 하나의 팀을 이루어 다른 지역과 경쟁하게 됐다. SOC 건설 등 공공투자나 경제개발계획은 물론 기업이나 공장의 배치, 교육기관 육성 등 사회·문화 영역의 다양한 지역개발사업에 이르기까지 중앙정부의 역할은 절대적이었다. 그리고 중앙정치에서 획득한 자원을 배분하는 과정을 통해 개별 지역 내에서 하나의 지배적인 정당이 우뚝 솟은 지역정치 구조는 유지되고 강화됐다. 지방자치제도는 지역 기반 정당이 각각의 시민사회에 깊숙이 침투하는 제도적 기반이었다. 따라서 지방자치단체나 지자체 수준의 정치는 '최종심급'에서 중앙권력에 예속될 수밖에 없었다. 지역 시민사회 내부의 이해관계는 중앙정부의 자원 접근이라는 목표로 수렴되었다. 87년 체제가 유지될 수 있었던 데에는 이 지역정치의 단단한 하부 구조가 있었기 때문이라고 보아야 할 것이다.

　지역의 경제적 이해득실이 중앙정부의 영향을 받는 여건 속에서 재경 엘리트와 지방의 기업인, 자산가, 지자체 공무원, 언론인, 현지의 정치인 등은 정치권력 획득이라는 이해관계를 공유한다. 그리고 지방의 노동자, 자영업자, 농수축산업자, 주부 등 유권자들도 엘리트들과 동일한 경제적 이해관계를 공유한다고 생각한다. 이 '낙수효과'에 대한 강력한 믿음을 빼놓고 '내 고향 엘리트들의 정당'에 대한 몰표에 가까운 지지를 설명할 수 없다. 국회의원-구청장-광역의회 의원으로 짜인 '지역구 사업'의 삼각 편대와 지역위원회에서 미세하게 뻗어 나가는 정당 조직은 지역 현안을 중앙정치에 반영하는 핵심 도관導管 역할을 한다.

이를 보여주는 대표적인 사례가 2019년 한국GM 구조조정이다. 한국GM은 인천 부평, 전북 군산, 경남 창원에 공장이 있었다. 부평은 연 44만 대를 생산하는 주력 공장이고, 군산(연 25만 대)은 중형 세단과 SUV를, 창원(연 21만 대)은 소형 상용차와 경차 등을 맡아왔다.[2] GM은 군산공장을 폐쇄하고 대신 창원에는 신형 소형 SUV 생산시설을 확충하겠다는 구조조정안을 발표했다. 2008년 글로벌 금융위기 여파로 GM이 유럽에서 철수하고, 오스트레일리아·인도·베트남공장을 정리하는 과정에서 완성차와 반조립차(녹다운 방식) 수출이 많았던 한국도 공장 일부 폐쇄를 피할 수 없었던 것이다. 2016년 현재 한국GM의 공장 가동률은 부평1공장 112.4%, 부평2공장 61.4%, 군산공장 18.1%, 창원공장 97.9%[3]였다.

이 상황에서 부평공장이 물량을 유지하면서 군산공장 폐쇄라는 형태를 취한 데에는 부평과 군산의 정치력 차이가 있다는 것이다. 군산에 새로운 차량을 배정하지 않고, 부평2공장을 살린 것 아니냐는 이야기다. 서동완 군산시의원은 "부평이나 창원 대신 군산이 '희생양'이 된 이유를 정치력의 차이로 이해[4]한다. 부평은 민주당 중진인 홍영표 의원의 지역구이며, 수도권 여론과 직결된다. 창원은 김경수 전 경남도지사의 지지 기반일 뿐만 아니라 국회의원도 5명으로 한 명인 군산보다 많다. 서 의원은 다른 전북 지역 국회의원을 찾아가 도움을 요청하자 "지역구가 아니어서 자세히 모른다는 대답"을 듣고, "GM특위 홍영표 위원장을 만났을 땐 이미 폐쇄 발표가 난 군산공장보다 부평공장의 생존에 더 관심이 많다는 느낌"을 받고서 군산공장 폐쇄를 직감했다. "처음엔 창원공장을 폐쇄하려고 했다가 잘못 건드리면 정치권과 노동자의 감당하기 힘든 저항을 부를 수 있다고 판단해 군산을 선택했다는 이야기가 돌았다"고 그는 말했다. 군산공장 폐쇄는 GM 입장에서 가장 가동률이 낮은 데다가, 되살릴 경우 신규 차종을 배정해주고 투자도 해야 하는 상황이었기에 내려진 결정이었을 수 있다. 하지만 이 사태에 대응하는 과정에서 공장이 입지해 있는 지역들은 각자의 정치력 차이를 체감하지 않을 수 없었다.

그런데 지방지배체제의 삼각 구조는 2010년대 이후 이전처럼 매끄럽게 작동하지 않게 됐다. 먼저 지방의 경제적 문제가 근본적으로 바뀌기 시작했다. 과거 경제발전의 결과로 지방에도 상당량의 고정자본이 쌓이면서, 중앙정부의 지방에 대한 SOC 투자 효과가 크게 떨어졌다. 또 탈공업화와 고령화로 인해 제조업 중심의 지방 경제가 쇠퇴하게 됐다. 지방 경제가 쇠퇴하는 문제 앞에서 전통적인 고정자본 투자는 별 효과가 없었다. 낙수효과가 가능하게 했던 순환구조가 허물어진 것이다. 이 순환구조는 지역 엘리트와 나머지 대중이 가졌던 일체감의 경제적 기반이었다. 그 대신 지역 엘리트와 유권자들 사이의 격차가 갈수록 부각되고 갈등 요인이 커지게 됐다. 지역에 기반한 정당에 대한 유권자들의 일체감도 약화됐다.

두 번째로는 중앙과 지방의 관계가 끊어지기 시작했다. 대규모 인구 이동이 일단락됐기 때문이다. 1940~1960년생으로 지방에서 중·고등학교를 졸업하고 상경한 이들은 고향과 지연과 학연으로 끈끈한 관계를 맺었지만, 그들이 나이를 먹어가면서 은퇴하고 생긴 빈자리를 수도권 명문고 출신이 채우게 됐다. 재경 엘리트의 자녀 세대인 1970~1990년대생들의 정체성은 서울 강남구·서초구·송파구에서 태어나 해당 지역 초중고를 나온 것에 기반한다고 해도 과언이 아닐 것이다. 그들에게 지방은 '시골'이라는 단어로 통칠 수 있는 것이기도 하다. 정당 입장에서도 수도권의 유권자 비중이 커지면서 지역의 이해관계를 우선적으로 반영할 필요가 줄어들게 됐다. 지방에서 온 이주민들이 공장 지대, 저소득층 거주지역에 몰려 살면서 향촌 사회의 네트워크와 수도권 집단 거주지의 네트워크가 중첩됐던 것도 이제 과거의 이야기가 되어 갔다. 정당이 지역 정체성을 내세울 이유가 줄었다.

호남에서 지방지배체제의 균열은 민주당이 가지고 있는 패권 정당 지위에 대한 염증과 반발로 나타났다. 2021년 대선 국면에서 20대 남성의 국민의힘 지지율이 민주당을 앞선다는 여론조사 결과가 지속적으로 나오는 것이 대표적이다. 2016년 안철수의 국민의당이 이 지역을 석권할 수 있었던 배경도 앞서 서술했듯이 민주당 내 호남의 입지 약화와 함께 민주당이 대변하는 '구체제'에 대한 염증 때문이다. 민형배 의원(광주 광산갑·당시 광산구청장)은 당시 "투표 동기를 분석해본 결과 '민주당이 싫다'가 압도적이었다"라며 "오랫동안 지속된 독과점 정당체제에 대한 피로감과 실망감이 정치 불신을 형성했고 이 정치 불신을 해소할 대안을 찾"[5]은 결과로 설명했었다. 국민의힘 지지는 여기서 한발 더 나아가 역사적으로 민주당이 보수정당을 상대로 갖고 있던 이데올로기적 우위가 허물어지고 있다는 이야기다. 또 지역민들의 불만이 임계점을 넘어섰다는 의미이기도 하다.

그다음으로는 호남의 저발전에 대한 일종의 '내인론'이 고개를 들기 시작했다는 것이 있다. 지금까지 호남의 저발전은 5·16쿠데타를 일으킨 박정희 등 군부를 비롯한 영남 세력의 독주에, 이 지역이 소외된 결과로 이야기되었다. 그런데 세 번째 민주당 정부가 들어섰음에도 평범한 지역민들이 먹고사는 문제는 그리 나아지지 않았다. '전리품'이라고 이야기된 거창한 지역개발 프로젝트의 성과는 초라했다. 이런 상황에서 지역 엘리트들과 지방 정부의 무능과 부패가 두드러지고 있다. 계속되는 지방의 침체가 전통적인 엘리트들에 대한 불신을 키우는 것이다. 본격적인 붕괴가 일어나고 있는 것은 아니지만, 굉장히 단단해 보였던 시스템이 삐거덕대면서 흔들리는 양상이다.

텅 빈 고속도로는 누구를 위한 것일까

서울에서 전남으로 내려가는 길에 '달리는 맛'을 느낄 수 있는 드문 구간 중 하나가 고창담양고속도로다. 서해안고속도로 고창분기점과 호남고속도로 장성분기점 및 대덕분기점을 잇는 42.5km 길이 4차로가 꽤 한산하기 때문이다. 특히 장성분기점에서 대덕분기점까지는 독일 아우토반을 달리는 듯한 기분마저 들 정도다. 2017년 김성태 의원실이 공개한 자료[6]에 따르면 사업 추진 당시 일 3만 5,200대가 다닐 것으로 예상했지만, 실제 교통량은 절반 수준인 1만 7,700대(2016년 평균)에 그쳤다. 설이나 추석 같은 명절에도 쾌적하게 통과할 수 있는 이유다.

그나마 이 도로는 차량이 다니는 편이다. 실제 교통량이 공사 전 추정치에 전혀 미치지 못하는 여주~양평(17.5%), 익산~장수(28.5%) 고속도로 같은 곳도 많다. 공사비도 고창~장성은 3,500억 원으로 익산~장수(1조 3,100억 원)의 4분의 1 수준에 불과하다.

텅텅 빈 이들 고속도로는 중앙정부의 지역개발 투자가 더는 큰 효과를 보기 힘든 이유를 잘 보여준다. 선진국형 경제 구조로 바뀌면서 나타나는 현상 중 하나는 SOC 지출이 줄어드는 것이다. 제조업이 중심이 된 고도성장 시기에는 고정자본에 대한 양적 투자가 주를 이루었다. 하지만 경제가 '물량'이 아니라, '질'이나 '부가가치'를 중시하는 방향으로 향하면서 SOC 투자는 감소하게 된다. 국토연구원은 2018년 보고서[7]에서 OECD의 국내총생산GDP 대비 SOC 투자가 0.8~0.9% 정도로 비슷한 수준을 보이고 있다고 분석했다. 한국의 SOC 투자는 2010년에 GDP 대비 2.0%를 기록했다. 글로벌 금융위기 직후 4대강 사업 등으로 SOC

투자를 크게 늘렸기 때문이다. 이후 가파르게 줄어들기 시작해 2019년 GDP 대비 1.0%까지 떨어졌다.

그동안의 SOC 투자가 누적되면서, 추가적인 투자에 따른 편익도 감소했다. 한계 수익 체감 현상이 또렷해진 셈이다. 박진경 한국지방행정연구원 수석연구원의 보고서[8]에 따르면 도로 연장이 늘어나는 데 따른 생산성 증가 효과는 2006~2007년 2.6%(맘퀴스트 생산성 지수 기준)였는데, 2012~2013년엔 0.4%로 쪼그라들었다. 국토교통부 〈도로 현황〉에 따르면 포장도로는 1960년 총 100만km에서 1980년 1,560만km로 15.5배 늘었다. 2000년(6,730만km)은 1980년 대비 4.3배 증가했다. 그런데 2020년 (9,870만km)에는 1.5배 늘어난 데 불과했다. 연평균 증가율이 14.7%→7.6%→1.9%로 계속 줄어드는 양상이다.

전통적인 SOC 사업이 포화상태에 이르자 지자체는 공항, 고속철 등 새로운 프로젝트를 내놓고 있다. 2021년 국토부는 가덕도(부산), 새만금(전북), 울릉도(경북), 흑산도(전남), 제주도, 대구·경북 등 6곳에 신규 공항 건설을 추진하고 경기 남부, 서산, 백령도, 포천 등 4곳에 공항 건설 타당성을 검토한다고 발표했다. 명분은 관광산업 개발, 물류 허브 구축, 항공정비산업 육성 등이다. 김포, 김해, 제주, 대구를 제외한 국내 공항 10곳이 적자[9]라는 사실은 누구도 거론하지 않는다. 김천에서 합천, 진주, 통영을 거쳐 다리로 거제도까지 연결되는 남부내륙철도는 건설 및 운영비용 내비 성제·사회적 효과를 의미하는 비용편익비율이 두 차례 타당성 평가에서 각각 0.3, 0.72에 그쳤지만, 지역 균형발전을 위해 5조 3,000억 원[10]이 투입된다.

　도로에서 공항, 철도로 종목이 바뀌어도 SOC 투자 효과가 떨어지는 것은 변함없다. 부산대의 이근재·최병호 교수는 2015년 발표한 논문[11]에서 시군 단위 지방자치단체의 경제개발비 지출이 1인당 지역내총생산GRDP을 얼마나 끌어올리는지 분석했다. 경제개발비는 SOC 투자를 비롯한 지역개발사업을 모두 포괄한다. 그런데 재정승수*가 2000년 1.71에서 2005년 1.38, 2011년 1.22로 계속 낮아졌다는 결과가 나왔다. 특히 군 단위 지자체의 재정승수는 2011년 0.57로 2000년(0.95)에 비해 거의 반 토막이 났다.

　지방 SOC 투자 효과가 떨어진다는 지적에 대해 '그래도 장기적인 성장 잠재력은 높일 수 있는 것 아니냐'는 반론이 가능하다. 그런데 정용석 신라대 교수가 광역시를 대상으로 실시한 분석[12]은 재정 투입의 장기 효과도 하락 중임을 보여준다. 정 교수는 1987~1997년(1기)과 1999~2012년(2기)을 각각 나누어 비교했다. 광주의 경우 2000년대 재정지출 효율이 이전 시기의 30%에 불과했다. 각각 부산은 59%, 대구는 79% 수준으로 재정의 효과성이 대폭 하락했다. 민주당이 2021년 부산시장 재보궐 선거를 앞두고 가덕도 신공항 사업을 띄워서 선거 쟁점화하려고 했지만 두 배 가까운 득표율 차이로 대패한 근본적인 원인은, 대형 SOC 건설 등 '건별'로 집행되는 대규모 지역개발사업이 더는 지

－－－－

*　　　재정을 1단위 투입했을 때 가계·기업·정부의 소득 증가량을 가리킨다.

역 주민들의 먹고사는 문제에 도움이 되지 않기 때문이라 할 수 있다.

공공기관의 지방 이전은 지방에서 SOC 투자 효과가 크게 하락한 상황에서, 정치권과 지자체가 대안을 모색한 결과라 할 수 있다. 수요를 유발할 수 있는 공공기관을 물리적으로 옮겨버리자는 것이다. 하지만 공공기관이 소재한 혁신도시는 지역 경제와 꽤 분리되어 있다. 혁신도시 가운데 가장 성공한 곳이라는 나주의 경우 주민 중 외지에서 온 비율은 3분의 1 정도다. 광주와 나주에 살던 사람이 각각 3분의 1을 차지한다. 베드타운 성격이 강한 셈이다. 심지어 전북혁신도시의 경우 유입인구 90%가 전북 지역 주민[13]이다. 신한카드와 국토연구원 자료에 따르면 2019년 나주혁신도시 주민의 신한카드 결제 대금(총 2,300억 원) 중 27.5%는 광주에서, 19.1%는 서울에서 사용[14]됐다. 혁신도시 내에서 쓴 돈은 29.8%에 그쳤다. 원래 살던 광주나 서울에서 돈을 쓴다는 이야기다. 수요 유발 효과도 적을 수밖에 없다.

주변부화되는 지역

점점 강화되는 '지역의 주변부화'도 지방지배체제를 흔드는 요인이다. 먼저 1990년대까지 유지되던 제조업 기반이 사라지고 있다. 군산의 한국GM 공장과 현대중공업 조선소가 대표적인 사례다. 현대중공업 군산조선소는 2007년 호황기 때 범용 화물선과 유소선을 생산하기 위해 대형 도크 1개 규모로 건설됐는데, 이후 조선 경기가 꺾이고 중국 등과 경쟁이 치열해지면서

2017년 가동을 중단하게 됐다. 호남 밖이지만 경북 구미의 경우 삼성전자, LG전자 등 전자업체들이 밀집해 있던 곳인데, 삼성전자가 베트남에 생산기지를 세우면서 구미공장 문을 닫는 등 해외 공장 이전의 직격탄을 맞았다.

기존 제조업은 급격히 쇠퇴하는 가운데, 새로운 산업은 지역으로 내려오지 않는다. 가령 제조업 R&D 시설의 경우 예전에는 대체로 공장 인근에 자리했는데, 지금은 고급인력 확보가 용이한 수도권으로 이동하는 모습을 보인다. 디지털 기술의 발달과 제조업 발전으로 생산 현장에 붙어서 제품을 개발하는 예전 형태에서 벗어날 수 있게 됐기 때문이다. 지난 2015년 현대자동차 상용차 사업부가 완주공장에 있던 R&D 인력 300명을 경기도 화성 남양연구소로 이동 배치한 것이 대표적인 사례다. 자율주행 기술의 경우 남양연구소를 비롯해 충남 서산의 현대모비스 연구소, 한국타이어와 같이 짓기로 한 주행시험장 정도가 R&D 시설의 '남방한계선'이나 마찬가지다.

고부가가치 서비스업의 경우 서울과 수도권의 독주라 말해도 과장이 아니다. 중앙이 '구상'을 맡고 지역이 '실행'을 맡는 산업화 시기 국토 공간 구조에서, 지역은 서비스업이 성장하기 어렵다. 〈무등일보〉는 "'서울生 스펙' 너무 부럽다… '지방러' 진욱 씨의 눈물"[15]이라는 제목의 기사에서 전남대를 졸업하고 2017년 광고기획자가 되기 위해 서울에 간 김진욱(가명) 씨의 사례를 소개했다. 김 씨는 대기업은 물론 중소기업도 서울에 몰려 있는 까닭에 별수 없이 상경할 수밖에 없었다. "서울에서 태어난 친구들은 모르는데 지방러*에게 그게 가장 부러운 스펙이에요"라는 게 타향살이 중인 그의 말이다. 류재준 광주시 균형발전정책과 전문위원은 "석·박사라고 하는 고급인력은 더욱더 이곳 대학원을 나와 갈 만한 데가 없다"라며 서울이나 수도권으로 갈 수밖에 없음을 지적했다.

이러한 변화에 대응하는 데 기존의 지방지배체제는 취약하다. 제대로 된 성장 전략을 짜고 실행할 수 있는 역량이 없고, 거버넌스에 결함이 있기 때문이다. 지역에서 노동자나 자영업자가 엘리트들과 정치적 일체감을 가졌던 이유는 제조업 대공장 성장과 SOC 건설사업 등을 통한 낙수효과 때문이다. 그런데 제조업 기반은 사라지고, 지역의 엘리트들이 주도하는 대규모 프로젝트가 실패를 거듭하면서 불만이 커질 수밖에 없다.

게다가 지역사회 내부에서 경제적 격차, 특히 자산 격차가 벌어지기 시작했다. 2021년(4~8월) 광주 아파트 중 가격이 비싼 20%(5분위) 평균 매매가격은 5억 9,300만 원으로 2013년(2억 9,000만 원)과 비교해 104.4% 올랐다. 같은 기간 가격이 싼 20%(1분위) 평균 매매가격은 6,900만 원에서 1억 900만 원으로 56.3% 오르는 데 그쳤다. 둘 값 사이의 비율(5분위 배율)은 4.1에서 5.4로 늘어났다. 6개 광역시 평균 5분위 배율(5.6)에 못 미친다지만, 자산 양극화에서 호남도 예외가 아닌 셈이다.

〈무등일보〉가 2021년 9월 실시한 '청년층 불만 요소' 여론조

---

* 　지방 출신 서울·수도권 거주자를 이르는 말이다.

사[16]에 따르면, 30대들은 청년층의 불만 요인으로 '부동산 가격 상승 및 전·월세 문제'(36.6%)를 가장 많이 꼽았다. 그다음이 '일자리 부족'(35.6%)이었다. 20대는 '일자리 부족'(35.4%) 다음이 부동산 문제(28.6%)였다. 40~50대는 일자리 부족이 40% 중반대고, 부동산은 10% 중후반대에 불과했다. 부동산 가격 앙등이 세대 간 부의 이전 성격을 강하게 띠고 있다는 점을 감안하면, 무주택 20~30대와 유주택 40~50대 사이의 부동산 이슈에 대한 시각이 극명하게 갈림을 시사한다. 또 지역개발사업이 노동시장을 좋게 만들지 못하는 동시에 자산 양극화가 심해지는 상황에서, 지역의 '기득권'에 대한 불만이 터져 나오는 게 자연스러울 것이다.

리서치뷰, 리얼미터 등이 지역 언론사 의뢰로 2021년 7~9월 광주에서 실시한 여론조사[17]에 따르면 20대의 국민의힘 지지율은 23.2~31.7%에 달한다.* 2월에는 지지율이 5%에 불과했던 것을 감안하면 폭발적인 지지세 결집인데, 민주당에 대한 20대의 반발이 강하게 터져 나왔다고 보는 게 타당하다.

우파 성향 시민단체 〈미래대안행동〉에서 활동하고 있는 A 씨(23세)는 "조금 세게 이야기해서 광주의 20대 남성들은 민주당을 지지하는 스탠스(입장)를 혐오스러워한다"라며 "최근 몇 년 사이 급격히 형성된 분위기가 있다"고 귀띔했다. "이준석 국민의힘 대표가 선출된 뒤 보수 지지를 드러내도 큰 문제가 되지 않는 기류가 생겼다"고 덧붙였다. A 씨는 원래 NL(민족해방) 계열의 학생

---

* 성별로 쪼갠 자료가 있는 9월 리서치뷰 조사에 따르면 그 가운데 20대 남성의 지지율은 51.5%, 여성은 10.2%였다.

운동 조직인 한국대학생진보연합(대진연)에서 열심히 활동해왔다. "서울에서 열리는 웬만한 집회는 모두 참석했었다"라며 "조국 전 장관을 옹호하는 서초동 집회 등에도 다니다 어느 순간 '이건 아니지 않나' 하는 생각에 결국 대진연을 탈퇴하게 됐다"는 게 그의 '전향' 과정이다. 학생운동역사 등에 대한 공부를 하기 위해 유튜브 콘텐츠를 살피다 '유재일TV' 등을 보기 시작한 것도 계기였다. 학내에 따로 결성된 우파 조직 등은 없지만 대학교 기반 커뮤니티 서비스 '에브리타임'을 통해 생각이 비슷한 전남대생 6명이 오프라인 회동을 갖기도 했다. A 씨는 민주당에 대한 또래들의 반감을 두고 "대학을 타지로 간 친구들이 광주를 부끄러워하고, 네이버에 '광주에서 가볼 만한 곳'을 검색하면 과거를 상징하는 망월동 5·18 묘역이 맨 처음 나오는 등의 경험을 하면서 '이대로는 아니지 않나' 하는 생각을 하게 된 것 같다"고 말했다.

한편 중앙의 엘리트 사회에서 지역 출신이 가파르게 준 것도 지방지배체제가 쇠퇴한 또 다른 원인이다. 엘리트들의 지위 경쟁에서 지연이나 학연의 중요성이 떨어지면서 지방이 중앙에 영향을 미칠 수단이 사라지게 됐다. '재경 엘리트'가 줄어든 기본적인 이유는 과거 호남인의 대규모 이동으로 지역 내 학령인구가 감소한 것이다. 여기에 더해 서울과 지역의 격차가 커지고, 명문대 입시 등에 부모의 학력이나 경제적 지위가 미치는 영향력이 확대되면서 지방 출신의 '경쟁력'은 급격히 하락했다. 과거 호남은 차별 속에서 '어느 지역 출신인지'보다 '등수'가 중요한 고시에 전력을 기울여왔다. 서울과 목포·광주를 오가며 유년기와 청소년기를 보낸 오윤 씨(1976년생)가 광주 중학교로 전학 왔을 때 다른 성공의 방편을 찾지 못하고 죽기 살기로 입시에 매달리던 분위기에 압도됐던 경험을 털어놓았던 게 대표적이다. 오 씨는 "그 도시(광주)가 다음 세대에게 제시할 수 있는 생존 전략이라는 것은 비장하게 실력을 키우라고 외치는 것뿐"이었다며 "매질을 동원하면서 혹독하고 가혹하게 학생들을 책상에 앉혀 놓았다"[18]고 회상했다.

〈법률신문〉이 작성하는 '한국법조인대관' 데이터베이스를 이용해 광주·전남·전북 출신 사법시험 합격자 비율을 출생 연도별로 분석했다. 사법고시 합격자는 다른 직군에 비해 출신 지역이나 학교에 대한 정보가 잘 공개되어 있다. 1960~1970년생 내에서 호남 출신 사법고시 합격자는 23.0~23.3%였다. 그런데 1975년생 16.9%, 1980년생 14.6%, 1984년생 10.5%로 가파르게 감소했다. 2021년 현재 40대 중후반인 연령대부터 호남 출신 법조인 숫자가 줄었다는 이야기다. 지역별·학교별 결과가 이따금 공개되는 서울대 입시도 동일한 경향을 보인다. 1995년(1976년생 전후) 서울대 합격자 중 광주·전남은 9.1%, 전북은 6.1%(합계 15.2%)를 차지했다. 그런데 2005년이 되면 광주·전남이 6.3%, 전북은 2.6%(합계 8.9%)로 쪼그라들었다. 2017년 입시에서는 광주·전남 4.1%, 전북 2.9%에 불과했다. 2007년 〈전남일보〉는 서울대 입시 결과를 분석하면서 웬만한 학교들은 반에서 한두 명 이상 서울대에 갔던 과거가 무색하게 이제 학교별로 몇 명 보내는 게 고작이라며 "고개 숙인 '실력 광주'"[19]가 됐다고 한탄하는 기사를 내기도 했다.

현재 중앙정부 장·차관 내지 차관보까지 역임한 60년대생-80년대 학번 재경 엘리트들의 주된 거주지는 서울 강남 3구다. 문재인 정부 들어 요직을 맡은 호남 출신 경제 관료들이 서초구, 강남구, 분당 등에 사는 데서 잘 드러난다. 이들 중 상당수는 사무관 시절에 호남 출신이라는 이유로 설움을 느끼기도 했고, 정치권력의 부침도 겪었지만 결국 고위직에 앉는 데 성공했다. 하지만 명문대를 나오고 번듯한 일자리를 얻은 이들의 자녀들이 가진 핵심 정체성은 '강남 출신'일 것이다. 부자가 대를 이어 장관을 역임한 전북 출신 가계가 있다. 두 사람 모두 훌륭한 인품과 능력을 갖췄다고 평가받는다. 현재 아버지는 압구정동에 살면서 도곡동 아파트에 월세를 놓고 있는 2주택자로, 유튜브 보수 우파 방송에 다달이 후원금을 낸다. 아들의 경우 도곡동을 거쳐 현재 압구정동 아파트에 살고 있다. 이들의 고향에 대해 누구도 언급하지 않는다. 문재인 정부에서 왕성하게 활동하고 있는 호남 출신 엘리트 가계의 미래 모습을 미리 보여주는 사례다.

왜 광주만 코스트코·스타필드가 없나요?

최근 광주에서 발생한 가장 특이한 사건이 있다면 '대기업 복합쇼핑몰 유치 광주시민회의(광주시민회의)'라는 단체가 코스트코·스타필드 등 대형 복합쇼핑몰이 광주에 들어서도록 캠페인을 전개하겠다고 나선 것이다. 광주시민회의는 2021년 7월 기자회견을 갖고 "광역시 중 유일하게 광주에만 복합쇼핑몰이 없다"

라며 "(경기도) 하남이나 광명으로 원정 쇼핑을 떠나는 등 불편함은 물론이고, 쇼핑의 즐거움이나 문화생활의 향유 수준에서 다른 광역시보다 빈약하다"고 주장했다. 이들은 2015년 신세계가 고속버스터미널이 있는 광천동 이마트 자리에 특급호텔과 면세점 등을 지으려다 정치권의 반대에 무산됐던 사건을 거론하며 "광주 낙후의 책임은 반시장 정서를 조장하는 시민단체와 정치권에 있다"고 했다. 또 현재 부지 활용 방식을 놓고 논란이 일고 있는 광주 무등경기장(야구장) 옆 전남·일신방직 부지에 공원이나 공공시설을 들여서는 안 된다고 주장했다.

이 캠페인을 '특이하다'고 평가한 것은 광주에서 처음으로 본격화된 보수 또는 우파 성향의 풀뿌리 운동이기 때문이다. 대표는 운암동과 담양에서 카페를 운영하는 배훈천 씨다. 그리고 주동식 국민의힘 광주 서구갑 지역위원회 위원장이나 나연준 〈제3의길〉 편집위원 등 보수 성향 인물들이 몇 있다. 이 단체는 호남대안포럼에서 활동하던 인물들이 별도 시민운동 조직이 필요하다는 생각에 결성한 뒤, 인터넷을 통해 회원을 모집했다. 9월 현재 SNS 밴드에 가입되어 있는 회원은 270명이다. 뚜렷한 정치 성향이 있다기보다는 민주당이 포괄하지 못하고, 광주 지역이 돌아가는 방식에 불만을 품은 인물들로 보는 게 정확할 것이다.

두 번째 특이한 점은 이들의 주장이 광주에서 큰 호응을 받고 있다는 것이다. 광주시민회의는 기자회견 메시지에서 상당한 수준의 우파 성향을 드러냈고, 민주당이나 진보 성향 시민단체를 직접 비판했다. 그럼에도 이 지역 여론은 호의적이다. 〈무등일보〉가 2021년 7월 실시한 여론조사[20]에서 '광주시가 창고형 할인마트, 대형복합쇼핑몰을 적극 유치해야 한다'고 답한 응답자가 58.0%였다. 유치하면 안 된다는 응답은 10.0%에 불과했다. 특히 30대(77.4%)와 20대 이하(72.3%)는 유치에 찬성하는 의견이었다. 〈무등일보〉는 여론조사 결과에 대해 "소상공인 피해 논리에 가려져 있던 지역민들의 욕구가 여실히 드러난 것"이라고 풀이했다.

세 번째로 특이한 점은 광주시가 나서서 쇼핑몰을 유치해야 한다고 목소리를 낸 것이다. 서울이나 수도권 사람들에게는 기묘해 보일 수 있지만, 광주를 비롯한 '지방'이 복합쇼핑몰, 창고형 할인점 등을 보는 시각은 사뭇 다르다. 청년층이 계속해서 수도권으로 빠져나가는 데에는 라이프스타일의 격차도 크게 작용하기 때문이다. 앞서 소개한 김진욱 씨가 '서울살이'에 대해 "괜히 서울로 오고 싶어 하는 게 아니다. 일자리가 많은 것도 있지만 조금만 걸어도 온갖 문화생활과 즐길 곳이 넘쳐난다. 광주에 있는 친구들도 서울에 올라오지 않은 걸 후회하는 경우가 많다"고 말한 것이 대표적이다. 지역의 빈약한 서비스 산업이 삶의 질을 떨어뜨리고 있는 셈이다. 다른 한편에서 광주시가 소상공인 단체를 무릅쓰고 복합쇼핑몰을 유치해야 한다고 주장한 것은, 그동안 하나의 정당에 통합돼 잘 드러나지 않았던 지역 주민들의 서로 다른 이해관계를 수면 위로 올리는 기제가 되기도 했다.

광주시민회의가 기자회견을 하고 3주 정도가 지난 8월 중순, 그가 운영하는 담양 카페에서 배훈천 씨를 만났다. 담양 병풍산과 대야제(저수지)를 면하고 있는 카페는 인터넷 포털 사이트에 꽤 많은 리뷰가 올라와 있고 음식과 커피 맛이 좋다며 평점도 높다. 하지만 신종 코로나바이러스 감염증(코로나19) 영향인지, 금요일 늦은 오후라는 시점을 감안해도 한산했다. 배 씨는 6월 호남대안포럼이 주최한 토론회에서 "현실에 발 딛고 살아가는 자영업자가 볼 때 문재인 정권의 경제정책은 한마디로 문제다. 무식하다. 무능하다. 무대뽀다"라며 직격탄을 날려 전국적인 관심을 모았다. 배 씨는 이전까지는 학원 운영 등 자영업을 하면서 다른 활동을 거의 하지 않았다. 1986년 전남대에 입학해 비주류 정파의 총학생회장 후보로 출마하는 등 학생운동 이력이 있는 정도다.

그는 지역사회에서 곱지 않은 시선을 받을 위험을 무릅쓰고 공개석상에 나선 동기를 명확히 이야기하지는 않았다. 하지만 당시 발언 내용을 보면 지역의 경제 사정에 대한 불만이 강하게 묻어난다. 배 씨는 "김대중 대통령이 IMF를 극복하면서 공공부문을 개혁하고 민간부문을 활성화시킨 것과 반대로 문재인 정부는 공무원만 늘리고 있다. 새로 생긴 일자리라곤 택배기사님들과 배달 라이더 그리고 모자 쓰고 동네 한 바퀴 도는 노인 일자리뿐이다"[21]고 말했다. 지역에 일자리가 늘지 않으니 업황이 좋을리가 없다. 배 씨는 자신이 운영 중인 카페의 "2019년 매출이 코로나가 한창이던 2020년보다 더 나쁘다"라면서 문재인 정부의 소득주도성장 정책이 다양한 형태로 지역의 구매력을 줄이고 있다고 주장했다. 급격한 최저임금 인상으로 비용이 뛰어 채산성이 악화된 것은 덤이다. 심지어 코로나 상황에서 도움이 된 것은 재난지원금이 아니라 배달 서비스인 '배달의민족'이었다고도 말했다.

그가 복합쇼핑몰 유치라는 의제를 발굴하게 된 계기는 특별하지 않다. 배 씨는 "광주시청의 '바로소통광주'나 지역 정보지 사랑방신문의 '광주톡'에 심심찮게 복합쇼핑몰이 필요하다는 의견이 올라오고, 심지어 청와대 국민청원에 누군가 글을 올리기도 했다"고 말했다. 지역 주민들이 가장 불만을 느끼는 사안임을 파악하고 그걸 이야기한 것이란 의미다. 그는 "광주를 하나의 상징이나 도구로 삼는 중앙 정치인과 다른 느낌의 시민운동을 해보고 싶어 시작했다"라며 "삶의 현장에서 나오는 목소리를 들어보라는 것"이라고 말했다. 배 씨는 6월 발언 이후 겪은 일련의 사건에 대해 "보수건 진보건 진영을 나눠서 각 진영의 이익이 되는가, 안 되는가만 따지고 시민 개인의 인권이나 의식에 대해서는 무관심한 건 똑같더라"라며 기성 정치권에 대한 불신을 드러냈다.

이 문제는 일자리를 둘러싼 갈등이기도 하다. 청년이나 중장년이 일할 만한 일자리가 만족스러운 규모로 창출되지 않는 상황에서, 호텔과 복합쇼핑몰이 제공하는 일자리는 다수가 저임금·미숙련 노동이라 하더라도 매력적이다. 신세계백화점이 대전 유성구에 백화점과 복합문화시설을 결합한 초대형 매장을 열면서 3,000명을 채용했다는 사실이 알려지자 소식을 전한 기사에 광주시와 상인단체, 정치권을 성토하는 댓글이 넘쳐난 것[22]이 이를 방증한다. 복합쇼핑몰에 우호적인 〈무등일보〉는 "요즘 젊은 세대들은 말할 것도 없고 중장년층조차도 광주를 놀 거리·볼 거리·즐길 거리가 없는 '3무無의 도시'라 한다"[23]라며 도시 경쟁력과 일자리 창출 문제를 집중적으로 지적했다.

반면 기존 상인들에게 복합쇼핑몰은 자신들의 매출을 빼앗고 생계를 위협하는 존재다. 가뜩이나 온라인 판매 비중이 커지고, 대형마트나 할인점에 밀리는 입장에서 복합쇼핑몰의 등장은 겨우겨우 매장을 꾸려나가는 상황마저 무너뜨릴 수 있는 강력한 외부 충격이다. 그리고 그들은 지역정치의 하부 조직을 담당하고 있기도 하다. 신세계그룹이 광주 인근 나주에 프리미엄아울렛을 지으려다 무산된 것이나, 광주 광산구의 어등산관광단지가 상업시설 면적을 너무 줄여 16년째 사업이 제대로 진척되지 않은 것은 그들이 가진 정치적 힘 때문이라고 보아야 할 것이다.

따라서 복합쇼핑몰 유치 캠페인은 민주당을 정면으로 겨냥하는 효과를 낸다. 민주당이 우군으로 삼고 있는 진보 성향의 시민단체나 소상공인 단체가 지역에서 발휘하는 영향력을 걸고넘어지는 효과가 있기 때문이다. 지난 2015년 신세계그룹이 광주시와 양해각서MOU까지 체결했던 특급호텔 건설 프로젝트가 중단된 것은 민주당 을지로위원회, 이재명 당시 성남시장 등 민주당 유력 정치인들이 반대론을 펴서다. 민주당 광주시당이 찬성 입장이던 윤장현 당시 광주시장(국민의당 계열)을 의식해 강경론을 편 것을 중앙당이 지원해줬다. 민주당 광주시당은 건설 예정지에서 100m 떨어진 금호월드쇼핑몰 상인 1,000명을 비롯해 시민단체, 진보 세력[24]을 우군으로 삼았다. 복합쇼핑몰 문제가 여론의 지지를 얻을수록 민주당의 입장은 옹색해질 수밖에 없다. 주동식 위원장 등이 이 운동에 적극적으로 참여하는 이유 중 하나는 여기에 있을 것이다.

복합쇼핑몰 유치 논란은 이러한 점에서 광주의 기존 지방지배체제 유지가 점점 어려워지고 있음을 시사하는 사건이다. 중앙정부로부터 자본이나 개발사업을 따와서 지역 경제를 활성화하는 방법은 좀처럼 성과를 내기 힘들게 됐다. 경제 구조의 변화로 지역의 여건은 전방위적으로 악화되고 있다. '원정 쇼핑'은 소비 측면에서도 지역의 주변부화를 보여준다. 함께 일치단결해 파이를 키운 뒤, 나누어 먹을 수 없는 상황에 봉착한 지역민들은 서로의 이해관계에 따라 격심한 갈등을 빚는다.

이러한 갈등을 조율하고 새로운 성장 모델을 제시하는 것이 지방지배체제를 이끄는 민주당과 지역의 엘리트층이 해결해야 할 과제다. 하지만 그들은 변화할 생각도 역량도 의지도 없다. 오승용 전남대 연구교수는 "광주시의 해묵은 지역 현안들은 십수 년째 공전空轉을 거듭하고 있는 상황"이라며 "지역의 정치인들은 문제를 제대로 해결하지 못하고 미루고 미루다가 급기야 대통령 선거 공약으로 만들어 (중앙의 자원을 지원받는 방식으로) 해결하는 출구를 찾을 뿐"이라고 냉소했다. 대학 졸업 후 생활 전선에 줄곧 서 있었던 50대 카페 사장의 외침에 격렬한 반향이 뒤따르는 건, 호남이 한계에 봉착했음을 사실 모두가 인지하고 있기 때문일 것이다.

6장

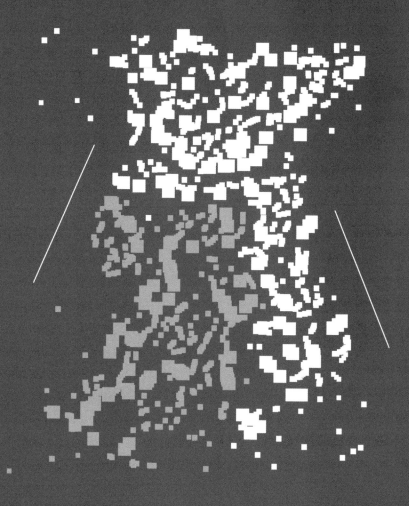

이중차별에서
벗어나기 위해서는

지금까지 살펴본 내용을 한 줄로 요약하자면, 지역과 계급이라는 이중차별을 당하는 호남인의 실태라 할 수 있다. 호남인들은 역사적으로 산업화 열차의 '꼬리칸'에 겨우 탑승이 허락된 이들이다. 문자 그대로 제대로 된 '부르주아지'를 가져보지 못했다. 산업화 과정에서 체계적으로 주변부로 밀려났었던 사람들이 탈산업화, 4차 산업혁명 같은 이야기가 나오는 시기에 곧바로 적응해 제대로 된 발전전략을 세우고 성공의 경험을 쌓기란 여간해서는 어렵다.

그나마 호남인들 가운데 서울로 올라간 '출향 인재'들과 현지의 엘리트들은 어느 정도 먹고살 수 있는 방편이 있다. 이들은 1990년대 후반 이후 지역 중심의 정치 구도에서 수도권 중상위층 기반의 세력과 연합해 정치권력을 획득하는 방식으로 수혜를 입었다. 시민사회에 깊숙이 침투한 지역패권정당이 모든 계층·직업·연령집단의 이해관계를 대변하는 거버넌스 구조에서 현지 엘리트들은 도전받지도, 견제받지도 않는 꽤 안락한 지위를 누려왔다.

한편 꼬리칸에서도 뒤에 밀려나 있었던 사람들은 기회, 좀 더 분명히 말하면 '개평'도 받지 못했다. 그들은 광주나 전주, 군산 같이 좀처럼 활로를 찾지 못하는 곳에서 지역과 함께 천천히 가라앉고 있는 처지다. 그들의 자녀 세대는 호남에서 태어났다는 이유만으로 대단히 '불리한 시작점'에서 삶을 시작한다. 이른바 '7시 방향'*에 대한 사실상의 차별인 것이다. 그들에게 주어지는 선택지는 정말 운 좋게 명문대를 나와 번듯한 일자리를 잡거나, 공무원 시험에 합격하거나, 아니면 그들의 삼촌이나 고모가 그랬던 것처럼 임금이 낮고 고용 행태가 불안정하며 다들 기피하는 일자리를 찾아 다른 지역으로 이주하는 것 정도다.

서울에서 하층 노동자나 자영업자의 삶을 꾸려갔던 이들의 현실도 초라했다. 이철승 서강대 교수와 정준호 강원대 교수는 2018년 발표한 논문에서 만 65~69세 연령집단에서 순자산 상위 10%는 평균 16억 9,000만 원(2010~2017년 평균)을 갖고 있는데, 나머지 90%의 순자산은 평균 2억 7,900만 원에 불과하다고 분석[1]했다. 고도성장기 소득 불평등이 현재의 자산 불평등으로 전이된 결과다. 봉천동, 난곡, 성남 등의 판잣집으로 이주한 호남 출신 이주민 다수가 나머지 90%에 있을 것임은 불문가지다. 그리

---

*   인터넷상에서 호남을 비하하는 멸칭이다.

고 그들의 사회경제적 지위는 고스란히 자녀 세대에 이전됐을 것이다.

그런데 이 오래된 지방지배체제가 더는 유지될 수 없다는 사실이 분명해지고 있다. 제대로 견제받지 못하는 거버넌스가 필연적으로 만들어내는 부패와 무능이 지역 경제·사회 발전의 발목을 단단히 잡고 있다. 지방지배체제의 구성 요소들이 예전과 같은 형태로 기능하지 못하면서, 균열도 커져만 간다. 중앙의 자원을 획득했을 때 얻을 수 있는 낙수효과가 사라지고, 지역의 엘리트들이 먹고사는 문제를 해결해주지 못하는 게 분명해지면서 평범한 호남인들의 불만과 분노도 차츰 쌓이고 있다.

이렇듯 평범한 호남인이 받는 이중차별을 어떻게 극복할 것인가에 대한 해답은 크게 두 가지 범주로 나누어볼 수 있다. 첫째로 정치 구조와 거버넌스의 개혁이다. 정치 영역에서 정당 간 경쟁이 활성화되어야 한다. 그리고 그 경쟁 과정에서 평범한 사람들의 목소리와 이해관계가 잘 반영될 수 있도록 장치가 마련되어야 한다. 단순히 민주당 대신 보수나 진보정당에 기회를 주자는 말이 아니다. 지역의 다양한 사람들이 스스로 정치 세력을 구성해, 지방의회 의원이나 지방자치단체장으로 그들의 대표자를 내보낼 수 있도록 하자는 것이다. 일본과 유럽에 존재하는 '지역정당'이 한국에서도 가능하도록 선거와 정당과 관계된 제도를 바꾸자는 이야기다. 또 지방의회의 비례대표 비율을 현행보다 늘려 소수 정당의 진출 문턱을 낮추어야 한다. 그렇게 되면 풀뿌리 정치 세력들이 기존 거대 양당의 견제 세력이 될 수 있고, 경우에 따라 지자체 정부를 운영할 수도 있을 것이다. 영남과 호남의 지역정당이 서로 연대해 전국 단위의 정책 대안을 내놓는 시나리오도 가능하다. 비례대표를 늘려 호남에서 비민주당 정당의 지방의회 진출을 원활하게 하는 것도 지역정치에서 '견제와 균형'을 북돋는 방법이다.

이 밖에도 다양한 지역개발사업이나 도시 계획, 규제 등의 위원회에 지역의 기업인, 전문가, 시민들이 참여할 수 있도록 문호를 개방해야 한다. 선진국과 달리 한국의 지자체는 도시 계획과 인허가권을 쥐고 있는 도시계획위원회의 의사결정 과정을 공개하지 않고 그저 결과 몇 줄만을 발표하는 수준이다. 시민들의 참여와 감시가 없으니 자연히 무능과 부패가 싹트는 것이다.

이들 정치적 대안들은 과거 민주당 내에서 '영남 패권 세력'을 규정하고 비판했던 것처럼, 중앙 정치권력의 경쟁에 참여할 수 있는 호남 대표 선수를 만들자는 주장이 아니다. 중앙정치에 매몰되지 않고 지역 수준 정치에서 대안을 모색하는, 일종의 '아래로부터의 정치'의 재구성을 목표로 하자는 것이다.

둘째로는 자생적인 발전 역량을 갖추는 일이다. 호남이란 지역이 하나의 경제 권역으로 충분한 수준의 경쟁력을 키우자는 이야기다. 지역의 기업인과 전문가들 그리고 주민들이 스스로의 힘으로 지역개발계획을 짜고, 자본을 조달하며, 새로운 기업과 산업을 만들어낼 수 있어야 중앙의 예속에서 벗어날 수 있다. 서울과 수도권이 머리 역할을 맡고, 지방이 손발 노릇을 했던 분업 구조에서 탈피하자는 이야기이기도 하다. 지방이 '식민지'라는 이야기를 들을 정도로 서울에 예속되어 있는 것은, 기본적으로 경제적인 의존과 위계화된 분업 구조 때문이다. 이를 타파해야만 디지털화, 산업의 융복합화, 제조업의 기술 고도화라는 흐름에서 살아남을 수 있다. 또 중앙정부의 예산 사업이나 개발계획에 의존하는 태도에서 벗어나야 중앙정치에 휘둘리지 않고 자유로울 수 있으며, 정치권력의 시혜성 사업에 기대지 않고도 발전할 수 있다.

이러한 제안은 호남을 향한 특수한 처방이 아니다. 영남, 강원, 제주 등 강도와 양상은 다를지라도 비슷한 문제를 겪는 다른 지역에도 필요한 대안이다. 이렇듯 일반론적인 대책을 제시하는 것은 산업화와 민주화 과정에서 발생한 '지방' 문제가 이곳 호남에 집중되었기 때문이다. 여기에 특수한 역사적 경험에서 발생한 문제들이 더해져 '호남문제'를 구성한다. 하지만 특수한 문제에 대한 해결책 또한 지역의 정치·경제 구조를 바꾸는 것밖에 없다. 저발전과 호남인에 대한 차별이 꽤 구조적인 현상이라는 점도 지역 내부의 '개혁'에 집중해야 하는 이유다. 저발전은 중앙의 정치권력을 계속 쥐고, SOC 투자 등을 받는 방법으로 타개할 수 없다. 정권 교체가 여러 차례 이루어졌던 양당 체제에서 정치권력을 계속 확보하는 것도 불가능하다. 정치 상황에 의존하는 천수답식 발전전략이 먹히지 않는 이유다. 저발전을 타개하기 위해서는 지역 내부의 경제 운영방식을 통째로 바꿔야 한다.

정치와 경제 양쪽의 구조를 바꾸기 위해서는 지역 간 연대가 필요하다. 지역당을 예로 들어보자. 이를 위해서는 정당법이나 선거법 개정이 먼저다. 가령 호남의 시민단체가 개별적으로 요구한다 해도 정치적인 동력을 확보하기 어려운 까닭이다. 민주당이나 민주당을 지지하는 서울의 중상위층 입장에서 지역정치의 다양성을 확보할 수 있게 제도를 바꿔 달라는, 즉 구체적으로는 민주당 독점 구도를 해체할 수 있게 해달라는 호남의 제안에 협조할 리도 만무하다. 비슷한 지역패권정당 문제를 겪고 있을 대구·경북이나, 지역 내 풀뿌리 단체의 목소리 확보에 관심이 있는 대전·충청 등의 '지역 여론'을 동원하고 함께 행동하는 게 더 현실성 있는 방법이다. 새로운 지역 담론과 지역 운동을 이끌어가는 과정에서, 소외되고 주변부적인 위치를 강요받았던 '호남 차별'을 극복할 수 있을 것이다. 아예 새로운 판을 짜서 주도권을 쥐어야 한다는 이야기다.

호남문제는 근본적으로 '호남'과 '다른 지역' 간의 문제가 아니라, '지역'과 '중앙'과의 문제에서 기원한다. 예컨대 강원도 기반의 군부 세력이 쿠데타로 정권을 잡고 강원-영남 중심의 산업화를 일으켰어도, 호남 중심의 한국민주당 정권이 장기 집권해 다른 지역을 배제했어도 비슷한 문제는 일어났을 것이다. 서울의 상위 중산층(민주당)이나 자산가(국민의힘) 집단이 지역 문제에 대한 '동맹군'이 될 수 없는 근본적인 이유다. 그들에게 지역은 정치·경제적 이익 극대화를 위해 이용하는 대상일 뿐이다.

그러나 서울과 수도권 입장에서도 지역의 자생력 확보는 중요하다. 수도권만 번성하고 지방은 죽어가는 상황에서, 수도권에서 세금을 거둬 지방에 투입하는 재정의 공간적 불균형 현상이 심화되고 있기 때문이다. 최준영 법무법인 율촌 전문위원에 따르면 주민 1인당 세출예산액(재정지출액)은 서울 서초구가 164만 원인데, 경북 영양군은 1,702만 원[2]에 달한다. 지금은 지역 기반 정당 등의 요인으로 이 불균형이 용인되지만, 민주당이 그러했던 것처럼 정치권력의 수도권 집중이 강화되면 앞으로 갈등이 커질 수밖에 없다. 이미 일본의 경우 진노 나오히코神野直彦 전 도쿄대 교수는 "공공사업을 매개로 한 지역 간 격차 시정 정책은 구중간층의 가족을 유지시키면서 사회체제로부터 충성을 조달하려는 것"이었지만 1980년대 이후 재정 불균형이 심해지면서 "지방정부로의 재정 이전을 삭감하는"[3] 방식이 취해질 수밖에 없었다고 지적한다. 각 지역이 경제적 자생력을 갖추어야만 수도권의 부담이 줄고, 지방과의 갈등도 피할 수 있다.

또 지역 내 정치의 견제와 균형을 확보하는 '지방정치 개혁'은 서울과 수도권 지자체에서도 중요하다. 이들 지자체 역시 '토호'라 불리는 지역 수준 기득권과 지역 정치인의 유착이 심각하고, 감시받지 않는 지역정치 때문에 비효율적인 의사결정과 예산 집행이 이루어지는 경우가 다반사이기 때문이다. 경기도 성남시의 경우 초대 시장인 오성수를 비롯해 김병량, 이대엽 등이 뇌물 수뢰 등으로 모두 구속됐었다. 현 시장인 은수미도 정치자금법 위반으로 유죄를 받았지만 아슬아슬하게 당선무효 위기를 빗겨나갔을 뿐, 여러 성남시 관계자들이 인사청탁 및 뇌물 수수 의혹을 받고 있다. 사실 지자체의 부패와 무능은 호남과 영남, 지방과 수도권을 가리지 않는다. 그렇기에 다원적인 정치 구조와 지역 엘리트들의 상호 감시가 필요하다.

소수파의 지방의회 진출을 보장하라

지방지배체제를 약화시키기 위해서는 정치적 소수파의 지방의회 진출을 제도적으로 지원할 필요가 있다. 지역패권정당 밖에 있는 사람들이 정치적으로 조직될 기회를 제공하고, 지역정치에 참여할 통로를 마련해야 한다. 정치적 다원성을 확보해야 견제와 균형이 이루어지고, 선거를 통해 평가와 심판이 진행될 수 있다. 단기적으로는 단일 정당이 지방자치단체장과 지방의회를 독식해 지역사회 전체를 쥐락펴락하는 데 장애물을 설치하는 효과도 있다.

의석을 많이 배분하자는 게 아니다. 기본적인 '종잣돈'은 최소한 주자는 것이다. "기초의회에서 한 석이라도 확보하면, 지역 정당 조직이 어느 정도 돌아갈 수 있다. 지방의회에서 활동을 해야 정당이 지역구 사업을 벌일 수 있다. 유권자들도 그걸 보고 표를 줄 것이다"라고 천하람 국민의힘 순천·광양·곡성·구례갑 지역위원장은 말한다. 경제 영역에서는 어떤 부문이든지 중소기업이나 벤처기업을 위한 여러 지원책이 마련되어 있다. 새로운 기업이 등장하고 시장에서 경쟁이 활발해져야 산업 경쟁력도 높아지고, 소비자 권익이 보장된다는 생각에서다. 정치 영역에서도 비슷한 조치를 취하자는 것이다.

"소수 정당 의원이 한 명이라도 있으면 지방의회 분위기가 크게 달라진다. 다른 정당에서 의정을 본다는 것 자체가 의미가 있다"(백순선 광주시 북구 의회 의원)는 게 지역정치 관계자들의 설명이다. 의원 한 명이 실제로 할 수 있는 일은 많지 않다. 하지만 특정 정당이 독점적 지위를 갖지 못하도록 감시 역할을 할 야당이 존재한다는 점에서는 그 의미가 크다.

2018년 지방선거 광주·전남·전북 선거구에서 당선된 기초의회 의원(비례대표 제외) 442명 가운데 72.9%(322명)가 더불어민주당이었다. 민주평화당(10.9%)과 민주당·민주평화당을 탈당한 사람이 대부분인 무소속(15.2%)을 제외한, 실질적인 다른 정당 의원은 6명(2.8%)에 불과했다. 박근혜 전 대통령 탄핵 이전인 2014년 경남에서 새누리당(현 국민의힘)은 72.0%를 차지했다. 무소속이 20.4%였고 새정치민주연합은 5.6%에 불과했다. 그나마 새정치민주연합 당선인은 양산이나 김해 등 부산 근교에 몰려 있었다. 지역정치에서 이렇게 압도적으로 차이가 난다면, 그 격차는 계속해서 벌어질 수밖에 없다. 주민들이 지역정치에서 기대하는 역할을 특정 정당만이 독점하는 상황에서, 나머지 정당은 제 역할을 못 할 뿐만 아니라 주민들의 '니즈'를 파악하는 일조차 어려운 처지에 놓이기 때문이다.

현실적으로 가능한 조치는 두 가지로 보인다. 첫째는 지방의회 선거에서 비례대표 비율을 대폭 늘리는 것이다. 둘째는 전국적인 기반을 갖춘 정당만 등록 가능한 정당법을 바꿔 지역정당이 설립될 수 있도록 하는 것이다.

먼저 현재 의원 정수의 10%에 불과한 비례대표를 30% 이상으로 늘려야 한다. 비례대표를 통한 소수 정당의 지방의회 진출을 보장하자는 것이다. 광주의 경우 기초의원 수가 가장 적은 동구가 선거에서 6명을 뽑고, 비례대표로 1명을 뽑는다. 나머지 구는 9~18명을 선거로 뽑고, 비례대표로 2명이 추가된다. 동구 정도 되는 시군구에서 2~3명의 의원이 비례대표로 선출된다면, 적어도 1명의 소수 정당 후보가 의회에 진출할 수 있다. 다른 선거구 또한 마찬가지로 주요 상임위원회에 1명 이상을 보낼 규모가 될 것이다. 광주시 의회의 경우 선거구에서 20명을 선출하고, 비례대표로 3명을 뽑는다. 비례대표 3명 중 2명은 민주당, 1명은 정의당 소속이다. 비례대표를 7명(23명×30%=6.9명) 수준으로 늘리면 민주당 외 정당 의원이 2~3명 정도로 늘어나게 된다.

비례대표 증원이 현실적인 대안인 이유는 선거구 조정에 따르는 부담이 적기 때문이다. 또 가장 단순하며, 정치적 동력을 얻기 쉽고, 선거제도 개편을 위한 협상과 이후 제도화 과정에서 '왜곡'될 가능성이 적다. 2006년 기초의원 선거에 중선거구제를 도입한 실험이 '2인 선거구제'라는 기묘한 형태로 왜곡되고 사실상 실패한 사례는 거대 양당 체제에서 복잡한 제도 개편은 필연적으로 뿌리를 내리기 어렵다는 것을 보여준다.

기초의원 중선거구제는 소선거구제의 폐단인 승자독식 현상을 막고, 유권자의 투표 비율을 실제 의석 배분에 반영하자는 취지로 도입됐다. 지역할거주의를 약화시키자는 실용적인 목표도 있었다. 당시 여당인 열린우리당(현 민주당), 야당인 한나라당(현 국민의힘), 민주노동당의 이해관계에 따른 타협안이기도 했다. 열린우리당은 지역 구도 완화(사실상 부산·경남 일대에서 민주당 세력의 확대), 한나라당은 정당 공천 도입, 민주노동당은 소수 정당 진출이 용이한 제도 도입을 목표로 삼았다. 이를 절충하다 보니 비례대표를 10%로 억제하는 대신 중선거구제를 도입하자는 것으로 낙착이 나게 됐다. 그런데 3~4인 선거구를 만들겠다는 국회의 법안 개정 취지와 달리, 광역의회가 주도하는 선거구 획정 과정에서는 2인 선거구 위주로 바뀌었다. 안철현 경성대 교수는 "광역의회를 장악한 거대 정당들의 횡포" 때문이라며 "2인 선거구는 애초 도입 취지와 달리 소수 정당이나 신진 세력에게 그다지 유리할 것이 없는 제도였고, 그 결과는 선거를 통해 드러났다"[4]고 지적한다. 열린우리당이나 한나라당이나 각각 지역 기반에서 절대적인 다수당인 입장에서, 다른 정당이 의석을 얻는 제도 도입을 원치 않았던 것이다. 현재 2명을 뽑는 선거구가 57.1%로 가장 많고, 그다음이 3인 선거구(40.1%)다. 4인 선거구는 2.8%에 불과하다.

현행 선출직 선거구를 줄이기 어렵다면 의원 정수를 늘리는 방식으로 비례대표 의원 수를 더 추가하면 될 것이다. 선거제도 개혁은 단순하고 명확한 제도 개편안이어야 하고, 기존 이해관계를 크게 해치지 않아야 성공 가능성이 높다. 이해관계자가 많고 제도 변경 및 운용 과정이 복잡하기 때문이다. 2020년 총선에서 연동형 비례대표 도입에 합의했다가 아예 '비례 전용 정당'을 만들었던 사례처럼, 정당의 이해득실에 따라 운용 과정에서 이상한 결과를 내버리는 경우까지 있다. 현재 기초의회에서는 4인 이상 대선거구제 도입 등이 이야기되지만 선거구를 한데 합칠

때 발생하는 '기득권'의 상실 문제, 인구가 적은 지역의 소외 문제 등을 생각하면 사실상 불가능하다. 또 광역의회에서 중선거구제 도입도 대단히 어렵다고 보아야 할 것이다. 이를 감안할 때 현 제도를 유지하면서 비례대표 비율을 늘리고, 득표율 5% 이하인 정당에게 의석을 주지 않는 봉쇄조항을 없애거나 기준을 낮추는 정도를 개혁안으로 제시하는 게 현실적이라 할 것이다.

두 번째로 필요한 사항은 지역정당의 창당 허용이다. 현행 선거법은 전국정당만 허용한다. 수도권에 소재한 중앙당과 5개 이상의 시·도당을 설립 요건으로 한다. 사실상 호남, 영남, 제주 등 특정 지역에 기반한 정당 설립이 불가능하다. 각 시·도당은 1,000명 이상의 당원을 미리 갖고 있어야 창당이 가능하다. 또 서울과 수도권을 중심으로 한 대규모 창당만 가능하기에, 지역 수준의 시민단체를 기반으로 한 소규모 정당의 활동도 어렵다. 이 규정을 바꿔 1~3개 정도의 광역지자체에서 각각 1,000명 이상 당원만 가질 경우 정당으로 활동할 수 있게 하거나, 아니면 별도로 한정된 범위에서 지방선거 출마만 가능한 지역정당을 만들 수 있도록 해야 한다.

지역정당은 '중앙정치에의 예속'이라는, 지역정치가 가진 근본적인 문제를 완화할 수 있다. 앞서 여러 차례 살폈듯이 호남이나 영남에서 각각 민주당과 국민의힘이 절대 우위에 있는 주된 이유는 중앙정치의 권력을 차지하고, 그 과실을 배분받기 위한 경쟁 과정에서 기인한다. 그 경쟁이 주로 지역 명문고를 기반으로 한 중앙과 지역 엘리트의 연합 간에 벌어지면서 2000년대 이후에도 특정 정당이 특정 지역에서 독주하는 양상이 계속되고 있다. 그러한 독점은 지자체의 정치 조직을 기반으로 강화되고, 유지된다. 호남에서 국민의힘 또는 대구·경북에서 민주당 등이 '지역주의'를 완화하기 위해 진입한다는 주장이 유권자 입장에서 설득력을 얻기 어려운 것은, 그들이 '지역 기반 권력 경쟁'의 핵심 플레이어이기 때문이다.

지역정당 허용론은 적어도 지방선거에서만큼은 중앙정당과 지역정당 간에 경쟁이 일어나도록 하자는 것이다. 전국정당에 여전히 유리한 게임이긴 하지만, 지역정당의 경우 풀뿌리 기반이 있고 주민들의 니즈를 바탕으로 한 문제 해결 역량이 강하기 때문에 어느 정도 경쟁이 될 만하다. SOC 건설이 지역 경제에 미치는 효과가 하락하고, '누가 지자체를 더 잘 운영할 것인가'가 중요해지면서 지역정당이 해볼 만한 '판'이 조성되고 있다.

기존 전국정당이 현재 선거 구도 아래에서는 기반이 없는 지역에 발붙이기 어렵다는 것도 지역정당이 필요한 이유다. 호남은 다수의 지역 주민들이 국민의힘 등을 '차마 찍을 수 없는 정당'으로 간주하는 게 현실이다. 또 보수정당이건 진보정당이건 제대로 된 조직적 기반을 갖추지 못했다. 이러한 상황에서 정치적 대안을 마련해야 한다면 지역정당이 가장 현실적이다. 호남은 민주당 후보에 대한 불신임을 이례적인 수준으로 저조한 투표율이나, 무소속 또는 국민의당 후보 선출로 표출하곤 했다. 만약 유력한 시의정당이 있다면 그들에게 표를 주었을 것이다. 그리고 그것은 대안적 정치 세력이 성장하는 데 자양분이 되었을

터다.

다른 나라의 경우 지역정당이 활발하다. 대표적인 사례가 일본이다. 일본 아이치현에는 가와무라 다카시河村たかし 나고야 시장이 이끄는 지역정당 '감세일본'이 2010년부터 활동하고 있다. 2019년 지방선거에서 나고야시 의회에 14명(전체 의원 68명)을 당선시켰다. 가와무라 시장은 민주당 5선 중의원 출신으로 2009년 주민세 10%를 항구적으로 감세하고, 시의회 의원 수와 의원 급여를 각각 절반으로 줄이겠다고 공약해 당선됐다.

그는 감세를 전면에 내세운 극우 성향의 정치인이다. 중국 난징대학살을 부정하는 발언을 하거나, 2021년 도쿄올림픽에서 일본 선수가 받은 금메달을 깨무는 돌발행동을 하는 등 여러 물의를 빚었다. 하지만 10년 넘게 시장 자리를 유지하고, 그가 이끄는 지역정당이 건재한 것은 일본 지역정당의 기반을 보여준다. '생활인 정치'를 내세운 가나가와현의 '가나가와 네트워크'는 생활협동조합을 기반으로 1983년 만들어진 정치 조직이다. 현재 현의원 1석과 시의원 13석을 보유하고 있다. 오키나와의 경우 1950년 일찌감치 '오키나와 사회대중당'이 만들어져 활동하고 있다. 메이지유신 이후 일본이 류큐 왕국을 합병해 식민지로 삼은 곳인 데다, 미군 기지 문제가 있다는 특성이 고스란히 지역당으로 발현된 경우다. 오키나와 사회대중당은 오키나와 몫의 참의원(하원) 2석 중 1석을 갖고 있고, 사민당과 연합해 현의회에서 다수당 지위를 차지[5]하고 있다.

사실 한국만큼 정당 설립 요건이 까다로운 나라는 드물다. 대부분의 경우 일본과 같이 별도 정당법이 없이 다른 법률에 정당 요건이 다소 느슨하게 규정되어 있거나, 있더라도 독일처럼 지역정당의 활동을 보정해준다. 미국은 주州 단위의 지역정당이 여럿 존재한다. 버몬트주의 '버몬트 진보당'이 대표적이다. 버니 샌더스 상원의원 지지 그룹에서 출발한 정당으로, 2000년 창당해 현재 주 상원에 2명, 하원에 7명의 의원이 있다. 상당 기간 버몬트주 최대 도시인 벌링턴의 시장 자리를 차지했었다. 샌더스 의원은 당원은 아니지만 사실상의 제휴 관계[6]를 맺고 있다. 굉장히 진보적인 정견에도 불구하고 샌더스 의원이 계속해서 현역 상원의원 자리를 지킬 수 있는 정치적 자산이다. 미국에는 이 밖에도 '알래스카독립당', '캘리포니아국민당', '공화당 뉴욕 주위원회' 등이 있다. 독일 바이에른주에서 활동하는 기사련CSU(기독교사회당 연합)이 바이에른주 밖에서 활동하는 기민련CDU(기독교민주당)과 한 몸처럼 움직이는 것과 비슷하다.

지역 전통이 강한 유럽에서는 여러 형태의 지역정당을 찾아볼 수 있다. 독일의 경우 1994~2010년 지방선거에서 지역정당이 전체 득표의 29.3%를 차지[7]했다. 지역정당 연합인 '자유유권자Freie Wähler'는 2008년 지방의회 선거에서 39.7%를 득표하는 기염을 토하기도 했다. 후보자 명부에 투표하는 비례대표제이다 보니, 특정 지역을 기반으로 한 사실상의 지역정당도 하원 의석을 확보한다. 구동독 지역을 기반으로 한 좌파당이 하원에서 69석(9.7%)을 가질 정도로 성장한 것이 대표적이다. 영국의 경우 '스코틀랜드 국민당'이 스코틀랜드에서는 제1당이고, 스페인에서는 카탈루냐, 바스크, 발렌시아 등에서 지역정당이 활발히 활동한다.

우리나라에서도 지역정당 제도를 도입하고, 지방의회의 비례대표 비율을 30% 정도로 늘릴 경우를 생각해보자. 그리고 이를 기반으로 '빛고을 네트워크'나 '낙동강 주민당', '제주도 지킴이 연합' 같은 식의 이름을 내건 지역 내 대안 정치 세력이 만들어져 민주당이나 국민의힘의 일방적인 지자체 운영을 견제하고, 나아가 시장, 구청장, 군수까지 배출하는 데 성공했다고 가정해보자. 또 광주·전남의 민주당에서 탈당했지만, 지역 내에서 어느 정도 지지 기반이 있는 정치인들이 지역정당을 창당한 뒤 지방의회와 지자체 등에서 의석을 확보해 민주당과 대등한 경쟁을 벌인다고 해보자. 앞서 4장에서 살핀 심각한 부패 사건이나, 지역개발사업 실패 등을 예로 든다면, 이들 야당들은 적극적으로 여당을 공격할 것이다. 여당은 그들을 의식해 스스로 부패를 줄이고 자신들의 공약을 제대로 성사시키고자 노력할 것이다. 유권자 입장에서 '대안'이 존재하고, 지방의회 운영 과정에서 '견제와 균형'이 있을 때 지역정치는 비로소 제대로 운영될 수 있다.

독자적 발전 모델, 독자적 경제권의 창출

지역 문제는 결국 먹고사는 방법의 문제다. 앞서 서술했듯이 지금까지 한국에서 지방이 성장해왔던 방식은 한계에 도달했다. 수출 비중이 높은 내구소비재나 자본재 생산 공장들이 들어선 뒤 고임금·정규직의 생산직 일자리를 만들고 협력업체들의 생태계를 창출하는 고전적인 지방 산업 구조는 무너지고 있다. 이를 보여주는 곳이 구미와 군산이다. 여기에 더해 급격한 고령화와 생산인구 감소 속에서 지역의 청년들은 일자리와 삶의 질을 좇아 서울과 수도권으로 이동한다.

호남이 겪고 있는 곤경은 이러한 지역 공통의 문제에 더해 산업화 시대에 제조업이 성장하는 과정에서 관련 산업, 기업가, 전문가들을 지역에서 만들어낼 기회가 없었다는 데 기인한다. 즉 기존의 지역성장모델의 붕괴와 지방 소멸의 위기 속에서, 그야말로 무에서 유를 창조하듯 새로운 기회를 찾아야 하는 상황인 셈이다.

지금 시급한 과제는 기술 발전과 경제 구조 변화에 걸맞은 독자적 지역발전모델을 만들어내는 것이라 할 수 있다. 성공의 경험을 쌓아가면서 민간 기업, 지방자치단체, 노조 등 이해관계자, 대학 등이 자신들의 역할과 다른 조직·부문들과 협력하는 방식을 깨우쳐가는 선순환 과정이 필요하다. 적합한 발전 전략을 세우고, 이를 '일이 돌아가게 만드는' 거버넌스 아래에서 실행되게 하며, 그 과정에서 참가자들이 필요한 역량을 키우고 성과물을 만들어낸 뒤, 다시 새로운 프로젝트를 수행하는 구조를 만들어야 한다. 지역개발사업이 제대로 풀리지 않는 것은 외부의 자원이나 중앙정부의 지원이 없어서가 아니라, 내생적 발전 역량이 뒤떨어졌기 때문이라는 것을 직시할 필요가 있다.

이는 지역 산업이 지금처럼 수도권의 하위 파트너로 종속되어서는 가능하지 않다. 여러 차례 언급한 자동차 산업의 경우 단순

조립 공장은 어떠한 산업적 선순환도 일으키지 않는다. R&D 기능도 없고, 엔진·구동계 등 핵심 부품을 만들지 않아 관련 부품사들이 들어서지 않으며, 대학과 연구소에서 전문 인력도 창출되지 않는 산업은 생산 비용이 올라가면 공장을 뜯어 다른 곳으로 옮겨갈 '뜨내기 공장'이나 다름없다. 독자적인 성장모델은 지역이 고부가가치 산업과 그 역량을 확보하고, 이를 바탕으로 상당 수준으로 완결된 생태계를 구성하는 것을 의미한다. 자동차 산업이라면 전기차, 수소차, 도심형 비행체UAM, 자율주행 등 미래 모빌리티 산업에서 감제고지 역할을 하는 부문이나 신산업 밸류체인상에서 육성이 가능한 부문에 대한 산업 생태계를 확보해야 한다는 이야기다.

경제사학자들은 식민지 경제의 특징에 대해 '단순히 경제가 개발되었느냐, 개발되지 않았느냐'의 문제가 아니라고 설명한다. 자본과 기술이 식민지 본국에서 나오고, 기업 조직의 상층부나 고급 기술이 필요한 자리는 본국 출신이 독식하며, 피식민지 사람들은 미숙련 노동에 종사하거나 규모가 영세하고 부가가치가 적은 하도급 업체를 운영하는 데 그치는 '역할 분할'이 본질적인 문제라는 것이다. 통상적으로 후발 국가들은 국가가 나서서 기업을 육성하고 엘리트를 만들어내지만, 피식민지는 자신들의 이해관계를 대변할 국가가 없으므로 자생적 엘리트도 존재하지 않는다. 피식민지의 SOC 개발, 산업 구조, 인력 양성은 철저히 본국의 필요에 의해 이루어진다. 의존적 경제 구조 아래에서 피식민지 기업과 인적자본의 발전 가능성은 대단히 제한된다. 사실 '지방'을 두고 '식민지'라고 이야기하는 것은 무리일 것이다. 하지만 식민지 경제의 사례는 '중앙'에 예속된 채로 산업 발전을 이야기하는 것이 상당히 허망하다는 걸 보여준다.

독자적인 지역 경제권에서 앵커(닻) 시설이라고 한다면, 단연 R&D 역량을 갖추고 산학 협력이 활발한 '좋은 대학'이라 할 수 있다. 모종린 연세대 교수는 "제조업 구조조정의 여파를 이겨낸 산업도시는 공통적으로 명문 사립대학을 보유하고 있다"[8]고 지적한다. 쇠락한 철강업 중심 도시에서 소프트웨어 산업과 생명공학 산업이 발전한 도시로 되살아난 피츠버그가 대표적인 사례다. 피츠버그는 오스트리아의 철강업 중심지였던 스티리아 지역이 철강업 쇠퇴 속에서 유럽 한가운데 있다는 지리적 이점과 뛰어난 기술 역량을 갖춘 대학이 많다는 점을 살려 자동차 부품, 친환경 기계 등 신기술이 요구되는 고부가가치 산업으로 전환한 것[9]과 꽤 닮았다. 모 교수는 뉴욕주 북부 시라큐스가 GE, 캐리어 등 제조업체들이 빠져나가면서 무너져가던 상황에서 시라큐스대가 쇠락한 구도심으로 디자인대학을 이전하고, 대학 캠퍼스를 이용해 그곳을 살린 사례를 예로 든다.

낙후 지역의 위기 극복을 위해서도 우수한 대학이 설치되는 게 중요하다. 스웨덴 남서부 스몰란드 지방의 소도시 벡셰는 수도 스톡홀름에서 자동차로 5시간가량 달려야 하는 시골이다. 인구도 8만 7,000명에 불과하다. 하지만 손꼽히는 IT·신재생에너지 중심지다. 2016년 현재 벡셰시 내 기업 수는 1만 개이고, 매년 500개 기업이 새로 설립된다. 대부분 IT나 에너지 분야다. 변변한 산업 기반이 없던 벡셰시가 창업 중심지로 탈바꿈한 것은 2010년 출범한 린네대 덕분이다. 벡셰시도 고등학교를 대상으로 한 자체적인 창업 체험 프로그램을 운영하고, 린네대와 공동으로 인큐베이터를 세웠다. IT뿐만 아니라 숲과 호수가 많은 지역이라는 점을 이용해 목조건축 산업이나 바이오매스biomass* 활용 산업을 육성한다.[10]

지역이 제대로 된 경제권을 형성하지 못하는 구조적인 원인 중 하나는 대학에 대한 투자 부족이다. 전남대, 전북대 등 지방거점 국립대를 육성한다고 말은 하지만 실제로는 기껏해야 몇백억 원 규모의 사업 가운데 일부를 갈라서 주는 데 그친다. 2020년 학생 1인당 교육비[11]는 정확히 대학서열과 일치한다. 서울대가 4,860만 원이고 연세대·고려대는 3,120만 원이다. 성균관대·한양대는 2,600만 원, 중앙대·경희대·서울시립대는 1,570만 원이다. 전남대는 1,920만 원, 전북대는 1,800만 원으로 이른바 '중경외시'보다는 약간 높은 편이지만 의대가 있고 이공계 비중이 상당하다는 걸 감안하면 큰 차이가 없다고 보아야 할 것이다. 교육평론가 이범 씨는 이를 두고 "대학서열이란 재정 격차로 인한 '교육의 질'의 서열"[12]일 뿐이라고 지적한다. 한국개발연구원KDI이 2014년 낸 보고서[13]에 따르면 상위 10% 대학(15개)의 한 해 수입은 평균 4,840억 원인데, 상위 11~20% 대학은 2,180억 원으로 절반을 밑돌았다. 상위 21~30%는 2,100억 원, 31~40%는

---

* 목재 부산물이나 음식물 찌꺼기 등을 재활용해 만든 바이오 연료를 말한다.

1,440억 원이었다.

  '벚꽃이 지는 순서대로' 남쪽에 있는 지방대부터 재정난을 겪고 문을 닫을 것이라는 지방대 위기론은 지방대학에 대한 투자가 앞으로도 계속해서 빈약할 것임을 가정하고 있다. 오히려 지금 필요한 것은 지방거점국립대 정도의 대학에 대한 집중적인 투자가 아닐까. 그러나 이 대목에 대한 논의는 이제야 "지방 국립대를 연·고대 수준으로 높이겠다"는 공약을 내세우는 대선 후보가 등장한[14] 정도다. 사실 지역 정치인들은 지방대를 어떻게 살리겠다는 계획이 없다. 호남 정치인들은 한국전력의 돈으로 운영되는 한국에너지공과대(2022년 3월 개교 예정)를 문재인 정부 출범에 따른 전리품으로 챙겼다. 이 대학은 에너지라는 협소한 분야의 특성화 대학으로, 세계적 수준의 공과대를 목표로 한다는 꽤 납득하기 어려운 '비전'을 내세우고 있다. 게다가 예산을 쏟아부어야 하는 한전의 '호의'와 한전에 압력을 넣을 수 있는 정치인들에게 그 미래가 달려 있다. 대학 건설에 들어가는 막대한 재원을 전남대나 광주과학기술원GIST에 집어넣는 게 더 나았을 거라는 지적이 나오는 게 당연하지만, '중앙'에서 무언가를 따내온 '성과'가 중요한 지역정치에서는 깨끗하게 무시당했다. 사실 한국에너지공과대보다 더 이해하기 힘든 예산 배분 행태는 서울 명문대에 '유학'을 간 지역민의 자녀를 대상으로 한 기숙사 운영 실태에서 확인할 수 있다. 광주·전남이 운영하는 남도학숙은 원래 동작구 대방동에 850명 규모로 세워졌는데, 2016년 500억 원을 들여 은평구에 600명 규모의 제2기숙사를 지었다. 2019년

60억 원, 2020년 55억 원의 예산이 투입됐다. 광주시 청년정책 복지예산 가운데 절반 가까이가 남도학숙 운영[15]에 사용된다.

지역이 별도 경제권으로 자립하기 위해서는 세계 시장을 대상으로 제품이나 서비스를 팔 수 있어야 한다. 세계 시장을 상대로 해야 수요 확보에 용이하며, 규모의 경제를 달성할 수 있다. 또 시장의 수요에 기민하게 반응하는 정책 변경이 가능하다. 이 부분을 강조하는 것은 지금까지 지역개발 캠페인 가운데 다수가 '국내용'이었기 때문이다. 국내 산업 생태계에서 지위를 올리고, 이를 기반으로 예산 배분이나 산업정책에서 혜택을 입겠다는 것이었다. 시장 수요를 바탕으로 산업 발전을 모색하고, 성공 경험을 쌓는 '시장 친화적인' 방식이 아니라 중앙의 이해관계와 배려 등을 이용해 자원 배분을 받는 '정치 친화적' 방식이기도 했다. 이 같은 방식은 역설적으로 민간 시장에서 성공 가능성을 낮출 뿐만 아니라, 다른 지자체들과 경쟁 속에서 한정된 자원을 배분받겠다는 것이기에 의도한 만큼 자원을 할당받기 어렵다.

아시아문화중심도시 사업의 경우 원래 '문화수도'라는 이름으로 시작되었는데, 당시 호남에서조차 "'수도'라는 명칭을 쓰다니 오만하다"는 지적이 나왔다. 다른 지역의 반발이 없을 리가 없었다. 부산을 비롯해 경주, 전주, 부천 등에서도 일제히 '문화중심도시' 비전을 선호하며 예산 경쟁에 나섰다. 광주에서는 아시아문화중심도시 사업 기획 당시 2023년까지 5조 원 넘게 투입하기로 한 계획이 제대로 집행되지 않았다고 지적하곤 하는데, 사실 그 정도 예산 독식은 정치적으로 현실성이 없다. 아시아문화중심도시 사업은 글로벌 문화·콘텐츠 시장에 대한 전략이 부재했다. 그저 초대형 시설을 짓고, 고급 콘텐츠를 만들어내면 된다는 식이었다.

한국이 경제발전에 성공할 수 있었던 것은 수출 지향적 산업화 덕분이다. 수출에 성공한 기업들만이 자본을 할당받을 수 있었고, 경쟁력이 없는 기업이나 산업은 도태됐다. 세계 시장을 상대로 했기 때문에 대규모 투자와 경쟁력 확보가 가능했다. 화학섬유산업이 국내 수요를 한참 넘는 대규모 설비투자를 해 단가를 낮춘 게 대표적이다. 시장 상황에 맞춰 당초 수립된 정부 계획이 변경되는 경우도 있었다. 중앙 계획의 비효율성과 부패를 글로벌 시장의 규율로 방지한 셈이다. 그런데 현재 한국의 지역개발사업은 내수 시장과 중앙정부의 자원 배분을 노릴 뿐이다.

다른 나라들에서 성공한 지역개발사업은 다수가 세계 시장이나 EU 수준의 광활한 역내 시장을 목표로 했다. 벨기에의 제약산업이 대표적인 사례다. 2018년 벨기에의 의약품 수출은 475억 달러(56조 원)로 전체 수출의 10%를 차지한다. 직접 고용인원은 3만 명[16]이다. 얀센 등 자국 기업이 여럿일 뿐만 아니라 화이자, 노바티스, 바이엘 등 글로벌 기업도 지사를 설립해 R&D와 제품 생산을 하고 있다. 벨기에는 2000년 초중반 의료·바이오산업 클러스터 '왈로니아 바이오윈'을 설립하는데, 기획 단계에서부터 철저하게 글로벌 시장을 노렸다. 주력 산업의 쇠퇴를 극복하는 과정에서도 대외 지향형 전략이 성공 가능성이 높다. 핀란드 피르칸마 지역이 대표적이다. 피르칸마는 한때 글로벌 휴대폰 시장의 1위 업체였던 노키아가 있던 곳이다. 노키아가 무너지자 피르 칸마는 탐페레대 등 대학과 스타트업을 중심으로 개방형 혁신 플 랫폼을 만들어 위기를 극복한다. 이 개방형 혁신 플랫폼은 글로 벌 IT시장과 밀접하게 연관되어 있었다. EU 산하 연구소 유로파 운드는 "국제적인 개방형 산업 플랫폼을 이용한다는 점에서 기 존 클러스터형 산업 전략과 차별점을 갖고 있다"고 분석[17]했다.

호남의 발전 전략은 그동안 한국의 경제발전 궤적을 답습하 거나, '선두'인 수도권의 뒤를 쫓아가는 안행형雁行型 성장모델*로 는 성공할 수 없다. 급격한 산업 구조 변화와 신산업 등장 과정에 서 기회를 포착하고, 고부가가치 산업에서 주도권을 갖는 일종 의 '추월형' 내지는 '뜀뛰기leapfrogging형' 성장모델을 도모해야 한 다. 이를 위해서는 과감한 규제 완화나 철폐, 대학을 비롯한 대규 모 교육 개혁, 이민 확대 같은 외국인에 대한 문호 개방 등의 조 치가 필요하다. 캐나다 토론토의 경우 구글 자회사 사이드워크 와 손을 잡고, 퀘이사이드 지역을 스마트시티로 개발하려고 했 다. 2020년 코로나19의 여파로 사업이 중단되긴 했지만, 기업을 투자 유치 대상이 아니라 지역개발사업의 주체로 적극적으로 끌 어들이는 사례로 주목을 받았다. 기업이 도시개발의 주도권을 쥐는 형태라, 같은 시도를 한국에서 지자체가 했으면 엄청난 비 판에 직면했을 것이다. 이처럼 아예 기존의 틀을 깨는 정책이 필 요하다.

가령 광주 같은 곳에서는 도심 내 대중교통을 무료 또는 하루 정액 1,000원으로 무제한 이용할 수 있게 하는 공격적인 정책을 펼 수도 있을 것이다. 대중교통 무료화 정책은 에스토니아 탈린, 오스트리아 빈 등에서 도입됐다. 대중교통을 많이 이용하는 청년층의 '이동권'을 보장하는 의미가 있고, 도시 공간 구조를 도심을 중심으로 고밀도로 개발하는 대신 대중교통 위주로 이동할 수 있도록 하겠다는 것과 맞물리는 정책이다. 무등산이 둘러싼 너른 평야 지대를 모두 아파트가 차지하고 도심이 비어버린 광주에서, 원도심을 아파트 단지 위주로 개발하는 것보다는 '차 없는 도시'로 만들고 이동로에 상업시설과 문화시설을 놓는 미국 포틀랜드식 개발이 대안이 될 수 있을 것이다.

새로운 거버넌스가 필요하다

내생적인 성장 역량을 갖추고, 독자적인 경제권이 되기 위해서는 지금의 거버넌스를 바꾸어야 한다. 정치 영역에서 정당 간 경쟁을 활성화하는 것을 시작으로 의사결정과 재원 배분, 사업 평가 등의 방식을 바꾸어야 한다. 중앙의 자원에 의존하고, 중앙정부가 하향식top-down으로 모든 것을 결정하고 평가하는 현재 방식에서 벗어나야 하는 것이다. 지역개발 전문가인 존 토매니John Tomaney 영국 런던대 교수는 "상향식bottom-up 계획을 위해서는 지자체의 의사결정 과정이 잘 짜여 있어야 한다"라며 "민주적 책임성이야말로 지역경제개발이 성공하기 위한 필수적인 요건"[18]이라고 설명한다.

먼저 자체적인 개발계획을 짤 수 있도록 사업 기획, 평가, 운영 노하우 등 일종의 '경영자원'을 제공하고, 완성된 개발계획에 맞추어 여러 해 동안 안정적으로 재원을 공급할 수 있는 기관이 필요하다. 재원 할당은 '정치'를 배제하고 개발 효과와 경제성을 기준으로 이루어져야 한다. 이를 동시에 공급할 수 있는 기관은 일종의 지역개발은행이다. 산업은행, 수출입은행 등과 비슷한 위상을 가지면서 지역개발 업무를 전문으로 할 은행이다. 흔히 은행은 돈을 빌려주는 곳으로만 생각하기 쉽다. 하지만 은행의 전통적 역할을 보자면, 기업 경영에 자문을 하고 경우에 따라 아예 기업의 경영에 참여하기도 한다. 이른바 투자금융업의 핵심 비즈니스와 사업 경쟁력도 이 경영 자문에 있다. 신흥국 개발을 위한 국제기구로 세계은행, 아시아개발은행 등이 설치돼 활동하는 것도 개발은행이 자금뿐만 아니라 개발에 필요한 각종 역량을 공급하는 창구 역할을 할 수 있기 때문이다.

여러 지역개발사업의 경우 중앙정부가 예산이나 기금을 분배하는 형태로 진행하는 방식이 문제라는 지적이 제기되고 있다. 국토연구원이 도시재생 사업에 대한 평가 보고서에서 "중앙 주도 공급자 중심의 접근으로 지역 수요와 미스매치(불일치)가 일어나고 운영도 경직적"이라고 지적한 것이 대표적이다. "단일 재원의 중앙 직영방식 운영체계는 국회, 언론, 감사 등 중앙 차원의 외부 의견에는 민감하나 지역 수요에는 둔감하다"는 것이다. 또 국토연구원은 "사전 심사는 지나치게 엄격한데 사후 모니터링 및 관리 체계가 없으며, 민간보다 지자체나 공기업 중심으로 기금이 운영된다"[19]고 썼다.

국토연구원은 미국의 지역사회개발금융기관CDFI이나 일본 민간도시기구MINTO가 재원을 대는 '마을 만들기 펀드 방식'을 해외 벤치마크 사례로 제시한다. 사실상 일종의 독립적인 개발은행이 필요하다는 것이다. CDFI는 미국 재무부가 조성한 기금을 지역개발은행, 지역개발신용협동조합, 지역개발벤처캐피탈 등 다양한 형태의 금융기관이 매칭 방식으로 받아서 개발 사업에 쓸 수 있도록 하는 제도다. 2019년 현재 CDFI는 1,030곳에 달한다. 유럽의 경우 유럽투자은행EIB, 유럽부흥개발은행EBRD 등 역내 국가를 대상으로 한 개발금융 기관이 있다. 낙후 지역의 개발을 위한 유럽구조기금 등은 프로젝트 단위로 여러 해 동안 지원하는 것을 원칙으로 한다. 공적 금융기관을 통해 지역개발사업을 진행하는 것이 이미 선진국에서는 꽤 널리 퍼진 방식이라는 의미다.

다양한 배경의 인물이나 기관이 참여하는 상향식 지역개발 기구를 도입해, 지역 주민이나 기업의 니즈에 맞는 사업을 빠른 속도로 진행할 수 있도록 해야 한다. 개발 사업의 의사결정권을 지자체나 지역 정치권에서 지역 주민과 기업, 대학 등으로 분산하자는 것이다. 덴마크 코펜하겐의 경우 2014년 스마트시티 사업을 진행하는 산·관·학·민 협력기구로 코펜하겐솔루션랩CSL[20]을 만들었다. CSL은 스마트시티 어젠다를 발굴하고 시험적으로 도입하며, 지자체 차원의 논의가 필요하거나 본격적으로 시행해야 할 경우 시 정부로 어젠다를 이관한다. 일종의 상시적으로 운영되는 테스트베드(시험소)인 셈이다. 쓰레기 처리, 공용 주차공간

관리, 스마트 조명 시스템, 도시 내 대기오염 지도 등의 서비스가 CSL 주도로 도입됐다. 핀란드 헬싱키는 아예 스마트시티 사업 추진 회사를 만들었다. '포럼 비리엄 헬싱키'란 명칭인데, 마치 부동산 개발회사처럼 기업 유치 및 서비스 개발을 최우선 과제로 삼는다. IT회사나 표방할 법한 '애자일Agile(민첩한)' 방식의 서비스 개발을 전면에 내세우고 있다. 헬싱키 외곽의 쇠락한 어항이던 칼라사타마를 통째로 테스트베드로 운영 중이다.

개발 사업을 비롯한 지역 현안에서 다양한 의견과 이해관계를 가진 주민들의 참여를 늘리는 것도 중요하다. 토매니 교수는 "지역개발사업의 핵심 이슈는 '승자'와 '패자'가 언제나 발생한다는 것"이라며 "패자의 목소리를 듣고 그들을 끌어들이지 않고서는 지역개발이 어렵다"고 조언한다. 이들 '패자'는 지역의 유권자이자 납세자이기도 하다. 지역개발사업은 장기적으로 진행되며, 도시개발 과정에서 고도 제한이나 자동차 진입 제한 조치 여부가 도입되는 등 경제적 이해관계에서 갈등이 발생하는 경우가 잦다. 성공 여부가 불확실하고 장기간 지속되는 사업에서 당사자의 참여가 배제된다면, 그들은 무조건적으로 '반대'를 외칠 수밖에 없을 것이다.

다른 나라 지자체의 경우 도시개발계획 수립이나 심의 과정을 시민들에게 공개하는 경우가 많다. 미국 뉴욕시는 도시계획위원회 심의를 아예 유튜브를 통해 볼 수 있게 해놨다.[21] 시민들은 이를 보면서 전화나 실시간 채팅을 통해 의견을 낼 수 있다. 일본 도쿄는 도시계획위원회 회의록을 공개해 누가 어떤 발언을 했는지 누구나 열람할 수 있도록 한다. 15명까지 제한을 두긴 하지만 추첨을 통해 시민들이 방청할 수 있기도 하다. 반면 한국 지자체의 도시계획위원회는 앞서 언급했듯 의사결정 과정을 일절 공개하지 않는다. 사후적으로, 어떤 결론을 내렸는지 간략한 이유와 함께 발표할 뿐이다. 현재 가장 시급한 지역 거버넌스 개혁 과제가 있다면 지자체가 중요한 의사결정 과정을 투명하게 공개하고 시민들이 참여할 수 있도록 하는 것일 테다.

나오며

호남의 미래를 어떻게 만들 것인가

지난 몇 년간, 정확히 말하면 문재인 정부가 들어선 후 호남을 관통하는 키워드가 있다면 '소지역주의'다. 중앙정부가 내어주는 각종 사업들을 어떻게든 자신들의 시·군·구로 유치하려고 양보 없는 경쟁이 벌어졌다. 개발 과정에서 부산물로 감당해야 하는 기피시설은 거꾸로 다른 곳으로 밀어넣으려 했다. 호남에 풀 선물이 많은 민주당 정부 아래에서 소지역주의가 더 기승을 부리는 것은 필연적이다. 한편 역설적이게도 소지역별로 나뉘어져 벌이는 혈투 속에서 정작 대규모 개발 사업은 제대로 진척되지 못한다. 지역으로서 자립하지 못하고 파편화된 채 '중앙'에 예속된, 현재 호남의 모습을 적나라하게 보여주는 광경이다.

대표적인 장소가 나주혁신도시(빛가람혁신도시)다. 광주와 나주가 고형폐기물 연료SRF 열병합발전소를 놓고 몇 년째 다투고 있다. SRF는 불에 탈 수 있는 일반 쓰레기·폐플라스틱·목재 등을 압축하고, 수분을 제거해 만든 연료다. 쓰레기를 매립하거나 소각장에서 태우는 대신, 연료로 재활용할 수 있는 것들을 모아 고체 덩어리로 만든 것이다. 스웨덴·덴마크 등 유럽 국가에서 먼저 도입되었고 일본도 중소형 소각로를 SRF 기반 열병합발전소로 바꾸었다. 한국의 경우 이명박, 박근혜 정부에서 SRF 시설 도입을 늘려나갔다. 이명박 정부 때 도시 계획의 기본이 짜인 나주혁신도시가 SRF를 이용해 도시 내부 난방과 전력 공급을 담당하기로 한 건 자연스러운 과정이었다.

그런데 이 SRF는 광주시에서 주로 생산된다. 발전소 가동을 위해서는 매일 450톤가량의 SRF를 공급받아야 하는데, 나주·순천·목포 등 전남권에서 생산되는 물량은 230톤에 불과했다. 마침 광주도 쓰레기 처리처가 필요한 상황이었다. 충장로·금남로 일대를 대신할 신도심으로 대형 쓰레기 소각장이 있는 육군 상무대 부지(상무지구)를 개발하기도 했고, 기존 양과동 매립지도 포화 상태라 대안이 필요했다. 여기까지만 설명하면 광주시가 쓰레기를 나주에 떠넘긴 것 같지만, 사정은 간단치 않다. 나주혁신도시는 광주와 전라남도가 각각 배분받는 공공기관을 합쳐서 만든 도시이기 때문이다. 광주시 입장에서 보면 자신들의 '지분'이 있는 신도시이니 광주에서 처리된 SRF를 사용하는 게 큰 문제가 되지 않는 셈이다.

문제는 나주시가 격렬하게 SRF 반입을 반대해왔다는 것이다. 사실 열병합발전소는 신도시 최대 현안 가운데 하나다. 오염 물질을 내뿜을 수 있는 기피시설이라는 점과 함께 아파트 가격을 크게 떨어뜨리는 요인이기 때문이다. 세종시의 경우 천연가스 LNG 기반 열병합발전소에 대해 인근 아파트 단지 주민들의 반발이 이어지자, 2014년 천연가스발전소로 명칭을 바꾸는 일도 있었다. 나주시는 유력한 표밭인 혁신도시 주민들의 목소리를 따르지 않을 수 없다. '광주시가 만든 SRF 반입을 명시적으로 허락하지 않았다'는 논리를 내세우며 지난 5년간 발전소 가동을 막은 이유다.

급기야 법원 재판까지 가는 등 갈등이 이어지다 겨우 2021년 5월 시험가동에 들어갔다. 하지만 3개월 만에 다시 멈췄다. SRF를 만들어 공급하기로 한 광주의 민·관 합작법인이 사실상 망하면서다. 열병합발전소가 언제 정상가동이 될지 그리고 순수 LNG 발전소로 바뀐다면 대체설비는 언제 지어질지 아무도 알지 못한다. 광주는 2022년 기존 매립장이 꽉 찬다. 발전소를 짓고 운영하는 역할을 맡은 공기업 한국지역난방공사는 가동 중단 여파로 2018년 2,900억 원의 영업 손실을 낸 뒤 계속 적자를 보고 있다. 그 손실을 누가, 어떻게 보상할지 나주시를 비롯한 관계자들 중 답하는 이는 없다.

이 사안은 광주와 나주 양쪽이 제대로 된 문제 해결 능력 없이 '달면 삼키고 쓰면 뱉는' 식으로 선호시설은 유치하고, 기피시설은 내보내는 행태를 하고 있다는 걸 보여준다. 대도시의 쓰레기 처리 문제는 가장 민감한 현안 중 하나다. 서울시의 경우 1980~1990년대 마포, 양천, 노원, 강남 일대에 들어서는 신시가지에 쓰레기를 태워 에너지를 얻는 시설을 대규모로 지었다. 타

지자체 지역으로 밀어내기가 어렵기 때문에 도시 내에서 상당부분 자체 해결을 해버린 것이다. 광주시는 그동안 지어진 수많은 '택지개발지구'(대규모 신시가지)에서 이런 방법을 취하지 않고 문제를 미루다, 급기야 나주에 밀어내기를 해버렸다. SRF까지 패키지로 받는 거래를 중도에 파기해버린 것이나 다름없는 나주시도 대책이 없기는 마찬가지다.

쓰레기 처리 시설이 마냥 혐오시설인 것도 아니다. 오스트리아 빈의 슈피텔라우 소각장은 인근 6만여 세대에 온수를 무상 공급한다. 그만큼 난방비가 절감되기 때문에 아파트 가격이 올라간다. 시설을 예술작품처럼 꾸며 연 50만 명 이상이 방문하는 관광지이기도 하다. 일본 사이타마현 오가와마치는 음식물쓰레기로 바이오가스를 생산하는 시설을 세우고, 지역 일대의 음식물쓰레기를 처리해준다. 그 대가를 지방정부에서 받은 뒤, 음식물쓰레기를 보내주는 가정에 지역화폐 3,000엔(약 3만 원)을 돌려준다. 요컨대 기피시설 운영 대가로 개별 가구에 경제적 이익을 확실하게 되돌려주는 방식으로 갈등을 해결한 것이다. 나주 문제가 '답 없는 상태'가 된 원인의 상당 부분은 주민들과의 소통이나 협상 등 복잡하고 어려운 일은 건너뛰는 지역 정치권과 지자체의 행태에 있다.

중앙 정치권력 의존의 악순환

호남 내부에서 갈등을 해결할 역량이 낮다 보니 아예 민주당 대선 공약으로 만들거나, 민주당이 집권한 중앙정부에 사안의 해결을 맡겨버리는 경우도 있다. 광주 송정리 소재 공항의 이전 문제가 대표적이다. 2007년 전남 무안국제공항 운영 시작 당시부터 10년 넘게 이어지던 광주-전남 간의 해묵은 갈등이다. 문재인 정부가 끝나가도록 해결책을 찾지 못하자 결국 두 지자체는 2021년 3월 국무총리 업무를 보좌하는 국무조정실 산하 범정부 협의체를 만들어달라고 '제안'하기로 했다. 이 제안을 정세균 당시 국무총리는 하루 만에 받아들였다.

이 문제에는 크게 두 가지 쟁점이 있다. 하나는 광주 시민이 제주도로 오가는 게 주된 기능인 광주공항을 무안으로 이전하기 곤란하다는 광주시의 입장이다. 두 번째는 원래 광주공항의 주요 기능이었던 군 공항 이전을 무안이 반대한다는 것이다. 2021년 민주당 대선 후보 경선의 유력 주자 이낙연 전 전남도지사를 비롯해 광주와 전남의 주요 지자체장과 정치인들은 원론적으로는 "광주공항이 안고 있는 군 공항 이전까지를 한꺼번에 생각해야 할 문제"[1]라고 말해왔지만, 누가 비용을 지불할 것인지의 각론은 말하지 않았다. 대신 이전 절차나 비용 부담, 지역 여론 등의 문제를 내세워 이 사안이 제대로 해결되지 않는 책임을 상대편에 전가했을 뿐이다. 광주공항 이전이 1999년 무안공항 건설 시작 단계부터 필연적인 수순이나 다름없다는 걸 감안하면 지방정부가 얼마나 '오늘만 사는' 식으로 행동하고 있는지를 짐작하게 한다.

이러한 교착 상태에서 중앙정부를 끌어들이는 건, 사실상 중앙정부의 예산을 투입해 무안 군 공항 부지 인근에 대한 보상을 해달라는 이야기다. 현재 군 공항 이전 사업은 기존 부지를 개발해 나오는 수익금으로 새 공항 건설 및 주변 지역 보상금을 충당하는 방식(기부 대 양여)이다. 광주공항이나 공군이 사용하는 탄약고, 방공포대 등의 위치는 거듭된 도시개발로 꽤 노른자위 자리에 있다. 여기서 발생하는 수익을 어떻게 나눌 것인지에 대해서 광주나 전남, 무안 등이 한 치의 양보도 하지 않는 것이 공항 이전 문제의 근본 원인이다. 광주는 일방적으로 서구 마륵동 탄약고를 이전해 개발하겠다는 안을 내놓았다. 이 상황에서 중앙정부가 '데우스 엑스 마키나deus ex machina'*처럼 등장한 데에는 부산 가덕도 신공항 사업이 있다. 가덕도 신공항 사업을 계기로 민주당이 다른 지역에서도 공항 건설을 특별법으로 만들어 예산을 붓자고 나서자, 광주와 전남이 중앙정부를 호출할 명분이 생긴 것이다.

전북의 경우 새만금 방조제와 간척지 지역을 놓고 군산시, 김제시, 부안군이 치열한 다툼을 벌이고 있다. 김제시가 관할하는 방조제 구간에 대해 군산시와 부안군이 낸 소송은 2021년 1월 대법원에 가서야 겨우 원고 패소 판결로 일단락됐다. 방조제 관할권을 놓고 대법원까지 소송이 올라가게 된 이유는 간척지 안 공간, 특히 매립지에 대한 관할권을 의식한 것이라는 게 전반적인 시각이다. 매립지에 대한 관할권은 매립이 마무리되고서야 이루어지기 때문에, 사실 방조제 소송은 전초전일 뿐이라는 관측도 있다. 지자체들이 경쟁적으로 '새만금의 날'을 제정하려고

---

* 고대 그리스 연극에서 극을 인위적으로 끝내기 위해 등장시키는 신이다.

한다든지, 새만금 개발사업에 공공연히 반대의견을 내는 등은 예사다. 이들과 전북도는 2021년 6월 협의회를 구성했는데, 지방선거를 1년 앞두고 얼마만큼 실효성이 있을지 의문[2]부터 제기되는 실정이다. 당장 군산과 김제시는 새만금 동서도로 관할권을 두고 분쟁을 벌이고 있다. 세 지자체가 모인 계기도 수상태양광 수익을 배분[3]하기 위한 것이라, 건설적인 이해관계 조정과는 거리가 있다.

호남에서 소지역주의가 기승을 부리는 것에 대해 최근 지역 언론들도 경고 목소리를 내고 있다. 〈광주일보〉가 2020년 말 "호남이 갈라지고 있다"라며 "광주·전남·전북 간 견제가 정도를 넘어서면서 감정까지 상해"[4] 있는 상황이라고 지적한 게 대표적이다. 정부가 시행하는 초광역 단위 지역개발사업에 광주·전남·전북이 소규모 사업 하나를 신청한 것에 불과하다며, 지역 단위 어젠다 발굴이 제대로 되지 않고 있다고 〈광주일보〉는 진단했다. 전북의 경우 전주, 완주, 익산 등의 갈등이 심해 2020년 정부의 메가시티 사업 응모에 신청도 못 했다는 이야기가 떠돌아다니는 실정이다.

소지역주의가 발흥하는 가장 큰 이유는 지역사회가 정치에 얽매여 있기 때문이다. 〈무등일보〉는 "소지역주의가 호남권에서 유독 득세를 부리[5]고 있다며 "다른 지역에 비해 행정과 경제 등 모든 분야가 정치에 예속되면서 정치인의 소지역주의 조장이 먹힌다"고 원인을 분석한다. 지역패권정당 역할을 하는 민주당이 정치뿐만 아니라 경제와 사회 전반에 침투하면서, 표를 얻기 위한 정치인의 소지역주의 행보에 흔들린다는 것이다. 〈무등일보〉는 민주당에 대해 "그 정당"이라고 에둘러 말하면서 "정책이나 지역발전의 긴 안목 없이 즉흥적이고 대중영합적인 이익단체로 변질됐다"고까지 말했다. 중앙정부의 예산을 따내는 것 이외에 자립적인 지역경제발전 모델이 없다 보니 "정치인이나 지역민 모두 파이를 키우기보다 자기 몫을 더 가져가기 위해 싸운다"는 것도 또 다른 원인이라고 분석했다. 이러한 시각에서 보자면 광주공항 이전 건을 국무조정실로 가지고 간 것은, 소지역주의의 악순환을 압축해 보여주는 사건이라 할 수 있다.

사실 호남이라고 한데 묶여 있기는 하지만 광주와 전남, 전북 내부의 '생활권'은 별다른 연계가 없다. 단일한 경제 권역을 형성해본 적이 없어 전통적인 생활 경계나 명문고를 중심으로 한 지역 경계가 거의 그대로 유지되어 왔기 때문이다. 철도 노선만 봐도 드러난다. 대전에서 익산으로 내려온 철도는 광주·목포로 이어지는 호남선과 전주·순천으로 이어지는 전라선으로 나뉜다. 광주와 전주 또는 광주와 순천이 하나의 생활권이라면 지역 현안이 되었겠지만, 철도 연결이 필요하다는 주장은 거의 거론되지 않았다. 광주, 전주, 순천 모두 제각각 서울로 연결되기 때문이다. 전주와 군산, 광주와 목포도 사실상 따로 노는 것이나 마찬가지다. 민주당 집권기에 늘어난 중앙정부의 '자원'을 둘러싸고 쟁투가 치열하게 벌어지지 않은 게 오히려 이상한 구조다. '동남권 메가시티'가 나올 수 있었던 배경에는 울산과 부산, 창원이 한데 엮여 발전했던 경험이 있다. 앞서 소개한 자동차 부품업체

센트랄이 부산 서면에서 시작해, 금정구로 공장을 옮겼다가 창원 성산구 국가산업단지로 이전한 것이 대표적이다. 센트랄은 1975년 출시된 '포니' 때부터 울산에 위치한 현대자동차와 긴밀한 관계를 맺어 왔다. 한 번도 하나의 경제 권역을 형성해본 적이 없는 호남이 지역 수준의 별다른 대안을 내지 못하고 파편화된 상태로 중앙의 정치권력에 휘둘리는 건 비극적이지만 동시에 필연적이기도 한 결과라 할 수 있다.

익숙함과의 결별이 필요하다

호남에게 필요한 것은 지금까지 역사의 흐름 속에서 쌓아왔던 것들, 요컨대 꽤 익숙하고 다소 편안한 것들과의 결별이라 할 수 있다. 호남이 겪는 문제는 해방 이후 산업화 과정에서 소외되고 낙후된, '반도의 흑인'으로 차별받은 전라도 지역에서 형성된 정치·경제·사회·문화적 구조가 더는 21세기와 맞지 않아 발생하는 것이기 때문이다. 일종의 지체 현상을 극복해야 하는 셈이다. 그 가운데 상당수는 한국의 지방이 겪는 일반적인 문제이지만, 동시에 그 문제가 발생하고 작동하는 양상에는 호남만의 특수한 사정이 녹아난다. 저발전과 호남차별이 민주당으로의 쏠림 현상과 정치 우위의 시민사회 구조를 낳고, 그것이 발전적으로 해체되거나 극복되지 않은 채 부패와 무능과 소지역주의 등 여러 문제를 낳고 있는 게 대표적이다.

광주나 전주가 내세우는 '문화' 부문에서도 이중지체 구조가 변화와 발전을 억누르는 양상이 드러난다. 특히 경력을 갓 시작하는 청년들에게 이 문제는 상당한 생활 세계의 압력으로 작용한다. 그들이 지역에서의 활동에 회의적인 견해를 갖고 서울로 이동하는 원인은 문화 부문에서 자생력이 약하다는 점이 가장 크겠지만, 꽉 막힌 듯한 지역의 분위기도 상당 부분 작용하고 있다고 보아야 할 것이다.

광주문화재단이 2017년 발간한 보고서는 코믹하고 연성화된 방식으로 메시지를 던지려고 시도한 한 청년 연극인이, 그 일로 한동안 무대에 서지 못한 사례[6]를 소개한다. "내가 원하는 연극은 '웃기지만 메시지는 있게 만들자'이다. 광주 연극에는 너무 무겁고 진지한 것이 많았다"는 게 이 청년 연극인이 새로운 공연을 시도한 배경이었다. 하지만 "사람들이 가벼운 내용을 다루는 것을 좋아하지 않았다. 연기인지, 실생활인지 모르겠고 연기를 대충 하지 않느냐는 말을 많이 들었다"라며 지역 연극계의 반발을 샀다고 그는 술회했다. 지역 연극계가 5·18에 대해 "불행한 사건이지만, 우리 극단이 활동력을 얻는 기반이기도 하다[7]고 말하는데서 알 수 있듯이, 그들은 5·18의 집단 기억을 주된 문화적 자원으로 삼고 있다. 광주 연극이 '무겁고 진지한' 이유이기도 하다. 하지만 그것이 지역 연극계의 좁은 저변과 수직적 위계질서 속에서 새로운 시도를 가로막는 양상을 보이는 셈이다.

전북 연극계로 눈길을 돌리면, 이곳 청년들에게서는 "이제 한복 그만 입고 싶어요"[8]라는 말이 나온다. 공연 칼럼니스트 김일송 씨는 2020년 〈연극평론〉에 전북 청년 연극인들과의 대담 결과를 소개했다. 한 현장 예술가는 김 씨와의 대담에서 "대다수가 전주 지역의 특수성만 강조한 공연들로, 여기에서 벗어나지 못하고 있다. 전북이라고 하면 대체로 〈토끼와 거북이〉, 〈흥부놀부전〉처럼 전통적 공연만을 할 것 같다는 느낌을 받게 된다"라며 전주를 떠나 활동하고 싶다는 의사를 밝혔다. "실험적인 공연을 레퍼토리로 만들어내 청년 예술가들에게 기회"가 주어지는 곳으로 가고 싶다는 것이었다. 김 씨는 "토착 문화의 문제라기보다 토착 세력의 문제로 보인다"고 지적했다. 그러면서 "전주는 작은 지역이라 연극인들이 다 서로서로 아는 사이다. 누군가에게 밉보이면 공연을 못 하게 될 수도 있다고 생각해, 아무도 문제를 지적하려 들지 않는 것 같다"는 다른 참가자의 발언을 인용했다.

이러한 상황에서 지역의 문화 생태계는 청년들이 뿌리를 내리고 성장할 수 있는 데 별 도움이 되지 못한다. 김미연 전남대 문화융합연구소 연구원은 2006~2018년 광주 지역 청년 예술가들과 인터뷰를 기반으로 발표한 논문[9]에서 아시아문화전당, 광주비엔날레 등 '문화중심도시'의 간판으로 내세우는 문화 인프라와 지자체의 지원 정책이 청년들에게 거의 도움이 되지 않는다고 지적했다. 지방 예술가들에게 기회가 잘 주어지지 않는 데다, 어쩌다 전시를 하게 돼도 "'전시를 한 것만으로도 너는 영광이지 않으냐' 식의 태도로 인해 청년 예술가들에겐 낮은 참여비가 책정되거나 거의 보수를 받지 못"하는 일이 비일비재했다. 작품에 대한 피드백 등도 없었다. 김 연구원은 "두 번 다시 지원받고 싶지 않다는 의견이 반복적으로 보고되었다"고 썼다. 지자체의 지원은 형식적 재원 분배, 짧은 지원 기간 등으로 창작에 도움이 안

되면서도 경제적인 요인 때문에 의지하지 않을 수 없는 환경이었다. 또 지자체가 과시할 수 있는 몇몇 장르에만 예산 지원이 국한됐다. 연극만 해도 광주시가 보유한 극장은 대부분 대극장이고, 정작 저비용·소규모 연극을 할 만한 소극장은 거의 없다. 동료가 적고, 전문기술을 전수해줄 중견 예술인들도 얼마 없다는 지역 문화계의 약점을 보완할 방책도 제시되지 않았다.

미래 세대라 할 청년들이 본인이 발 딛고 서 있는 '업계'에 대해 이 정도로 냉소적인 반응을 보이고 미래가 없다고 생각한다면 '이탈'이 이어질 수밖에 없다. 미국 경제학자 앨버트 허시먼 Albert Hirschman이 제시[10]한 조직 내 구성원이 선택하게 되는 '탈출 Exit', '항의Voice', '충성Loyalty' 중 탈출밖에 답이 없기 때문이다. 항의를 하기에는 갖가지 네트워크로 엮인 지역사회에서 부담해야 할 '비용'이 큰 데다, 수직적인 위계문화도 상당하기 때문이다. 충성을 바치기에는 받을 수 있는 것이 없다.

광주에서 문화운동을 하는 청년들은 "40대, 즉 허리 세대가 없다. 80년대 학번과 90년 그 후 세대, 현실 세대를 이어줄 세대가 없다"[11]고 토로한다. 허리 세대가 없는 것은 80년대 학번 이후 광주 재야와 운동권의 조직적 연속성과 문화가 단절되었기 때문이기도 하지만, 90년대 학번 이후 지역사회에서 '이탈' 메커니즘이 굉장히 강하게 작동했다고 보는 게 합리적일 것이다. 좀 더 현실적인 관점에서 이야기를 하자면, 청년들이 지역에서 얻을 수 있는 '수익'이 적은 상황에서 켜켜이 쌓여 있는 관습과 네트워크가 장애물과 '비용' 역할을 한다면 지역사회의 '체제'는 청년의 탈

호남을 등 떠미는 요인이 된다고 보아야 할 것이다. 보통 지역의 자생력이 약하다는 담론은 '수익'의 문제를 지적하지만, 지역사회가 바꿔야 할 것은 '비용' 측면에서도 상당해 보인다. 지역사회의 제도와 문화를 바꿔 청년들이 숨을 쉬고 뛸 수 있는 공간을 마련해주어야 한다는 이야기다.

　이러한 관점에서 호남은 지금까지 내세웠던 가치나 역사적 전통이라 주장했던 것을 제대로 견지하고 있는지 그리고 현재에 발맞춰서 미래지향적으로 그 가치를 갱신해가고 있는지 따져보아야만 한다. 광주에서 장애인 인권 운동을 하는 도연 씨(1981년생)는 2001년부터 관련 활동을 해왔다. 10대를 대전에서 보내고 조선대에 입학하면서 광주로 생활 터전을 옮겼다. 그런데 그는 광주가 "과대평가되어 있는 도시"[12]라고 잘라 말한다. 그는 "'인권의 도시'라고 이야기하다 보니까, 외견상 갖추어진 것들이 있"지만 "자세히 보면 실속은 없"다고 광주 지역 청년 활동가인 김동규 씨와의 인터뷰에서 말했다. 중증 장애인을 지원한다는 조례를 전국 최초로 만들었다고 하는데, 실질적인 지원이나 예산은 너무나 부족하다는 것이다.

　지역사회 일각에서 5·18을 기억하는 방식에 대한 지적이 잇따르는 것도 기실 말뿐인 '5·18 정신 계승'인 경우가 허다하기 때문이다. 광주와 전남 일대에서 지자체 행정 감시 시민운동을 하는 이상석 세금도둑잡아라 대표는 "광주에서도 5·18은 행사 치르고 나면 끝난다"[13]고 김동규 씨와의 인터뷰에서 말했다. 5·18에 대한 연구도 실질적인 5·18 정신 계승을 위한 행보도 없이 80년대 학생운동을 했던 이들의 정치적 자본으로 동원되고 만다는 것이다. 이 대표는 "행정과 싸우면서 가장 곤혹스러운 순간이 대학 시절에 운동했던 사람들 만나는 때"라고 털어놓았다. "'나도 해봤는데'로 시작"하는 논리로 그 시절을 내세워 지금을 합리화한다는 것이다. "전대, 조대, 무슨 서클, 무슨 서클" 등으로 선거에 승차해 "운동 팔아먹는" 게 예사라고 한다. "광주는 정치적으로 진보가 아니에요"라는 게 그의 시각이다.

　광주 문화계는 문화예술단체 내부의 직장 내 괴롭힘과 '갑질'이 최대 현안이다. 문화도시를 표방하지만 정작 문화산업에 종사하는 노동자들의 권익은 보장받지 못하는 현실이다. 광주시립극단은 2020년 객원 단원(비정규직) ㄱ 씨가 연극을 준비하다 발가락을 다쳐 수술을 받고 3주를 쉬었다 복귀했는데, 극단 측이 근로계약서를 써주지 않아 산재처리를 하지 못하는 일[14]이 있었다. 상근 단원(정규직)인 무대 감독은 ㄱ 씨에게 "몸이 무거워서 그렇다"고 반복적으로 폭언을 했다. 전남도립국악단은 노조 가입 단원에 대해 인사평가를 최하등급으로 주어서 내보내는 일이 있어 파문이 일었다. 비엔날레재단은 전 재단 이사장의 갑질과 괴롭힘으로 직원의 절반이 나가버리는 등 파행 운영이 계속돼 이슈가 됐다. 이 같은 사건들은 감시받지 않고, 공론화되지 않는 '좁은 사회'에서 쉽게 나타나는 유형의 문제다. 말로만 문화나 인권을 외치기 전에 실질적인 지역 내 민주주의나 사회의 개방성 확보 방안을 고민해봐야 한다는 걸 보여준다.

스스로의 필요와 언어로 구축된 담론을 만들자

호남의 문제는 다층적이다. 서울과 지방의 공간적 분할 구조와 이른바 탈산업화 과정에서 야기되는 지방의 위축이 있다. 그와 함께 산업화와 민주화 과정에서 만들어진 호남만의 특수성에서 야기되는 사항들이 있다. 여기에 재경 엘리트들의 경쟁에서 비롯된 지역 할거형 정치 구조, 서울과 수도권에 몰린 상위 중산층과 갈수록 계층상승 기회를 더 얻지 못하는 지방민 사이의 계층 격차 등이 더해진다. 저발전과 불평등, 정치 우위 사회와 내부의 다원성 부족 등의 문제를 극복하기 위해서는 호남이 안고 있는 중층적 모순을 제대로 드러내는 담론이 필요하다.

이를 위해서는 지역의 사람들이 온전히 스스로의 의지로, 자신들만의 언어와 논리로 구축한 담론을 만들어내야 한다. '중앙'에 예속되지 않고, 자생적인 발전 역량 확보를 도모하기 위해서는 스스로의 성장 전략이 필요하다. 또 경제발전의 과실이 몇몇 건설 자본이나 지역 토호가 아니라 평범한 호남 사람들의 삶의 조건을 개선하는 데 돌아가게 하기 위해서는 단순한 재분배 정책을 넘어서서, 지역개발전략에서부터 세심한 접근이 필요하다. 중앙정치의 소용돌이 속에서 시민사회 전체가 동원되고 자신들의 영관과 출세를 위해 '호남 몫'을 받아내는 엘리트 정치 대신, 주민들의 의견이 반영되고 건전한 견제와 균형이 이루어지는 진짜 지역정치를 외치는 목소리가 나와야 한다. 좀 더 다원적이고 개방적인 분위기에서 청년, 여성, 소수자들이 자신들의 의견을 거리낌 없이 말할 수 있는 문화가 형성되어야만 한다.

프랑스 북동부 랭스의 노동계급 출신인 저명한 지식인 디디에 에리봉Didier Eribon은 중심부 엘리트들의 필요에 의해 구성된 세계를 그대로 존치한 채, 그 체제 내에서 발전을 도모한다 할지라도 "경직된 구조는 전과 다름없이 유지, 영속되며 평행이동을 한다"[15]고 일갈한다. 어찌어찌 개별적인 상승에 성공한다 하더라도 "유배는 더 느리게 이루어지고 배제는 더 나중에 일어나겠지만, 지배자와 피지배자의 격차는 그대로 남아 있다"는 것이다. 그는 사회학자 피에르 부르디외의 표현을 빌려, 이를 '구조의 평행이동'이라고 부른다. 자신이 '개천에서 난 용'마냥 랭스대와 파리 소르본대 대학원을 다닌 뒤 주간지〈르 누벨 옵세르바퇴르Le Nouvel Observateur〉 등에서 학술전문 기자로 취업한 경험을 술회한 것이다. 하지만 이는 단순한 계급 구조뿐만 아니라, 중앙과 지방 간의 근본적으로 불평등한 관계와 그에 따른 총체적인 '예속'에도 잘 맞아떨어진다.

서두에 꺼냈던 '전라디언의 굴레'를 끊어내는 것은 중앙의 정치권력을 쟁취하고 흔드는 것으로 가능하지 않다. 또 부산·울산·경남과 같은 공업 지대를 2020년대에 호남에서 재현한다거나, 서울과 같은 메트로폴리스를 만들어내는 방식으로도 불가능하다. 호남의 문제를 과거 다른 지역이 갔던 길을 똑같이 걸어가는 방식으로 극복한다는 것은 사실 어불성설이다. 그보다 미래지향적인 방식으로 외부는 물론 내부의 다양한 사람들에게 열려있으며 그렇기에 더 역동적인, 훨씬 매력적인 사회를 건설하는 것이 실현 가능한 비전일 것이다. 그리고 그 과정에서 얻게 되는 새로운 지역사회 모델이야말로 호남이 차별을 발전적으로 극복해낸 성과로 보편성을 인정받을 수 있는 방법일 것이다. 호남의, 호남에 의한, 호남을 위한 담론을 강조하는 것은 그것이 새로운 지역사회에 필요한 소프트웨어이기 때문이다.

주

들어가며

1. "'교촌치킨·멕시카나치킨…' 대구를 '프랜차이즈 메카'로", 〈매일신문〉, 2009년 11월 27일.

2. "1천 명당 닭집 1곳 대한민국은 '치킨 전쟁' 중", 〈한겨레〉, 2008년 10월 16일.

3. 김형민, "호남선 기차에는 왜 눈물이 내렸을까", 〈시사IN〉, 2019년 1월 16일.

4. "하이트진로, 소주 점유율 65% 첫 돌파", 〈세계일보〉, 2021년 4월 7일.

5. "'백제 발언' 격론…이재명-이낙연 '호남 혈투' 본격화", 〈한겨레〉, 2021년 7월 29일.

6. "북한 개입 '가정법' 기술…전두환 회고록 '거짓' 다시 확인", 〈경향신문〉, 2018년 10월 15일.

7. "이제 국가 앞에 당당히 선 '일베의 청년들'", 〈시사IN〉, 2014년 9월 29일.

8. https://www.youtube.com/watch?v=8kx1U0JVnkg

9. "홍준표, 5·18 가산점 질문에 '재검토하겠다…차리리 軍 다녀온 사람에게'", 〈중앙일보〉, 2017년 4월 17일.

10. 김상윤, 정현애, 김상집, 《녹두서점의 오월》, 한겨레출판, 2019년.

11. "'민주화 승리사관'을 벗어나서 광주항쟁의 '시민군'을 들여다보다", 〈프레시안〉, 2021년 5월 18일.

12. 김상집, 《윤상원 평전》, 동녘, 2021년, 360쪽.

13. "전라도 차별은 악랄한 내란선동", 〈주간경향〉, 2015년 1월 13일.

14. "광주로 몰려든 정치인들… 대선 앞두고 '5·18정신' 아전인수", 〈경향신문〉, 2021년 5월

18일.

15. "조국 '천정배 신당과 경쟁, 야권 전체에 도움'", 〈머니투데이〉, 2015년 7월 15일.

16. "[광주 대형복합쇼핑몰 유치] 10명 중 6명 '광주시 적극 나서라'". 〈무등일보〉, 2021년 7월 19일.

17. "후진국형 붕괴 참사와 '철거왕' 업체의 그림자", 〈동아일보〉, 2021년 6월 21일,
    "'철거왕' 계열사, 광주 붕괴건물 석면 철거 공사비 부풀렸나", 〈한겨레〉, 2021년 6월 13일.
    "'감리업체 선정도 브로커 개입' 철거 전부터 썩었던 학동 참사", 〈중앙일보〉, 2021년 6월 23일 등.

1장

1. https://www.youtube.com/watch?v=Dk-L94w6_YQ&t=6s

2. "'전라도 출신은 안 돼' 채용공고, 왜 나왔나 알아보니...", 〈한겨레〉, 2014년 12월 4일.

3. "직원을 칼로 찌르는 피죤 회장", 〈한겨레21〉 872호, 2011년 8월 1일.

4. "일베, '전라도 출신'은 탈락?... 황당한 일베 인증샷에 네티즌 격분", 〈아시아경제〉, 2015년 3월 16일.

5. https://www.facebook.com/assemnamu/posts/1195051324290401

6. https://www.ilbe.com/view/90773866

7. 진구섭, 《누가 백인인가?》, 푸른역사, 2020년, 35쪽.

8. Themstrom, Stephan, Ann Orlov, and Oscar Handlin, "Harvard encyclopedia of American ethnic groups", Cambridge: Harvard UP (1980).

9. 김동영, 《미국 백인사회의 민족과 종교의 갈등》, 울산대학교출판부, 2016년, 66쪽.

10. https://en.wikipedia.org/wiki/Anti-Irish_sentiment

11. 진구섭, 앞의 책, 45쪽.

12. 진구섭, 앞의 책, 48쪽.

13. Pierre Vallieres, White Niggers of America: The Precocious Autobiography of a Quebec "terrorist"(New York: Monthly Review Press, 1971), 21.

14. ibid. 50.

15. 최영진, 《한국의 지역주의와 정체성의 정치》, 오름, 1999년, 38쪽에서 재인용.

16. 최영진, 앞의 책, 41쪽.

17. 김상태, 〈일제하 민족주의 계열의 지역감정〉, 《한국역사연구회회보》, 24 (1995): 24.

18. 김상태, 위이 책, 22쪽.

19. 그레고리 헨더슨, 이종삼·박행웅 옮김, 《소용돌이의 한국정치》, 한울, 2000년.

20. 김선업, 〈연줄망과 연고주의〉, 임희섭·박길성 편, 《오늘의 한국 사회》(나남, 1993), 175.

21. "[조용헌 살롱] TK 대부", 〈조선일보〉, 2007년 4월 27일.

22. "하나회 모태는 '오성회'", 〈시사저널〉, 2006년 5월 10일.

23. 조갑제, "경북고 인맥의 한국경영", 〈월간조선〉, 1990년 5월.

24. 조갑제, 위의 기사.

25. 남영신, 《지역패권주의 한국》, 새물사, 1991년, 174쪽.

26. 〈공직사회의 호남차별 실상〉, 《말》, 91년 9월 호.

27. 강준만, 《전라도 죽이기》, 개마고원, 1995년, 159쪽.

28. 최영진, 앞의 책, 110쪽.

29. 오윤, 《내 아버지로부터의 전라도》, 사람풍경, 2011년, 107쪽.

30. 王建宏, 〈1960년대 한국사회 이농현상과 도시빈민 연구〉(박사학위논문, 건국대학교, 2015), 44.

31. 서울特別市史編纂委員會, 《서울人口史》(서울특별시, 2005), 922.

32. "부산사람 비밀코드 〈4〉 부산사람, 그들은 누구", 〈국제신문〉, 2011년 1월 10일.

33. 차철욱, 〈호남인의 부산정착과 생활연결망〉, 《지방사와 지방문화》15, no.2 (2012): 232.

34. 차철욱, 앞의 논문, 233쪽.

35. 정형호, 〈20세기 서울 지역 도시공동체의 특징과 변모 양상〉, 《실천민속학연구》17(2011): 305.

36. 정형호, 위의 논문, 307쪽.

37. "배고픈 상경... 가난 맞서 굳세었던 산동네 억척삶", 〈전남일보〉, 2015년 8월 17일.

38. "전라도 디아스포라-'맨주먹 상경의 현실'", 〈전남일보〉, 2018년 8월 20일.

39. 박계영, 〈무허가 정착지 주민의 경제행위에 관한 일고찰〉(석사학위논문, 서울대학교, 1982), 21.

40. 다음 내용은 한일순·한대웅, 《아버지의 첫 직업은 머슴이었다》(페이퍼로드, 2021년)를 정리한 것이다.

41. 강준만, 《한국 현대사 산책: 1960년대편》, 인물과사상사, 2004년, 145쪽.

42. 김중미, 《꽃은 많을수록 좋다》, 창비, 2016년, 61쪽.

43. 박상훈, 《만들어진 현실》, 후마니타스, 2009년, 269쪽.

44. 최준영, 〈지역감정은 존재하는가?: 지역감정에 대한 간접측정 기법을 중심으로〉현대정치연구 1, no. 1 (2008): 199-22.

45. 박성윤, 〈도시 생활의 적응 기제로서의 향우회에 관한 연구: 재경고흥군 향우회의 사례를 중심으로〉(석사학위논문, 서울대학교, 2001).

46. 이문웅, 〈공업화 과정에 있어서 근로자의 생활 및 직업 적응에 관한 연구〉, 《복지사회 구현의 당면 과제》(한국정신문화연구원, 1986), 146.

47. 조상현, 〈1980년대 이전 호남향우회의 성격 검토〉, 《지방사와 지방문화》15, no.2(2012), 277.

48. 박성윤, 앞의 책, 22쪽.

49. 광주 출신으로 서울에서 미용실을 경영하는 이가 1995년 강준만 전북대 교수에게 보낸 편지 내용이다. 강준만, 《한국 현대사 산책: 1960년대편》, 인물과사상사, 2004년, 187쪽.

50. 김은식, 〈1970년대 한국사회의 변동과 프로야구의 탄생〉, 《정신문화연구》42, no.2(2019), 493.

51. 김은식, 위의 논문, 495쪽.

52. 최동호, "세상에서 가장 슬픈 응원가, '목포의 눈물' 기억하십니까?", 〈프레시안〉, 2013년 5월 21일.

53. "10년을 기다렸응께, 옛날같이 야구 헐 날이 오겄지요?", 〈중앙선데이〉, 2009년 4월 26일.

54. "文정부 고위직 401명 중 66이 두 번 이상 발탁...이호승 4차례-황덕순 3차례", 〈동아일보〉, 2021년 5월 6일.

55. "5층짜리 향우회관... 평택선 전라도사람 떵떵거리며 살죠", 〈전남일보〉, 2015년 8월 5일.

56. 이적, 〈김대중은 복귀해야 한다?〉, 박용수 외, 《김대중 살리기》, 시와사회사, 1995년, 69쪽.

57. 최유리, 〈투표행위의 공간적 패턴과 정치적 아이덴티티의 발현-인천시 호남인을 중심으로〉(석사학위논문. 한국교원대학교, 2009).

2장

1. "[왜 1등인가] 휴대폰 가장 많이 판 송기택 씨", 〈조선일보〉, 2007년 4월 6일.

2. 이영훈, 《한국경제사II: 근대의 이식과 전통의 탈바꿈》, 일조각, 2016년, 345쪽.

3. 김두얼, 《한국경제사의 재해석: 식민지기·1950년대·고도성장기》, 해남, 2017년, 138쪽.

4. 공제욱, 〈1950년대 한국의 자본가 연구〉(백산서당, 1993), 160~161.

5. 박병윤, 〈재벌과 정치〉(한국양서, 1982), 160.

6. 주익종, 〈김용완, 시대를 이어준 가교의 기업인〉, 《한국사시민강좌》43(2008), 203.

7. 박병윤, 위의 책, 162쪽.

8. 류상윤, 〈1950년대 원조와 부산기업〉, 《지역과 역사》 45(2019), 354.

9. 공제욱, 위의 책, 192쪽.

10. "외삼촌 최흥종 목사·최영욱 박사, 율성에 음악혼·민족의식", 〈전남일보〉, 2012년 11월 13일.

11. "아버지는 산동교 인근에서 돌아가셨습니다", 〈전남일보〉, 2021년 6월 22일.

12. 박찬승, 《마을로 간 한국전쟁》, 돌베개, 2010년, 38쪽.

13. 조은정, 〈한국전쟁과 지방화단: 부산, 제주, 호남화단을 중심으로〉, 《한국민족문화》 38(2010), 24.

14. 김태훈, 《동네 철공소 벤츠에 납품하다》, 청아출판사, 2021년. 센트랄 관련 내용은 이 책의

기술을 따른다.

15. 위의 책, 55쪽.

16. 섬유기술진흥원,《대구섬유산업사》, 1990년, 223쪽.

17. 이상철, 〈한국에 있어서 화학섬유의 수입대체와 정부의 역할(1965-1972)〉,《경제사학》 25(1998).

18. 섬유기술진흥원, 위의 책, 590~591쪽.

19. 조선일보 경제부,《재계의 인재들》, 동광문화사, 1984년, 187쪽.

20. "(67)전문경영인코오롱 그룹(하)", 〈중앙일보〉, 1984년 2월 13일.

21. "누가 삼성을 움직이는가", 〈시사저널〉, 2005년 9월 9일.

22. 김용민, 박기성, 〈한국 대기업 최고경영자의 지연과 학연〉,《산업관계연구》14 vol.2(2004).

23. "[2005 재계 인맥·혼맥 대탐구] 동원그룹-김재철 회장家", 〈서울신문〉, 2005년 10월 31일.

24. "[人脈] '一高 동기 3인방' 박현주.장인환.송상종 증권업계 '왕별'", 〈한국경제신문〉, 2005년 8월 21일.

25. 전주상공회의소, 〈전북지역 상장법인 현황 조사〉, 2020년 4월.

26. 이항구, 안성훈, 〈광주지역 자동차산업의 환경변화와 발전전략〉(한국은행 광주전남본부, 2014), 27.

27. 한국노동연구원, 〈광주형 일자리 창출 모델 제2부 상태편〉(광주광역시 사회통합추진단, 2015), 151.

28. "삼성 R&D 대변혁... '새로운 심장'은 수원에서 뛴다", 〈조선비즈〉, 2014년 5월 7일.

29. 김민애, 〈대기업 생산기능의 입지재편 과정: 삼성전자 생활가전사업부문을 중심으로〉(석사학위논문, 한국교원대학교, 2016).

30. "이러다가 다 나가냐...삼성 가전라인 잇단 이전 '우려'", 〈연합뉴스〉, 2016년 1월 24일.

31. 김민애, 앞의 책, 117쪽.

32. "금호타이어 광주공장 이전 추진...용도변경 후 개발계획 관심", 〈한겨레〉, 2021년 8월 23일.

33. "'주택 보급률 107%' 광주 자고 나면 또 아파트", 〈연합뉴스〉, 2021년 4월 4일.

34. "(정면응시) 1편 광주가 '아파트 중심도시' 된 사연", 광주MBC, 2021년 9월 2일.

35. 한국은행 광주·전남본부, 〈최근 광주전남 GRDP로 살펴본 지역경제의 특징 및 발전 과제〉(한국은행, 2021년)

36. 한국노동연구원, 앞의 책, 158쪽.

37. 한국노동연구원, 앞의 책, 147쪽.

38. 조민수, 〈지역별 임금 불평등의 변화. 지역 고용동향 브리프〉, 2020년 겨울 호. 한국은행 광주전남 본부, 〈광주·전남지역 가계소득 현황과 정책과제〉(한국은행, 2015).

39. 한국은행 광주전남 본부, 〈광주·전남지역 가계소득 현황과 정책과제〉(한국은행, 2015).

40. "프랜차이즈 브랜드 서울지역 35.2% 가장 많아", 〈머니S〉, 2021년 6월 20일.

41. "대구 동성로 잡으면 '전국구 맛집' 된다 아입니꺼", 〈조선일보〉, 2018년 3월 9일.

42. "전통의 강자 대구 vs 떠오르는 대전...외식 프랜차이즈 한판승부", 〈매일경제〉, 2018년 4월 5일.

43. "공무원 아니면 뭐 하나요... 광주지역 청년 '한숨'", 〈전남일보〉, 2021년 7월 22일.

44. 황광훈, 〈지역별 청년 노동시장 동향 및 일자리 질 비교〉, 《고용동향브리프》, 2021년 6월 호.

45. 최기성, 〈경상권과 전라권 대학 졸업자의 취업 및 일자리 특성〉, 《고용동향브리프》, 2018년 11월 호.

46. 김형주, 연보라, 배정희, 〈청년 사회·경제 실태 및 정책방안 연구Ⅴ-기초분석보고서〉(한국청소년정책연구원, 2020),447.

47. "청년들 사라지는 광주·전남...10년간 나주시 인구만큼 떠났다", 〈전남일보〉, 2021년 3월 8일.

<hr>

3장

1. 조반니 사르토리, 《현대정당론》, 동녘, 1986년, 180쪽.

2. 김충식, 《남산의 부장들》, 동아일보사, 1992년, 267쪽.

3. 박상훈, 《만들어진 현실》, 후마니타스, 2013년, 149쪽.

4. 신동아, 〈신민당 당권의 향방〉, 1974년 7월, 101쪽.
   양성은, "신민당 파벌재편에 관한 연구, 1967~1979" (석사학위논문, 이화여대, 1998). 73. 재인용.

5. 지병문, 김홍철. 〈지방사회운동으로서의 광주 5월 운동〉, 《한국정치학회보》34, no.4(2001), 184.

6. 위의 책, 184쪽.

7. 류동민, "김대중 경제론을 다시 보는 이유", 〈한겨레〉, 2010년 11월 4일.

8. 최장집, 〈광주민중항쟁의 영향과 그 변화〉, 한국정치학회(1997), 7.

9. 김상집, 《윤상원 평전》, 동녘, 2021년, 365쪽.

10. 최정기, 〈5월 운동과 지역권력구조의 변화〉, 《지역사회연구》12, no.2(2004), 14.

11. 윤광일, 〈지역주의와 정치적 선호〉, 이내영·서현진 편, 《변화하는 한국 유권자 5》(동아시아연구원, 2013), 61.

12. "부산사람 비밀코드 〈4〉 부산사람, 그들은 누구", 〈부산일보〉, 2011년 1월 10일.

13. 김영기, "당원 모집으로 잠깐 고생하고 4년 호가호위", 〈전북일보〉, 2021년 7월 8일.

14. "민주당 권리당원 모집 '편법·위법 기승'", 〈아시아경제〉, 2021년 0월 6일.

15. "분고리 권력자들", 〈전북일보〉, 2021년 5월 23일.

16. "선거 반년 만에 재산이 55억 원 뚝? '고무줄' 재산 신고", 〈중앙일보〉, 2018년 12월 17일. 〈중

앙일보〉는 재산신고 내역을 다음의 인터넷 주소로 공개해 이용하도록 했다. https://goo.gl/ZLtriA

17. 금홍섭, 이은구, 〈한국 지역 시민단체의 활동역량에 관한 비교 연구〉, 《NGO 연구》11 (2016).

18. 김희송, 〈지역사회운동과 시민정치〉, 《지역사회연구》18, no.4(2010), 118.

19. "광주시민협, '후보단일화' 성명... 강은미 '반발'", 〈광주인〉, 2015년 4월 20일.

20. "'나올까 말까'... 이용섭·장만채 '결심 언제쯤'", 〈무등일보〉, 2018년 1월 15일.

21. "될 사람 밀어주는 호남…20만 선택이 판 가른다", 〈무등일보〉, 2021년 9월 23일.

22. "민주 권리당원 호남 27% 최다... 당권 향배 키를 쥐다", 〈동아일보〉, 2018년 8월 1일.

23. 정호기, 〈1980년대 초반 지역의 야당정치와 공안사건: 광주의 '횃불회'를 중심으로〉, 《민주주의와 인권》12, no.3(2012).

24. "民主黨 '少數목소리' 커진다", 〈동아일보〉, 1994년 5월 28일.

25. 허원제, 김영신, 〈포크배럴식 예산배분의 정치경제학적 분석: 특별교부세를 중심으로〉, 《재정학연구》10, no.1(2017).

26. "[박지웅 칼럼] 기재부 혁파의 길 Ⅲ: 예산실이 쥔 '기게스의 반지'", 〈피렌체의 식탁〉, 2020년 7월 24일.

27. Jung Hoyoung, Bureaucrats and Budgets in South Korea: Evidence for Hometown Favoritism, Journal of East Asian Studies, Forthcoming.

28. 강덕균, 《산업화·민주화시대 우리는 주역이었다》, 로뎀나무, 2020년, 57쪽.

29. 오윤숙, 〈성남시 호남인에 의한 동향의식의 공간적 재현〉(석사학위논문, 한국교원대학교, 2006년), 73.

30. 오윤숙, 위의 책, 30쪽.

31. 임미리, 《경기동부》, 이매진, 2014년, 72쪽.

32. "6.8 보궐선거 후보자에게 듣는다(1)", 〈성남일보〉, 2000년 6월 1일.

33. 한국노동연구원, 〈중장기 노동력 수급 전망〉(한국노동연구원, 1990).

34. 조귀동, 《세습 중산층 사회》, 생각의힘, 2020년, 189쪽.

35. 장신기, 《진보 오리엔탈리즘을 넘어서》, 시대의창, 2017년, 207쪽.

36. "광주 盧風의 막후…'호남 청와대'로 불리며 사업 확장", 〈중앙선데이〉, 2011년 6월 5일.

37. 김상집, 앞의 책, 164쪽.

38. "노무현의 민주당 수술대 위로", 〈한겨레21〉, 2002년 10월 12일.

39. 유시민, "노무현 득표력의 '지역주의적 역설(逆說)'-유시민의 시사카페 〈7〉", 〈프레시안〉, 2002년 3월 18일.

40. 강원택, 〈지역주의는 변화했을까〉, 이현우 등, 《변화하는 한국의 유권자2》(동아시아연구원, 2008), 79.

41. "용퇴대상 多選 15명... 野 조국發 내분 올까", 〈문화일보〉, 2015년 6월 11일.

42. "새정치 '호남 물갈이론' 예상자 명단 공개", 〈일요시사〉, 2015년 7월 27일.

43. 김욱, 《아주 낯선 상식》, 개마고원, 2015년, 289~290쪽.

44. https://www.youtube.com/watch?v=kYJevvzEKNw

45. "'윤석열 지지' 호남조직 15개…'밖에서 돕겠다' 국힘 입당 안 해", 〈뉴스1〉, 2021년 8월 17일.

46. "'친문' 당원 표심이 당락 갈랐다…서삼석·황명선, 문턱 못 넘어", 〈아시아경제〉, 2021년 5월 2일.

4장

1. 국토교통부 중앙건축물사고조사위원회, 〈광주 해체공사 붕괴사고 사조위 조사보고서〉(국토교통부, 2021).

2. 심규범, 〈건설현장의 다단계 하도급구조 개선방안〉(한국건설산업연구원, 2006), 30.

3. "'철거왕 이금열'이 철거민들의 피와 눈물로 세운 '황금의 제국'", 〈한겨레21〉, 2013년 8월 7일.

4. "조폭서 건설사 회장까지… '철거왕' 로비장부, 의문의 이니셜", 〈중앙일보〉, 2020년 5월 16일.

5. 〈그것이 알고 싶다 1267회 '광주 철거 건물 붕괴 참사의 비밀'〉, SBS, 2021년 6월 26일.

6. 기우식, "'죽음의 카르텔'이 학동 참사의 원인이다", 〈광주일보〉, 2021년 6월 29일.

7. "행동대원이 상품권 업체 임원…부두목이 성인오락실 운영", 〈한겨레〉, 2006년 8월 25일.

8. "광주 붕괴 참사 철거업체, 문흥식에 억대 금품 건네", 〈동아일보〉, 2021년 6월 28일.

9. "'철거업체 선정 개입' 붕괴 참사 브로커 구속", 〈광주매일신문〉, 2021년 7월 21일.

10. "조합장 딸·조카·처남, 지분쪼개기 된 건물 분양권 노렸다", 〈광주일보〉, 2021년 6월 29일.

11. "'붕괴참사 낸 재개발사업은 비리 온상'…조합 내부자 공익제보", 〈연합뉴스〉, 2021년 6월 30일.

12. "'정관계 분양권 로비' 광주 학동 3구역 부적격세대 물량 어디로?", 〈노컷뉴스〉, 2021년 6월 22일.

13. "규정보다 4배 많은 보류지…늘어난 분양권 어디로 갔나", 〈광주일보〉, 2021년 6월 28일.

14. "광주 지산1구역 재개발 '가구 쪼개기' 공무원 연루 의혹", 〈한겨레〉, 2021년 6월 17일.

15. "3.3㎡당 가격차이 1000만원 '초양극화' 꺾일 줄 모르는 광주 집값", 〈광주일보〉, 2018년 8월 24일.

16. "광주가 '아파트 중심도시' 된 사연", 광주MBC, 2021년 9월 2일.

17. 정준호, "밈에와 병예의 간극에 서 있는 광주", 〈광주일보〉, 2021년 8월 23일.

18. "[광주/전남]이 사람/유태명 광주동구청장", 〈동아일보〉, 2004년 1월 28일.

19. "광주시 고층아파트 허가 난립, '경관·스카이라인' 사라져", 〈프레시안〉, 2019년 9월 24일.

20. "'30층 이상 안 된다'더니 34층 허가한 광주시", 〈무등일보〉, 2021년 3월 29일.

21. "광주, 민간공원 특례사업자 뒤늦게 '1·2순위 뒤집기' 후폭풍", 〈시사저널〉, 2018년 12월 20일.

22. "미심쩍은 '호반 역전극'... 광주, 이의 수용→KBC 만남→경쟁사 감점", 〈서울신문〉, 2019년 8월 19일.

23. "말썽 많은 광주 민간공원 특례사업에 또 '불씨'", 〈한겨레〉, 2019년 12월 18일.

24. 박주현, "정권은 바뀌어도 토호는 영원하다", 〈사람과 언론〉 제3호, 2018년 12월.

25. 최창수, 박충훈, 〈지방정치부패의 연속과 변화: 선출직 지방공직자 부패와 제도와의 관계〉, 《한국공공관리회보》34, no.2(2020).

26. 김동원, 〈지역관료의 존재방식과 지방자치〉, 《황해문화》79 (2013), 115.

27. 국립아시아문화전당, 〈국립 아시아문화전당 운용 효과 분석〉(2019), 9.

28. "관리비 벌기도 힘든 아시아문화전당, 국가기관으로 남나", 〈조선일보〉, 2020년 10월 7일.

29. 공공기관 정보 시스템 알리오(http://alio.go.kr)의 아시아문화원 포괄손익계산서.

30. 유지호, "[무등칼럼]개관 4년...국립아시아문화전당은 어디로 가고 있나", 〈무등일보〉, 2019년 11월 20일.

31. "[국정감사 현장]'귀한' 시간 다 가네", 〈광주드림〉, 2005년 5월 29일.

32. 정미라, 〈광주의 문화담론과 518: 시민단체의 논의를 중심으로〉, 《민주주의와 인권》6, no.1(2006).

33. 강준만, 《지방식민지 독립선언》, 개마고원, 2015년, 221쪽.

34. 문화체육관광부 문화중심도시추진기획단, 〈빛의 문화 프로젝트 아시아문화중심도시 개념과 전망 그리고 전략〉(문화관광부, 2005), 46.

35. 문화체육관광부 문화중심도시추진기획단, 〈문화산업을 통한 지역경제발전 모델 제시〉(문화광광부, 2005).

36. 류재한, 〈아시아문화중심도시조성과 5·18, 민주주의와 인권〉, 《민주주의와 인권》7, no.2(2007).

37. 정병준, "혼돈의 문화수도 ④논의의 전문성을 높이자", 〈시민의소리〉, 2007년 10월 9일.

38. "나는 예산 따내는 데 귀재", 〈시사저널〉, 2005년 5월 27일.

39. 김기곤, 〈옛 전남도청별관 갈등과 '5,18'의 의미 탐색〉, 《지역사회연구》18, no.2(2010).

40. 박해광, 김기곤, 〈지역혁신과 문화정치: 광주 문화중심도시 조성사업을 중심으로〉, 《경제와 사회》(2007), 58.

41. "아시아문화전당 '예고된 재앙'", 〈동아일보〉, 2015년 7월 29일.

42. "'이상과 현실의 간극' 확인한 광주 아시아예술극장", 〈국민일보〉, 2015년 8월 31일.

43. "특급호텔 없어 대형 행사 타지에 뺏겨서야", 〈광주일보〉, 2019년 9월 25일.

44. 한국노동연구원, 〈광주형 일자리 창출 모델 3부 혁신편〉(광주광역시 사회통합추진단, 2015), 140.

45. 한국노동연구원, 앞의 책, 63쪽.

46. "윤장현 광주시장 '연산 170만대 車산업밸리 만들어 일자리 창출'", 〈한국경제〉, 2014년 7월 3일.

47. "전기차 시장 꽃피는데, 중국이 부품산업 싹쓸이할 판", 〈조선일보〉, 2020년 10월 22일.

48. "광주형 일자리, 벌써부터 비리·방만운영에 몸살…총체적 난국", 〈조선비즈〉, 2020년 8월 21일.

5장

1. 김종엽 외, 《87년 체제론》, 창비, 2009년, 12쪽.

2. "한국GM, 연 생산 능력 91만 대에서 50만 대로 축소", 〈머니투데이〉, 2018년 2월 14일.

3. 정흥준 등, 〈한국지엠의 구조조정과 고용대책〉(한국노동연구원, 2018), 23.

4. "왜 부평도 창원도 아닌 군산 공장이었을까", 〈한겨레〉, 2019년 8월 18일.

5. "민형배 '4·13 총선 호남민 선택, 유권자발 정계개편'", 〈연합뉴스〉, 2016년 6월 30일.

6. 김성태 의원실, 〈김성태 "고속도로 통행량 추정 하나마나….오차율 42,2%"〉(2017).

7. 국토연구원, 〈수요자관점 국가교통현황 진단 연구〉(국토교통부 용역보고서, 2018), 13.

8. 박진경, 오은주, 〈지방 SOC 생산성 분석 및 발전방안〉(한국지방행정연구원, 2015년), 97.

9. "지방공항 14곳 중 13곳 적자인데… 공항 또 짓자는 정부와 지자체", 〈조선비즈〉, 2021년 9월 3일.

10. "60兆 SOC사업, 검증은 '패싱'…혈세 먹는 하마 되나", 〈한국경제신문〉, 2018년 11월 25일.

11. 이근재, 최병호, 〈우리나라 시군의 재정승수와 세출구조조정에 대한 함의〉, 《지방정부연구》 19, no.2(2015).

12. 정용석, 〈4대광역시(부산, 대구, 인천, 광주) 투자적 재정지출의 산업부가가치와의 연관관계와 산출효과에 대한 비교분석〉, 《지방정부연구》18, no.4(2015).

13. "전북혁신도시 유입인구 90% 지역민", 〈전북일보〉, 2021년 8월 17일.

14. "몸은 나주에 살고 돈은 서울서 쓴다", 〈광주일보〉, 2020년 11월 17일.

15. "[청년소멸보고서⑤] '서울生 스펙' 너무 부럽다…'지방러' 진욱 씨의 눈물", 〈무등일보〉, 2021년 8월 13일.

16. http://honam.co.kr/detail/weqZ43/653560

17. 중앙선거관리위원회 신서통계시스템, https://www.nesdc.go.kr/

18. 오윤, 《내 아버지로부터의 전라도》, 사람풍경, 2011년, 159쪽.

19. "고개 숙인 '실력광주' 서울대 합격 10명 이상 배출 고교 한 곳 없어", 〈전남일보〉, 2007년 3월 14일.

20. "여론 '대형복합쇼핑몰 유치' 광주시 뭉그적, 왜", 〈무등일보〉, 2021년 7월 27일.

21. "'文 경제정책, 무능·무식·무대뽀' 光州 커피숍 사장님 실명 건 외침", 〈조선일보〉, 2021년 6월 13일.

22. "'골목상권 붕괴'라지만…규제로는 '꿀잼' 없다", 〈무등일보〉, 2021년 9월 8일.

23. "義·藝·味의 도시 광주? 아뇨, 노잼도시입니다", 〈무등일보〉, 2021년 9월 8일.

24. "특급 호텔 하나 없는 광주, 정치권은 '사막에 지어라'", 〈중앙일보〉, 2017년 2월 26일.

6장

1. 이철승, 정준호, 〈세대 간 자산 이전과 세대 내 불평등의 증대: 1990~2016〉, 《동향과전망》 104(2014).

2. 최준영 법무법인 율촌 전문위원, "재정자립도 최하위 군, 세금 혜택은 최상위의 10배… 지방 예산, 정말 부족한가", 〈조선일보〉, 2021년 8월 2일.

3. 진노 나오히코, 《체제개혁의 정치경제학》, 한울, 2000년. 82쪽.

4. 안철현, 〈기초의회 선거에서의 중선거구제 효과〉, 《21세기 정치학회보》 21, no.2(2011), 47.

5. 차재권, 옥진주, 이영주, 〈지역정치 활성화를 위한 지역정당 설립 방안 연구: 해외 주요국 지역정당 사례의 비교분석〉, 《한국지방정치학회보》11, no.1(2021), 127.

6. https://www.progressiveparty.org/our-story

7. 차재권 등, 120쪽.

8. 모종린, 《골목길 자본론》, 다산북스, 2017년, 289쪽.

9. OECD, CASE STUDY: STYRIA (AT)(OECE Working Paper, 2008)

10. "세계 각국의 '지방경제 살리기'", 〈이코노미조선〉, 2016년 9월 7일.

11. 대학알리미, http://www.academyinfo.go.kr

12. "[이범의 불편한 진실] 대학 서열은 돈의 서열이다", 〈경향신문〉,2021년 9월 2일.

13. 이주호 등, 〈인적자본정책의 새로운 방향에 대한 종합연구〉(한국개발연구원, 2014), 30.

14. "이낙연 '지역거점 국립대 등록금 없앨 것'", 〈서울신문〉, 2021년 8월 12일.

15. "광주시 청년정책 헛돌아…전국 최초 전담부서 빛바래", 〈국민일보〉, 2019년 3월 18일.

16. 코트라 벨기에 브뤼셀무역관, 〈벨기에 제약산업〉(코트라, 2019).

17. Izsak,Kincső et al, Developing regional industrial policy capacity(Eurofound, 2017), 20.

18. 〈이코노미조선〉, 위의 책, 27쪽.

19. 박소영, 정소양, 홍나은, 〈지역주도형 도시재생을 위한 기금 지원체계 개선방안〉, 《국토정책

브리프》 813(2021).

20. 東博暢, 第 4 次産業革命期における街づくり戦略(日本総合研究所, 2019)

21. "(시사본색 정면응시) 광주의 도시계획을 말하다 3편", 광주MBC, 2021년 9월 19일.

나오며

1. "이낙연 전남지사 '광주 군공항 이전' 발언 논란(종합)", 〈연합뉴스〉, 2015년 1월 14일.

2. "전북도-3개 시·군, 새만금 발전 공동협력 한뜻", 〈전북일보〉, 2021년 6월 7일.

3. "새만금 권역 분쟁해결 되나... 새만금권역 행정협의 TF팀 본격 가동", 〈전북일보〉, 2021년 7월 26일.

4. "갈라지는 광주·전남·전북 ... 호남 동질성 회복 시급하다", 〈광주일보〉, 2020년 12월 14일.

5. "누가 지역분열을 조장하나", 〈무등일보〉, 2014년 10월 29일.

6. 광주문화재단, 〈광주 기초예술활성화 정책보고서: 광주예술인 백인보 프로젝트〉(광주문화재단, 2018), 122.
    김미연, 김인설, 〈지역문화생태계와 청년예술가〉, 《예술경영연구》 51(2019)에서 재인용.

7. 광주문화재단, 위의 책, 101쪽.

8. 김일송, 〈청년 연극인 공론장 참여 후기2: 부산·인천·전북〉, 《연극평론》 99(2020), 178.

9. 김미연, 김인설, 앞의 책.

10. Albert O. Hirschman, Exit, voice, and loyalty: Responses to decline in firms, organizations, and states(Harvard university press, 1970).

11. 김이연, 〈청년세대의 문화기반 집단화와 공동체적 특성 연구-광주 지역을 중심으로〉(석사학위논문, 전남대학교, 2017), 84.

12. 김동규, 이가현, 《광주에서 활동가로 살아가기》, 밥북, 2021년, 74쪽.

13. 김동규, 이가현, 215쪽.

14. "갑질 논란으로 얼룩진 광주·전남 예술단체", 〈한겨레〉, 2021년 8월 4일.

15. 디디에 에리봉, 《랭스로 되돌아가다》, 문학과지성사, 2021년, 204쪽.

참고문헌

- 강덕균, 《산업화·민주화시대 우리는 주역이었다》, 로뎀나무, 2020년.
- 이현우 등, 《변화하는 한국의 유권자2》, 동아시아연구원, 2008년.
- 강준만, 《전라도 죽이기》, 개마고원, 1995년.
- 강준만, 《지방식민지 독립선언》, 개마고원, 2015년.
- 강준만, 《한국 현대사 산책: 1980년대편》, 인물과사상사, 2003년.
- 강준만, 《한국 현대사 산책: 1960년대편》, 인물과사상사, 2004년.
- 공제욱, 《1950년대 한국의 자본가 연구》, 백산서당, 1993년.
- 광주문화재단, 〈광주 기초예술활성화 정책보고서: 광주예술인 백인보 프로젝트〉, 광주문화
  재단, 2018.
- 국립아시아문화전당, 〈국립 아시아문화전당 운용 효과 분석〉, 2019.
- 국토교통부 중앙건축물사고조사위원회, 〈광주 해체공사 붕괴사고 사조위 조사보고서〉, 국
  토교통부, 2021.
- 국토연구원, 〈수요자관점 국가교통현황 진단 연구〉, 국토교통부 용역보고서, 2018.
- 금홍섭, 이은구, 〈한국 지역 시민단체의 활동역량에 관한 비교 연구〉, 《NGO 연구》11 (2016):
  35-75.
- 김기곤, 〈옛 전남도청별관 갈등과 '5,18'의 의미 탐색〉, 《지역사회연구》18, no.2(2010): 67-
  90.
- 김동규, 이가현, 《광주에서 활동가로 살아가기》, 밥북, 2021년.

- 김동영,《미국 백인사회의 민족과 종교의 갈등》, UUP, 2016년.
- 김동원, 〈지역관료의 존재방식과 지방자치〉,《황해문화》 79 (2013): 103-119.
- 김두얼,《한국경제사의 재해석: 식민지기·1950년대·고도성장기》, 해남, 2017년.
- 김미연, 김인설, 〈지역문화생태계와 청년예술가〉,《예술경영연구》 51(2019): 5-34.
- 김민애, 〈대기업 생산기능의 입지재편 과정: 삼성전자 생활가전사업부문을 중심으로〉, 석사학위논문, 한국교원대학교, 2016.
- 김상윤, 정현애, 김상집,《녹두서점의 오월》, 한겨레출판사, 2019년.
- 김상집,《윤상원 평전》, 동녘, 2021년.
- 김상태, 〈일제하 민족주의 계열의 지역감정〉,《한국역사연구회회보》, 24 (1995): 22-25.
- 임희섭, 박길성 편,《오늘의 한국 사회》, 나남, 1993년.
- 김성태 의원실, 〈김성태 "고속도로 통행량 추정 하나마나....오차율 42,2%"〉, 2017.
- 김용민, 박기성, 〈한국 대기업 최고경영자의 지연과 학연〉,《산업관계연구》 14 vol.2(2004):77-96.
- 김욱,《아주 낯선 상식》, 개마고원, 2015년.
- 김은식, 〈1970년대 한국사회의 변동과 프로야구의 탄생〉,《정신문화연구》 42. no.2(2019): 477-509.
- 김이연, 〈청년세대의 문화기반 집단화와 공동체적 특성 연구-광주 지역을 중심으로〉, 석사학위논문, 전남대학교, 2017.
- 김일송, 〈청년 연극인 공론장 참여 후기2: 부산·인천·전북〉,《연극평론》 99(2020): 176-179.
- 김종엽 외,《87년 체제론》, 창비, 2009년.
- 김중미,《꽃은 많을수록 좋다》, 창비, 2016년.
- 김충식,《남산의 부장들》, 동아일보사, 1992년.
- 김태훈,《동네 철공소 벤츠에 납품하다》, 청아출판사, 2021년.
- 김형주, 연보라, 배정희, 〈청년 사회·경제 실태 및 정책방안 연구V-기초분석보고서〉, 한국청소년정책연구원, 2020.
- 김희송, 〈지역사회운동과 시민정치〉,《지역사회연구》 18. no.4(2010): 109-131.
- 남영신,《지역패권주의 한국》, 새문사, 1991년.
- 류상윤, 〈1950년대 원조와 부산기업〉,《지역과 역사》 45(2019): 341-363.
- 류재한, 〈아시아문화중심도시조성과 5·18, 민주주의와 인권〉,《민주주의와 인권》 7. no.2(2007): 117-131.
- 모종린,《골목길 자본론》, 다산북스, 2017년.
- 문화체육관광부 문화중심도시추진기획단, 〈문화산업을 통한 지역경제발전 모델 제시〉, 문화관광부, 2005.
- 문화체육관광부 문화중심도시추진기획단, 〈빛의 문화 프로젝트 아시아문화중심도시 개념과 전망 그리고 전략〉, 문화관광부, 2005.

- 박계영, 〈무허가 정착지 주민의 경제행위에 관한 일고찰〉, 석사학위논문, 서울대학교, 1982.
- 박병윤, 《재벌과 정치》, 한국양서, 1982년.
- 박상훈, 《만들어진 현실》, 후마니타스, 2009년.
- 박성윤, 〈도시 생활의 적응 기제로서의 향우회에 관한 연구: 재경고흥군 향우회의 사례를 중심으로〉, 석사학위논문, 서울대학교, 2001.
- 박소영, 정소양, 홍나은, 〈지역주도형 도시재생을 위한 기금 지원체계 개선방안〉, 《국토정책 브리프》 813(2021).
- 박진경, 오은주, 〈지방 SOC 생산성 분석 및 발전방안〉, 한국지방행정연구원, 2015.
- 박찬승, 《마을로 간 한국전쟁》, 돌베개, 2010년.
- 박해광, 김기곤, 〈지역혁신과 문화정치: 광주 문화중심도시 조성사업을 중심으로〉, 《경제와 사회》(2007): 39-75.
- 사회과학연구실, 〈복지사회 구현의 당면 과제〉, 한국정신문화연구원, 1986.
- 서울特別市史編纂委員會, 〈서울人口史〉, 서울특별시, 2005.
- 섬유기술진흥원, 〈대구섬유산업사〉, 섬유기술진흥원, 1990.
- 심규범, 〈건설현장의 다단계 하도급구조 개선방안〉, 한국건설산업연구원, 2006.
- 안철현, 〈기초의회 선거에서의 중선거구제 효과〉, 《21세기 정치학회보》21. no.2(2011): 43-60.
- 양성은, 〈신민당 파벌재편에 관한 연구, 1967~1979〉, 석사학위논문, 이화여대, 1998.
- 오윤, 《내 아버지로부터의 전라도》, 사람풍경, 2011년.
- 오윤숙, 〈성남시 호남인에 의한 동향의식의 공간적 재현〉, 석사학위논문, 한국교원대학교, 2006.
- 王建宏, 〈1960년대 한국사회 이농현상과 도시빈민 연구〉, 박사학위논문, 건국대학교, 2015.
- 이근재, 최병호, 〈우리나라 시군의 재정승수와 세출구조조정에 대한 함의〉, 《지방정부연구》 19. no.2(2015): 299-317.
- 이내영, 서현진 등, 〈변화하는 한국 유권자 5〉, 동아시아연구원, 2013.
- 이상철, 〈한국에 있어서 화학섬유의 수입대체와 정부의 역할(1965-1972)〉, 《경제사학》 25(1998): 109-149.
- 이영훈, 《한국경제사II: 근대의 이식과 전통의 탈바꿈》, 일조각, 2016년.
- 박용수 외, 《김대중 살리기》, 시와사회사, 1995년.
- 이주호 등, 〈인적자본정책의 새로운 방향에 대한 종합연구〉, 한국개발연구원, 2014.
- 이철승, 정준호, 〈세대 간 자산 이전과 세대 내 불평등의 증대: 1990~2016〉, 《동향과전망》 104(2014): 316-373.
- 이항구, 안성훈, 〈광주지역 자동차산업의 환경변화와 발전전략〉, 한국은행 광주전남본부, 2014.

- 임미리, 《경기동부》, 이매진, 2014년.
- 장신기, 《진보 오리엔탈리즘을 넘어서》, 시대의창, 2017년.
- 전주상공회의소, 〈전북지역 상장법인 현황 조사〉, 2020.
- 정미라, 〈광주의 문화담론과 518: 시민단체의 논의를 중심으로〉, 《민주주의와 인권》6. no.1(2006): 147-170.
- 정용석, 〈4대광역시(부산, 대구, 인천, 광주) 투자적 재정지출의 산업부가가치와의 연관관계와 산출효과에 대한 비교분석〉, 《지방정부연구》18. no.4(2015): 101-133.
- 정형호, 〈20세기 서울 지역 도시공동체의 특징과 변모 양상〉, 《실천민속학연구》17(2011): 285-320.
- 정호기, 〈1980년대 초반 지역의 야당정치와 공안사건: 광주의 '횃불회'를 중심으로〉, 《민주주의와 인권》12. no.3(2012): 5-41.
- 정흥준 등, 〈한국지엠의 구조조정과 고용대책〉, 한국노동연구원, 2018.
- 조귀동, 《세습 중산층 사회》, 생각의힘, 2020년.
- 조민수, 〈지역별 임금 불평등의 변화〉, 《지역 고용동향 브리프》2020년 겨울 호.
- 조상현, 〈1980년대 이정 호남향우회의 성격 검토〉, 《지방사와 지방문화》15. no.2(2012): 259-291.
- 조선일보 경제부, 《재계의 인재들』. 동광문화사, 1984.
- 조은정, 〈한국전쟁과 지방화단: 부산, 제주, 호남화단을 중심으로〉, 《한국민족문화》38(2010): 36-64.
- 주익종, 〈김용완, 시대를 이어준 가교의 기업인〉, 《한국사시민강좌》43(2008).
- 지병문, 김홍철, 〈지방사회운동으로서의 광주 5월 운동〉, 《한국정치학회보》34. no,4(2001): 179-198.
- 진구섭, 《누가 백인인가? 미국의 인종 감별 잔혹사》, 푸른역사, 2020년.
- 차재권, 옥진주, 이영주, 〈지역정치 활성화를 위한 지역정당 설립 방안 연구: 해외 주요국 지역정당 사례의 비교분석〉, 《한국지방정치학회보》11. no.1(2021): 103-139.
- 차철욱, 〈호남인의 부산정착과 생활연결망〉, 《지방사와 지방문화》15. no.2 (2012): 229-258.
- 최기성, 〈경상권과 전라권 대학 졸업자의 취업 및 일자리 특성〉, 《고용동향브리프》2018년 11월 호.
- 최영진, 《한국의 지역주의와 정체성의 정치》, 오름, 1999년.
- 최유리, 〈투표행위의 공간적 패턴과 정치적 아이덴티티의 발현-인천시 호남인을 중심으로〉, 석사학위논문, 한국교원대학교, 2009.
- 최장집, 〈광주민중항쟁의 영향과 그 변화〉, 한국정치학회(1997).
- 최정기, 〈5월 운동괴 지역권력구조의 변화〉, 《지역사회연구》12. no.2(2004): 1-19.
- 최창수, 박충훈, 〈지방정치부패의 연속과 변화: 선출직 지방공직자 부패와 제도와의 관계〉,

《한국공공관리회보》34. no.2(2020): 1-20.

- 코트라 벨기에 브뤼셀무역관, 〈벨기에 제약산업〉, 코트라, 2019.
- 한국노동연구원, 〈광주형 일자리 창출 모델〉, 광주광역시 사회통합추진단, 2015.
- 한국노동연구원, 〈중장기 노동력 수급 전망〉, 한국노동연구원, 1990.
- 한국은행 광주·전남본부, 〈최근 광주전남 GRDP로 살펴본 지역경제의 특징 및 발전 과제〉, 한국은행, 2021.
- 한국은행 광주전남 본부, 〈광주·전남지역 가계소득 현황과 정책과제〉, 한국은행, 2015.
- 한일순, 한대웅,《아버지의 첫 직업은 머슴이었다》, 페이퍼로드, 2021년.
- 허원제, 김영신, 〈포크배럴식 예산배분의 정치경제학적 분석: 특별교부세를 중심으로〉,《재정학연구》10, no.1(2017): 151-185.
- 황광훈, 〈지역별 청년 노동시장 동향 및 일자리 질 비교〉,《고용동향브리프》2021년 6월 호.
- Eribon, Didier,《랭스로 되돌아가다》, 이상길 옮김, 2021년.
- Henderson, Gregory,《소용돌이의 한국정치》, 박행웅, 이종상 옮김, 한울, 2000년.
- Hirschman, Albert O. Exit, voice, and loyalty: Responses to decline in firms, organizations, and states. Harvard University Press, 1970.
- Hoyoung, Jung. Bureaucrats and Budgets in South Korea: Evidence for Hometown Favoritism. Journal of East Asian Studies. Forthcoming.
- Izsak, Kincsõ et al. Developing regional industrial policy capacity. Eurofound, 2017.
- OECD. CASE STUDY: STYRIA (AT). OECE Working Paper, 2008.
- Sartori, Giovanni,《현대정당론》, 어수영 옮김, 동녘, 1986년.
- Themstrom, Stephan, Ann Orlov, and Oscar Handlin. Harvard encyclopedia of American ethnic groups. Harvard University Press, 1980.
- Vallieres. Pierre. White Niggers of America: The Precocious Autobiography of a Quebec "terrorist". Monthly Review Press, 1971.
- 東博暢, 第４次産業革命期における街づくり戦略, 日本總合研究所, 2019.
- 神野直彦,《체제개혁의 정치경제학》, 이재은 옮김, 한울, 2000년.

전라디언의 굴레

지역과 계급이라는 이중차별,
누구나 알지만 아무도 모르는 호남의 이야기

1판 1쇄 펴냄 | 2021년 12월 10일
1판 4쇄 펴냄 | 2023년 1월 20일

지은이 | 조귀동
발행인 | 김병준
편 집 | 정혜지
디자인 | THISCOVER
마케팅 | 차현지
발행처 | 생각의힘

등록 | 2011. 10. 27. 제406-2011-000127호
주소 | 서울시 마포구 독막로6길 11, 우대빌딩 2, 3층
전화 | 02-6925-4183(편집), 02-6925-4188(영업)
팩스 | 02-6925-4182
전자우편 | tpbook1@tpbook.co.kr
홈페이지 | www.tpbook.co.kr

ISBN 979-11-90955-45-4 03330